$L \stackrel{27}{\ln} 17642$

LA VIE

DE MAXIMILIEN

ROBESPIERRE.

LA VIE

DE MAXIMILIEN

ROBESPIERRE.

Si cet homme eût été couvert d'un froc au lieu d'une robe d'avocat, peut-être quelque profond philosophe eût dit en le rencontrant : Bon Dieu ! à quoi sert cet homme ?

DE MAISTRE.

ARRAS,

Chez Théry, libraire, rue Saint-Aubert.

1850.

Arras : typ. E. Lefranc et Cie.

PREFACE

Le 1ᵉʳ mars 1848, le jour de l'installation de M. Frédéric Degeorge, nommé commissaire-général du Pas-de-Calais par M. Ledru-Rollin, ministre de l'intérieur, l'Hôtel-de-Ville d'Arras fut le théâtre d'une scène fort émouvante, dont voici les détails, que nous ont racontés des témoins oculaires, et qui ont été conservés par les journaux du pays.

Huit à dix jeunes gens de 18 à 25 ans, sortis de l'école Normale et du Val-de-Grâce, étant venus de Paris avec la mission de faire reconnaître les commissaires désignés pour les départements, le conseil municipal et toutes les autorités, auxquels s'était joint un grand concours de peuple, se réunirent dans la grande salle. L'un de ces jeunes gens prit la parole. Son discours fut goûté. Après lui un de ses compagnons veut aussi parler. Se trouvant dans la patrie d'un homme pour lequel il professait la plus grande admiration, et à qui la ville d'Arras devait être fière, selon lui, d'avoir donné la naissance, il croit devoir en faire l'éloge en présence de l'immense auditoire. Enfin un nom s'échappe de ses lèvres, c'est celui de Robespierre. Aussitôt on se regarde avec étonnement. L'orateur continue ses éloges. Mais voilà qu'un sentiment unanime éclate de toutes parts. On lui crie des divers points de la salle : « Assez! assez! assez! » La tempête devient furieuse, les interpellations s'échangent, vont, viennent de ci, de là; c'est une vague qui roule, c'est un tonnerre qui gronde. Le jeune homme veut s'expliquer; on ne veut plus l'entendre. Un des adjoints lui fait observer que la république nouvelle n'a rien de commun avec celle de 93. L'agitation est à son comble. L'orateur, déconcerté, se met à pleurer. Il comprend qu'il a mis le pied sur un terrain brûlant [1].

---

[1] On assure que c'est à l'instigation d'un jeune imprudent qu'il entreprit son malencontreux éloge.

Au milieu du tumulte, M. l'avocat Luez s'écrie : *Nous applaudissons aux vertus de Robespierre, mais nous éviterons ses crimes.* Ce mot calme l'orage. Enfin un autre de ces jeunes gens, le sieur Beulet, élève de l'école Normale, demande à donner quelques explications. A sa voix le silence se rétablit, le calme se fait. Il conjure l'assemblée de ne pas se méprendre sur les sentiments de son collègue. Il exprime les plus nobles pensées sur le bon ordre, le respect dû à la propriété. Il dit que, bien loin de vouloir persécuter leurs concitoyens, ils sont prêts à verser leur sang pour leur bonheur. Les fronts s'éclaircissent, la confiance renaît, et le jeune orateur finit par conquérir toutes les sympathies. Bientôt on l'entoure, on lui presse la main ; chacun veut l'embrasser, le voir au moins, et la foule le place, bien malgré lui, sur la table même où l'on délibère : car il éloigne les souvenirs affreux du passé, il ne fait entendre que des paroles de paix et de conciliation. Son discours, prononcé avec beaucoup de chaleur et de verve, exalte l'assemblée et provoque d'unanimes applaudissements. Alors ces jeunes gens se précipitent dans les bras les uns des autres , et s'embrassent avec effusion, pour faire comprendre qu'ils sont unanimes dans la profession des mêmes doctrines.

Cette scène et plusieurs autres symptômes qui se sont manifestés parmi nous ont fait naître l'idée de remettre en lumière des documents épars de divers côtés, touchant Maximilien Robespierre, et de reproduire des souvenirs qu'il est bon de ne pas laisser tomber dans l'oubli. Le fond principal de l'ouvrage est digne de toute la confiance des lecteurs. C'est le résultat des observations d'un homme qui a particulièrement connu le célèbre Montagnard. Le portrait est parfaitement conforme à l'original.

LA VIE

DE

ROBESPIERRE.

————◄●○○○●►————

CHAPITRE PREMIER.

Naissance de Robespierre. — Sa famille. — Son père quitte le
pays. — Mort de sa mère. — Son caractère. — Ses succès
dans les classes. — Boursier de Saint-Vaast au collége de
Louis-le-Grand à Paris. — Il recommence sa rhétorique. —
Son éloignement pour ses condisciples qui pratiquaient la vertu,
et pour tous les exercices religieux. — M. l'abbé Asseline, son
confesseur.

Maximilien Marie - Isidore - Robespierre est né
à Arras le 6 mai 1758 de Maximilien – Barthélemy-
François, avocat au conseil d'Artois, et de Jacque-
line-Marguerite Carraut. Il fut tenu sur les fonts
sacrés de l'église de Saint-Aubert par Maximilien
de Robespierre, son grand-père, et par Marguerite
Cornu, sa grand'-mère du côté maternel, et baptisé
par M. G. H. F. Lenglais, curé de cette paroisse.
Sa maison de naissance fait le coin de la rue des
Rapporteurs et de celle des Petits-Rapporteurs, à
droite en descendant, sous le numéro 274. Il
était l'aîné d'un frère qui le suivit dans sa carrière
politique. Il avait deux sœurs, dont l'une mourut en
bas âge. Celle qui lui survécut, Charlotte, avait eu

1

l'avantage d'une éducation religieuse dont elle avait profité. Mais, comme la médiocrité de sa fortune la tenait dans une entière dépendance de son frère, elle se vit obligée d'aller vivre auprès de lui à Paris; et l'on n'a jamais su ce qu'elle a pu devenir à l'école d'un tel maître. Ce qui paraîtrait néanmoins déposer en sa faveur, c'est que son frère, à l'époque de ses plus grandes fureurs contre ses compatriotes, la chassa de sa maison, et l'obligea d'aller mendier un asile dans la ville d'Arras. Elle mourut à Paris le 1ᵉʳ août 1834 [1], pensionnaire de l'État. La prétendue généalogie qui fait Robespierre parent de Damiens, l'assassin de Louis XV, malgré tout ce qu'on a pu dire, est absolument fausse et controuvée.

Le père de Robespierre avait la réputation, dans la ville d'Arras, d'une tête assez mal organisée, surtout très attachée à son sens. Soit bizarrerie de caractère, ou désagrément de profession, à la suite d'un procès perdu il quitta brusquement le pays, où il laissa sa femme et les quatre enfants dont nous venons de parler. On ignora longtemps la route qu'il avait tenue. Mais dans la suite on découvrit qu'au sortir de sa patrie il s'était rendu en Belgique, et que de là il passa en Allemagne et habita pendant quelque temps la ville de Cologne, où pour subsister il ouvrit une école de français pour les enfants. Dégoûté de sa nouvelle profession, il quitta Cologne annonçant le dessein de se rendre à Londres et de là en Amérique.

Peu d'années après la disparition de son père,

---

[1] Biographie de Maximilien Robespierre, par J. Lodieu, de Plouvain.

Robespierre perdit sa mère, et se trouva orphelin dès l'âge de neuf ans. N'étant héritier d'aucun patrimoine, il n'avait de ressources pour sa subsistance que celles que pouvaient lui procurer son grand-père maternel et la charité des gens de bien, que sollicitaient assez efficacement deux tantes du même nom que lui, qui vivaient dans une grande réputation de piété. L'une d'elles, dans la vue d'assurer du pain aux pupilles dont elle se voyait chargée, se détermina à l'un de ces mariages qu'on appelle de raison, quoique souvent très peu raisonnables. Elle épousa un vieux médecin qui, outre les secours actuels qu'il pouvait fournir aux Robespierre, s'engagea encore à donner à l'aîné un asile dans sa maison lorsqu'il aurait achevé ses études.

Dès sa plus tendre enfance, Robespierre annonça le caractère sombre et machinateur qu'il conserva toute sa vie. Il ne passa point par le bel âge de l'ingénuité. Dissimulé par instinct avant de pouvoir l'être par réflexion, il avait l'air de toujours craindre qu'on ne lui surprît le secret de sa pensée; et le moyen de la connaître n'était pas de l'interroger; on y réussissait mieux en le flattant. Il aimait à être bien habillé, et il cherchait à jeter du ridicule sur les enfants de son âge qui l'étaient mieux que lui. Fier et dédaigneux avec ses égaux, il était d'une dureté tyrannique avec son frère et ses sœurs. Comme il parlait peu, il trouvait mauvais qu'ils parlassent plus que lui. Il ne leur accordait pas le sens commun. Rien de ce qu'ils disaient n'était bien dit. Il ne laissait échapper aucune occasion de les mortifier ou de les humilier; il leur prodiguait, pour les moindres sujets, les reproches les plus grossiers. S'il n'aimait point ses semblables, il aimait les animaux. « Des pigeons et des moineaux » qu'il avait dans une volière *faisaient toutes ses* » *délices ;* il était sans cesse autour d'eux dans ses » moments de récréation.» Il conserva toujours cette prédilection lors même que, lancé dans la politique, il dirigeait à Paris l'opinion publique. « Un énorme » chien de race dogue, *qu'il aimait beaucoup*, et » avec lequel il jouait sans cesse, était le compa- » gnon assidu de ses courses (de ses promenades » solitaires). Ce chien, connu dans tout le quartier, » s'appelait *Brount*.... Accoudé sur la table de sa » mansarde, la tête entre ses deux mains, seul » avec *Brount*, son fidèle gardien, il travaillait dans » le silence des nuits avec une activité dévorante à » rédiger son journal *le Défenseur de la Constitu-* » *tion* [1]. »

Dans l'état d'indigence où se trouvait le jeune homme à l'époque de sa première éducation, il n'était pas à présumer qu'il dût en recevoir une bien distinguée. Ses tantes lui apprirent à lire ; mais n'ayant pas le moyen de lui donner un maître d'écriture, il s'en passa. Aussi était-il aisé de s'apercevoir qu'il n'en avait jamais eu. Il apprit à écrire, en la manière dont il savait le faire, en copiant les premiers principes de la langue latine. Comme le collége d'Arras offrait la ressource de l'étude gratuite du latin, on s'empressa de l'y envoyer.

Bientôt l'orgueil, seul guide de ses actions, le tint appliqué à l'étude ; et l'on ne fut pas long-

---

[1] Biographie de Maximilien Robespierre, par J. Lodieu, de Plouvain.

temps à remarquer en lui, sinon la facilité du génie, du moins la patience du travail jointe à une grande raideur de caractère. L'état où il se voyait réduit pénétrait son âme hautaine d'un sentiment pénible. L'idée de sa misère le révoltait, et l'on s'empressait encore de lui en présager les tristes suites, de peur qu'il ne ralentît les efforts qu'il faisait pour s'y soustraire un jour. Ainsi des parents inconsidérés sont souvent les premiers à seconder dans la jeunesse des penchants vicieux, dont le développement doit causer sa perte.

Avec de l'application et des dispositions ordinaires, Robespierre se distingua parmi les écoliers de son âge. Ces premiers succès firent concevoir à ses parents l'espoir, dont ils n'oublièrent pas de le flatter lui-même, d'obtenir une bourse qui le mettrait à portée de faire ses études dans l'Université de Paris. Cette perspective, nouvel aliment à son ambition naissante, lui fit faire de nouveaux efforts pour attirer sur lui la faveur à laquelle il aspirait. En effet, à la recommandation de ses protecteurs, et nommément d'un chanoine de la cathédrale d'Arras, il fut pourvu d'une bourse du collége de Saint-Vaast [1], l'un des vingt-huit réunis à celui de Louis-le-Grand.

Ce fut en 1770 que Robespierre arriva à Paris. Il fut admis au collége pour la classe de cinquième. Il paraît que ses inclinations sinistres s'étaient déjà manifestées dans son pays : au moins n'avaient-

---

[1] Le collége d'Arras à Paris fut fondé et doté au quatorzième siècle par Nicolas le Candrelier, abbé de Saint-Vaast.

elles pas échappé à une mère respectable [1], qui,
ayant son fils à Louis-le-Grand, écrivait à l'un des
maîtres de cette maison : « J'ose espérer, mon-
» sieur, qu'à toutes les bontés que vous avez déjà
» pour mon fils, vous voudrez bien ajouter encore
» celle de surveiller un peu sa société, et surtout
» de lui interdire toute fréquentation avec le jeune
» Robespierre, qui, soit dit entre nous, ne promet
» pas un bon sujet. »

Cependant le désir de se distinguer parmi ses
condisciples le suivit sur le nouveau théâtre qui
s'ouvrait à son ambition ; et, quoiqu'il eût à lutter
d'abord avec des concurrents plus redoutables que
ceux qu'il avait laissés au collége d'Arras, il le fit
sans se rebuter, et si opiniâtrément, qu'en moins
de deux ans il parvint à briller parmi ses égaux,
dans un cours à la vérité qui ne passait pas pour
brillant, comparé à ceux qui l'avaient immédiatement précédé. N'ayant eu que de médiocres succès
en rhétorique dans les compositions de l'Université, il n'hésita pas, pour venger son orgueil humilié, de recommencer cette classe; et, comme il s'y
était attendu, l'application lui assura, cette seconde
année, les palmes que le génie lui avait refusées la
première.

Pendant son cours d'humanités, content de ce
genre de supériorité conquise par le travail, Robespierre n'en ambitionnait point d'autre, et ne craignait aussi rien tant que de la perdre. Conséquent

---

[1] Mme Mercier. — Son fils, saisi d'épouvante, périt malheureusement, au moment de la Terreur. Il habitait la rue des Balances et était
neveu d'un chanoine de son nom.

dans la fausse idée qu'il s'était formée de ce qui
constitue le vrai mérite, il rapportait tout à l'étude,
il négligeait tout pour l'étude; l'étude était son
culte. Quant aux qualités morales, le plus bel ornement de la jeunesse et le seul fruit précieux de la
bonne éducation, il n'en parut jamais touché. D'accord avec la philosophie du jour, avant même d'en
connaître les principes, il craignait comme l'écueil
des talents la vertu, qui seul a le droit de leur imprimer le sceau de la vraie grandeur. Opiniâtrément occupé du soin de parer l'esprit, il semblait
ignorer qu'il eût un cœur à régler.

Après avoir ainsi méconnu ou dédaigné pour lui-
même le mérite de la vertu, Robespierre finit par
le mépriser et le prendre en aversion dans les autres. Contemporain, dans son collége, de cet aimable jeune homme si connu dans toute la France
sous le nom de l'*Écolier vertueux* [1], et de grand
nombre d'autres qui, à des talents plus marqués
que les siens, réunissaient l'aménité du caractère
et tout le charme de la piété modeste, Robespierre
ne leur pardonnait pas de jouir parmi leurs condisciples d'une considération dont il était exclu,
et, auprès des maîtres, d'une confiance qu'il ne
partageait pas. Censeur sévère et presque toujours
injuste de leur conduite, il leur trouvait des crimes
dans les moindres fautes, et leur voyait des torts
où personne n'en soupçonnait; tantôt il se plaisait
à les ridiculiser par l'ironie, tantôt à les piquer
par la causticité; et, plus souvent encore, à les

---

[1] Jean-Louis-Marie-Geneviève Décalogne de la Perrie, né à Albert,
dont l'abbé Proyart a écrit la vie.

mortifier par le dédain. Plus un de ses condisciples s'avançait dans la carrière de la vertu, plus Robespierre s'éloignait de lui.

Constant adorateur de ses pensées, il les trouvait toujours infiniment préférables à celles des autres. Il parlait peu, ne le faisait que quand on paraissait l'écouter, et toujours sur le ton décisif et confiant. Quoique avide et insatiable de louanges, lorsqu'on lui en donnait il les recevait d'un air de modestie froide, qui semblait dire : « Je me sens encore au-
» dessus de vos éloges. » Si, dans sa classe, il était nommé à la première place, il allait s'y asseoir sans empressement, et comme au seul endroit qui convînt à ses talents. Avait-il le chagrin de voir passer devant lui un nombre de ses condisciples, il les saluait d'un rire moqueur qui décelait toute l'impatience de l'orgueil blessé; et il n'était pas satisfait qu'il n'eût trouvé l'occasion de se venger par quelque trait méchamment lancé, tantôt contre ceux qui avaient obtenu la préférence, tantôt contre le juge qui l'avait décernée.

Avec ces dispositions et cette malignité de caractère, Robespierre se faisait redouter de ses condisciples, et n'était aimé d'aucun. Mais, infatué de sa propre excellence, il se croyait dédommagé de l'affection que lui refusaient ses camarades, en s'aimant éperdument lui-même. Très souvent, pendant les récréations particulières qui se prenaient dans les salles d'étude, on le laissait seul, et il avait la constance de rester ainsi des heures entières. Il eût cru se compromettre en faisant un pas pour s'approcher d'un condisciple, et, dans le délaissement où il se trouvait alors, il affectait de se suffire à lui-même et de trouver tout dans la jouissance de ses pensées.

Dans ses classes inférieures, quelque jeune qu'il eût été, on le voyait très rarement partager les amusements et les jeux qui plaisent le plus à l'enfance. Son cœur, froid et misanthrope, ne connut jamais ces épanchements d'une joie vive et franche, indices naturels de la candeur et de l'ingénuité. De tous les divertissements bruyants et variés à l'infini qui font de la récréation publique d'un collége une scène si animée, aucun ne lui plaisait, et il leur préférait les sombres rêveries et les promenades solitaires. Quelqu'un, dans ces moments, s'approchait-il de lui, il l'accueillait avec une gravité froide, et ne lui répondait d'abord que par monosyllabes. Se mettait-il en devoir de louer son style et ses productions scolastiques, Robespierre lui faisait la grâce de lier conversation avec lui. Mais, pour peu qu'on se hasardât à le contrarier, on devenait à l'instant l'objet de quelque trait dur et virulent. Camille Desmoulins, qui habitait le même collége et dont le caractère impétueux et brouillon s'accommodait peu de la morgue philosophique de Robespierre, avait de temps en temps des prises avec lui. Mais dès-lors, comme depuis, les champions ne combattaient point à forces égales: toujours plus réfléchi que l'adversaire qui le provoquait, et plus maître de ses coups, Robespierre, épiant le moment, fondait sur lui avec tout l'avantage qu'a la froide prudence sur la témérité.

Ce penchant dominateur, et le fonds d'égoïsme qui faisait son caractère, le rendaient ennemi de toute espèce de contrainte ; et il est aisé d'imaginer de quel prix pouvait être à ses yeux l'ordre établi dans son collége : il le détestait. La sage variété des exercices qu'il prescrivait n'était pour lui qu'un joug insupportable. Il s'y pliait néanmoins, parce qu'il craignait plus encore l'humiliation des reproches que la gêne de l'assujétissement. Prudent et circonspect, il évitait avec soin tout ce qui eût pu le compromettre. C'était en silence qu'il rongeait le frein que lui imposait la règle ; ou, s'il se permettait de raconter ses ennuis et de soupirer ses plaintes, ce n'était qu'à l'écart, et dans ses confidences secrètes avec certains sujets à la discrétion desquels il croyait pouvoir se fier. C'était auprès de ceux-là seulement que le collége n'était qu'une prison, les écoliers de malheureux captifs, et les maîtres des despotes oppresseurs de la liberté de la jeunesse.

Mais de tous les exercices qui se pratiquent dans une maison d'éducation, il n'en était point qui coûtassent plus à Robespierre et qui parussent le contrarier plus fortement, que ceux qui avaient plus directement la religion pour objet. Ses tantes, avec beaucoup de piété, n'avaient pas réussi à lui en inspirer le goût dans l'enfance ; il ne le prit pas dans un âge plus avancé : au contraire. La prière, les instructions religieuses, les offices divins, la fréquentation du sacrement de pénitence, tout cela lui était odieux ; et la manière dont il s'acquittait de ces devoirs ne trahissait que trop l'opposition de son cœur à leur égard. Obligé de comparaître à ces divers exercices, il y portait l'attitude passive de l'automate. Il fallait qu'il eût un livre à la main : il l'avait, mais n'en tournait pas les feuillets. Ses camarades priaient, il ne remuait pas les lèvres ; ses camarades chantaient, il restait muet ; et, jusqu'au milieu des saints mystères et au pied de l'autel chargé de la victime sainte, où la sur-

veillance contenait son extérieur, il était aisé de
s'apercevoir que ses affections et ses pensées étaient
fort éloignées du Dieu qui s'offrait à ses adora-
tions.

Les retraites surtout que l'on donnait à la jeunesse du collége de Louis-le-Grand, au commencement de chaque année scolastique, ennuyaient
cruellement Robespierre. Il ne pouvait dissimuler
son aversion pour ces exercices religieux. « A quoi
» bon cette perte, disait-il à ses condisciples ?
» Est-ce qu'on ne pourrait pas faire un meilleur
» emploi du temps? » Il s'applaudissait, comme
d'un trait de sagesse, toutes les fois que, trompant
la vigilance de ses maîtres, il avait réussi à substituer la lecture de quelque auteur profane aux
pieuses lectures qui lui étaient prescrites ou con-
seillées. Tant que durait la retraite, on lui voyait
l'air embarrassé, ennuyé, dépité quelquefois. Il
eût été difficile, en effet, que les grandes vérités
dont il était instruit, et sur lesquelles on l'obligeait
alors de se fixer malgré lui, n'eussent pas agité son
âme de quelques troubles importuns.

La nécessité de se confesser tous les mois fatiguait Robespierre plus encore que tout le reste ;
mais la règle était expresse, et il lui eût été impossible de s'y soustraire impunément : il s'y soumet-
tait. Les ecclésiastiques attachés au collége de
Louis-le-Grand étaient dans l'usage de confesser
les jeunes gens qui voulaient s'adresser à eux, laissant toute liberté aux autres de donner leur confiance à des confesseurs du dehors, sujets choisis,
qu'un zèle pur engageait à consacrer une partie de
leur temps à l'œuvre importante de la direction
de la jeunesse. Robespierre essaya des uns,

essaya des autres. Il eut même le précieux
avantage d'avoir pendant un temps pour confesseur M. l'abbé Asseline, qui fut ensuite nommé
évêque de Boulogne. Ce prélat, connu par son zèle
et ses lumières, était, comme directeur des cons-
ciences, un de ces hommes auxquels un pécheur ne
saurait échapper qu'en bravant bien des remords.
Il n'était pas rare de voir ses jeunes pénitents essuyer des larmes au sortir de son confessionnal.
Mais ce qu'on remarquait peu dans les autres
parut assez extraordinaire pour qu'on le remarquât
dans la personne de Robespierre. Quelques-uns
de ses condisciples, un jour, le surprirent fondant
en larmes au moment où il se retirait du tribunal
sacré, et s'empressèrent de publier dans la maison
que Robespierre était converti. L'expérience, qui
sait que l'impénitence a eu aussi ses larmes et ses
soupirs dans les Antiochus, attendit, pour prononcer, des fruits moins équivoques de conversion, et
ces fruits ne parurent point.

Dans toutes les maisons d'éducation bien réglées,
on prescrit la fréquentation du sacrement de
pénitence comme un des moyens les plus efficaces
d'épurer les mœurs de la jeunesse et de la former
à la vertu ; mais il n'en est pas de même quant à la
communion. Son fréquent usage, fruit des dispositions de l'âme, ne saurait être qu'un objet d'exhor-
tation et de conseil. Robespierre habitait le
collège de Louis-le-Grand à une époque où la
piété y régnait dans toute sa ferveur. L'usage général était que les écoliers communiassent une fois
chaque mois ; grand nombre le faisaient plus souvent, et le vertueux Décalogne n'était pas le seul
qui communiât au moins tous les huit jours. Aux

grandes fêtes de l'année, le nombre des commu-
niants était tel , que la messe en durait une demi-
heure de plus. Quel touchant spectacle que celui
d'une pieuse jeunesse qui se levait en masse ,
pour ainsi dire, pour aller entourer la Table sainte!
Robespierre, dans ces solennités, aurait eu honte
de se faire remarquer en ne s'associant point à ses
condisciples, et il prenait des arrangements, Dieu
sait quels, pour suivre l'exemple général. On se
rappelle même un temps où ses communions
étaient assez fréquentes ; ce qui, joint à son ardeur
pour le travail, lui donnait alors un certain air de
régularité parmi ses condisciples. Mais ses maîtres,
qui avaient sous les yeux l'ensemble de sa conduite,
étaient plus effrayés qu'édifiés toutes les fois
qu'ils le voyaient participer aux saints mystères.

Ce qui annoncerait encore que l'hypocrisie et le
dessein de se ménager une réputation , beaucoup
plus que la religion , conduisaient Robespierre
dans cet acte auguste du christianisme, c'est qu'à
l'époque d'une révolution dans le collége de Louis-
le-Grand qui lui enleva presque tous ses maîtres,
et dans un temps où il n'était plus honteux de
s'absenter de la Table sainte, non seulement
Robespierre n'eut plus de jours réglés pour s'en
approcher, mais il alla jusqu'à braver l'anathème
de l'Église et abjurer la communion pascale. Il
n'en fit plus une seule tout le temps de son séjour
dans le collége : autant impie par le mépris d'un
devoir sacré que par la profanation même.

CHAPITRE DEUXIÈME.

Robespierre lit de mauvais livres. — Son horreur de la surveillance. — Son aversion pour ses maîtres. — Il écrit à l'abbé Proyart. — Son ingratitude. — Son orgueil. — Ses maîtres le flattent sans réserve. — Il complimente Louis XVI. — Il fait son cours de philosophie.

A l'époque où il savait le mieux s'environner de certaines apparences de régularité, il avait si peu de part à la confiance de ses maîtres, que dans les fréquentes visites qu'ils faisaient pour écarter de leur collége la contagion des mauvais livres, peu de sujets étaient aussi scrupuleusement recherchés que lui sur ce point. Robespierre, dans ces occasions, était toujours fort piqué des soupçons qu'on paraissait fixer sur lui ; il s'en plaignait amèrement, criant à l'injustice et à la prévention. La vérité était néanmoins, et quelques-uns de ses camarades ne l'ignoraient point, qu'il était possesseur des mauvais livres qu'on lui soupçonnait. Mais, toujours prudent et circonspect, il les déposait dans un lieu neutre, et se rendait pour les lire dans l'endroit de la maison où l'on se croit sûr de se trouver sans témoins. Un jour néanmoins, un préfet, ouvrant brusquement une porte, le trouva méditant sur le siége percé une très mauvaise brochure. Surpris ainsi en flagrant délit, Robespierre se croit perdu, et, oubliant sa fierté naturelle, il tombe aux pieds de l'arbitre de son sort, il descend aux plus humbles supplications. Le maître auquel il avait affaire n'était ni inflexible, ni sévère dans sa morale. C'était un homme qu'on avait entendu

plus d'une fois s'écrier au milieu des jeunes gens :
« Vive la liberté, mes amis, loin de nous la cago-
terie. » C'était l'abbé Audrein, qui mérita depuis,
par son apostasie, de devenir le collègue de Robespierre dans l'assemblée des Factieux [1]. Auprès
d'un tel juge, l'affaire du mauvais livre se civilisa
sans peine, et ne parvint pas même à la connaissance des autres maîtres de la maison.

Qu'ils sont coupables, qu'on nous permette cette
réflexion, qu'ils sont coupables, et de quel compte
ils se chargent envers le Ciel et la société, ces
maîtres faibles et cruellement indulgents qui
craignent de sacrifier ce qu'ils appellent la fortune
d'un sujet, par son expulsion d'un collége, d'un
séminaire, et ne craignent pas de sacrifier toute la
jeunesse d'un établissement aux scandales d'un
corrupteur, et d'élever encore dans sa personne
une peste pour ses concitoyens. Si Robespierre
eût été chassé de Louis-le-Grand le jour où il fut
prouvé qu'il méritait de l'être [2], et que, sans res-

---

[1] L'abbé Audrein, né au diocèse de Quimper, fut successivement
professeur au collége de cette ville, préfet à Louis-le-Grand, membre
de l'Assemblée législative. Le crédit des Camille Desmoulins, des Fréron, des Robespierre et autres personnages qu'il avait connus au collége
de Louis-le-Grand, exalta l'ambition et tourna la mauvaise tête de ce
malheureux prêtre, qui appréciait les Jacobins et les abhorrait. L'appât
d'une mitre constitutionnelle le séduisit. Mais ce ne fut jamais qu'en mar-
chant douloureusement sur sa conscience qu'il devint apostat, évêque
intrus et régicide. Le crime que Louis XVI en mourant lui avait pardonné, des brigands le lui reprochèrent en l'assassinant dans une voiture publique. Audrein, se voyant sous les poignards, eût désiré une
minute pour se reconnaître; il la demanda même avec effroi, et le
Ciel en son courroux permit que la minute lui fût refusée.

[2] Par une disposition bien favorable au désordre, quoique autorisée
par le parlement de Paris, le principal du collége de Louis-le-Grand

source alors, comme il l'était, pour continuer ses
études, il eût été forcé d'apprendre un métier, que
de crimes de moins en France! que d'innocentes
victimes soustraites à la mort! Si on lui eût rendu
la justice de le chasser du collége, il est vraisem=
blable qu'en lui épargnant les crimes de sa vie
publique, on lui eût aussi épargné la honte de
l'échafaud. N'est-il pas même possible que, dans
cet ordre de choses, l'assassinat du roi n'eût pas
eu lieu, puisque ce fut lui qui le proposa le premier, qui le sollicita avec le plus de fureur et le
détermina par un sophisme?

Comme tous les jeunes gens justement suspects,
Robespierre, dans son collége, avait horreur de la
surveillance, et semblait toujours craindre qu'on
ne lui dérobât le secret de sa mauvaise conscience.
La présence de ses maîtres le fatiguait : il la fuyait
et ne respirait jamais plus à son aise qu'à une plus
grande distance de leurs regards. Il n'était pas
nécessaire qu'un maître l'eût repris ou humilié, il
lui suffisait qu'il fût son maître pour qu'il lui vouât
sa haine : en sorte que c'était plutôt encore l'autorité qu'il détestait que celui qui avait le pouvoir
de l'exercer sur lui. Le premier soin des jeunes
gens, lorsqu'on leur donne un nouveau maître, est
de chercher à le connaître, et, pour cela, de s'em-
presser autour de lui, de le faire parler et de l'étu-

---

n'avait pas le droit de renvoyer un boursier sans lui faire son procès;
et, ce procès fait, l'écolier qui l'avait perdu pouvait en appeler, et conduire son supérieur de tribunal en tribunal jusqu'au parlement. D'où il
s'ensuivait que les Robespierre, les Camille Desmoulins et autres sujets
de cette trempe, devenaient, avec la prudence du serpent, des pestes
inamovibles dans cette maison.

dier. Robespierre, dans ces occasions, promenait sa dédaigneuse indifférence loin de ses camarades, et semblait dire au nouveau venu : « Je ne te connais « pas, mais tu dois être mon maître, et pour cela » tu m'es odieux. »

Ce n'était pas encore assez pour lui de se conduire par cette affreuse morale, il ne négligeait rien pour la propager , et il s'élevait quelquefois avec une sorte d'indignation contre ceux qu'il ne voyait pas disposés à en partager l'injustice et la bassesse. Il qualifiait de vils adulateurs ceux de ses condisciples dont les sentiments honnêtes et reconnaissants condamnaient son mauvais cœur. Il leur faisait un crime des attentions et des égards dont un jeune homme bien né ne se dispense jamais envers ses maîtres. Si quelqu'un d'eux, par le désir de s'instruire, ou par quelque autre motif louable, se rendait plus assidu auprès du maître pendant les récréations, Robespierre le prenait en aversion, ne laissait échapper aucune occasion de le mortifier, et croyait avoir exercé une bien noble vengeance quand il lui avait dit : « Vas donc faire » ta cour au maître. »

Son aversion pour l'autorité était telle, qu'elle n'épargnait pas même ceux de ses supérieurs auxquels il était redevable de bienfaits particuliers. M. l'abbé Proyart [1], alors sous-principal du collége Louis-le-Grand, était de ce nombre. Robes-

---

[1] Liévin-Bonaventure Proyart, ancien principal du collége du Puy-en-Velay, nommé chanoine d'Arras par M. de Conzié, en émigration, est mort à Arras le 23 mars 1808.

pierre lui avait été recommandé par un vicaire-
général de son diocèse, comme un jeune homme
qui avait besoin de secours. Témoin ensuite par
lui-même de sa misère, qui quelquefois parlait
aux yeux, et se produisait par une sorte de nudité,
M. l'abbé Proyart demandait pour lui des secours
à M. l'évêque d'Arras, M. de Conzié [1], et le prélat
ne les faisait pas solliciter. Un jour seulement il
observa qu'il avait souvent ouï parler de son diocé-
sain comme d'un sujet studieux, mais jamais
comme d'un jeune homme vertueux. A quoi le
patron du pauvre écolier répondit que sans
doute les bienfaits constants de la religion inspi-
reraient enfin au jeune homme un goût pour la
religion que malheureusement il laissait encore
désirer. La charité ne sait point contester avec la
misère : M. l'évêque d'Arras continua ses secours à
Robespierre. Nous rapporterons à ce sujet une
pièce assez curieuse. C'est une lettre de Robespierre
à M. l'abbé Proyart, alors retiré du collége de
Louis - le - Grand et habitant la ville de Saint-
Denis.

« Paris, ce 11 avril 1778.

» Monsieur,

« J'apprends que l'évêque d'Arras est à Paris, et
» je désirerais bien de le voir ; mais je n'ai point
» d'habits, et je manque de plusieurs choses sans
» lesquelles je ne puis sortir. J'espère que vous
» voudrez bien vous donner la peine de venir lui
» exposer vous-même ma situation, afin d'obtenir

---

[1] M. de Conzié, mort en Angleterre en 1813.

» de lui ce dont j'ai besoin pour paraître en sa
» présence.

» Je suis avec respect, Monsieur , votre très
» humble et très obéissant serviteur.

» DE ROBESPIERRE l'aîné. »

Malgré les obligations qu'avait Robespierre à
celui qui protégeait ainsi sa misère, il ne lui en
témoigna jamais plus d'attachement et de reconnaissance. Semblable à cet animal vorace qui vous
suit dans la faim et va ronger loin de vous l'os que
vous lui avez donné, il s'approchait de son bienfaiteur dans le besoin et le fuyait dès qu'il avait
reçu. Lorsque M. l'abbé Proyart paraissait à Arras,
au temps des vacances, Robespierre, le seul de
tous les jeunes gens de cette ville élevés à Louis-
le-Grand qui lui dût au-delà de ce que tout disciple doit à ses maîtres, était le seul qui le négligeât et ne le vit que par rencontre. On eût dit que
lui rendre des services n'était que lui payer une
dette. Personne n'était plus attentif à se dispenser
de la reconnaissance. Tout le temps qu'il passait à
Arras, un chanoine de cette ville, M. l'abbé Aymé,
lui donnait sa table par charité : il eût voulu persuader à ses camarades qu'il ne l'acceptait que par
complaisance. Le souvenir d'un bienfait, comme la
présence d'un bienfaiteur, faisait le supplice de
son orgueil.

Cette passion, mobile unique de sa conduite,
perçait en tout chez lui. Quoique boursier dans le
collége, quoique réduit presque à l'indigence, il
ambitionnait de paraître autant que les pension-
naires les plus aisés. La plupart des boursiers
savaient se passer de perruquier, Robespierre faisait la dépense d'en payer un, et il n'était pas rare

de lui voir, avec une frisure élégante, un habit et
des souliers percés. Ce n'était pas assez pour lui
d'affecter le ton de la richesse lorsqu'il vivait d'aumônes, il voulait encore singer la noblesse au
milieu des témoins de sa roture, et il faisait précéder son nom d'un *de* que ridiculisaient tous ses
jeunes compatriotes. Il est un orgueil qui n'exclut
point les dehors de la politesse, qui les affecte
même quelquefois ; celui de Robespierre le rendait grossier, au point que, lorsqu'il parlait de ses
supérieurs, des hommes en place et des grands, il
ne les appelait jamais que par leur nom, sans le
faire précéder du titre usité de *Monsieur*, que la
politesse française ne refuse à personne. C'est sur
ce ton d'irrévérence qu'il implore les bienfaits de
M. l'évêque d'Arras en le qualifiant tout simplement, l'*Évêque*, dans la même lettre où il signe
sottement lui-même, *de Robespierre*.

Ce qui nourrit un fol orgueil dans tant de jeunes
têtes, et ce qui acheva peut-être de rendre ce vice
incurable dans Robespierre, c'est cette facilité
perfide que trouve la jeunesse à faire excuser auprès des maîtres sa froideur pour la vertu par ses
succès dans les sciences. Qui a goûté le plaisir d'être
loué pour les qualités de l'esprit méritera rarement de l'être pour les qualités du cœur, et plus
rarement encore pour les vertus de l'âme. Les pro-
fesseurs de Robespierre, qui ne voyaient le sujet
que pendant les classes, et lorsqu'il avait à leur
offrir plus de preuves de son application à l'étude
que de la bassesse de ses sentiments et de la noirceur de son caractère, le flattaient sans réserve,
comme si un jeune homme avait rempli tous ses
devoirs lorsqu'il a su disposer des mots et compas-

ser des phrases. Mais aucun de ses maîtres ne contribua autant à développer le virus républicain qui fermentait déjà dans son âme, que son professeur de rhétorique. Admirateur enthousiaste des héros de l'ancienne Rome, M. Hérivaux [1], que ses disciples, en plaisantant, surnommaient *le Romain*, trouvait aussi au caractère de Robespierre une sorte de physionomie romaine. Il le louangeait, le cajolait sans cesse, quelquefois même le félicitait très sérieusement sur cette précieuse similitude. Robespierre, non moins sérieusement, savourait les compliments, et se savait gré de porter l'âme quelconque d'un romain, fut-ce l'âme atroce d'un Brutus parricide ou celle d'un Catilina conspirateur.

Cette affection particulière du maître disposa merveilleusement le disciple à profiter plus longtemps de ses leçons, et à faire sous lui deux années

---

[1] M. Hérivaux a été, dans l'ordre moral, l'une des plus regrettables victimes de la révolution. C'était un homme d'une physionomie noble et prévenante, très érudit et s'énonçant avec grâce et dignité, quelquefois peut-être sur le ton un peu trop magistral. Ses principes de morale comme de politique étaient si purs, que l'abbé Royon l'avait attaché, pendant un temps, à ses travaux littéraires. L'Université était alors partagée en deux classes de maîtres; et M. Hérivaux était considéré dans celle des gens de bien. Quoiqu'il ne fût que laïque, on lui avait vu pratiquer exemplairement les vertus chrétiennes, jusqu'à l'époque de la révolution. Alors ses idées républicaines lui renversèrent la tête, au point que ses amis ne le reconnurent plus, et que ses propes enfants furent obligés de fuir devant sa manie démagogique. Abandonné de ce qu'il avait autrefois de plus cher, il se consolait dans l'espoir que son disciple Robespierre ferait incessamment renaître en France les jours de l'ancienne Rome, et surtout ce précieux système d'égalité, qui le justifierait pleinement du reproche que lui faisait l'orgueilleuse délicatesse de nos mœurs, d'avoir, après la mort de sa femme, épousé une autre femme, vertueuse à la vérité, mais sa servante.

de rhétorique. Ce fut à cette époque que Robespierre obtint une faveur bien signalée, dans une
circonstance mémorable, faveur dont il était le
sujet le plus indigne sans doute, et qui prête à des
rapprochements bien frappants. En 1775, Louis XVI,
après la cérémonie de son sacre, fit son entrée solennelle dans Paris, accompagné de la reine et de
la famille royale. Leurs majestés, en se rendant de
l'église métropolitaine à celle de Sainte-Geneviève,
s'arrêtèrent devant le collége de Louis-le-Grand,
où elles furent complimentées par l'Université en
corps. Ce collége, qui subsistait en grande partie
des bienfaits de nos rois, devait aussi un hommage
spécial de reconnaissance à Louis XVI; et ce fut
Robespierre que l'on chargea de le lui offrir au
nom de ses condisciples, dans un discours en vers
qu'avait composé son professeur. Le roi abaissa un
regard de bonté sur ce jeune homme qui, élevé dans
sa maison, devait un jour lui porter le premier coup
de poignard. « Alors préfet des études dans le
» même collége, et me trouvant dépositaire de
» quelques aumônes que faisaient annuellement
» à Robespierre l'évêque et quelques chanoi-
» nes d'Arras, je l'avais fait habiller, dit l'abbé
» Proyart, pour qu'il pût se présenter décemment.
» Parmi tous les jeunes gens qui étudiaient alors
» dans ce collége à l'aide d'une pension gratuite
» appellée *bourse*, je doute qu'il s'en fût trouvé un
» second réduit à l'état d'indigence où était le
» jeune Robespierre, et, s'il m'eût été donné de
» deviner le monstre dans l'écolier, rien ne m'eût
» été plus facile que de le museler dès lors, en ta-
» rissant le cours des aumônes que je recevais
» pour lui, ressource sans laquelle il lui eût été

» impossible de s'entretenir et de continuer ses
» études. J'attribue à ma déportation d'avoir
» échappé à ses poignards, car il ne paraît pas
» qu'il ait pardonné à aucun de ceux à qui il de-
» vait quelque reconnaissance[1]. »

Robespierre, après s'être distingué pendant sa
seconde année de rhétorique, ne brilla pas en philosophie. Ce nouveau genre d'étude le dégoûta
beaucoup d'abord, et il y eût volontiers renoncé.
Mais, comme l'habitude du travail lui en avait fait
un besoin et qu'il était jaloux d'ailleurs de se conserver la réputation de bon écolier, il sut triompher de ses répugnances et se commander la mesure d'application nécessaire pour se mettre à
l'abri des reproches. A l'étude de ses cahiers
il joignit la lecture des philosophes modernes ; et
bientôt les brillants sophismes de ces flatteurs
éternels des passions humaines lui parurent plus
concluants que les arguments de la morale qui confondait son orgueil. Ce fut cette lecture des livres
impies commencée pendant sa philosophie, qui
acheva d'éteindre en son cœur tout sentiment
honnête, et consomma l'œuvre de sa dépravation. Et
ce que nous connaissons positivement de Robespierre, n'avons-nous pas le droit de le conclure de
ses complices ? Il faudrait vouloir s'aveugler à plaisir, ou ne savoir ni lire ni observer, pour ne pas
convenir que ce fut dans cette même source des
mauvais livres que les factieux puisèrent tous
les moyens dont ils avaient besoin pour déterminer la révolution française ou pour la prolonger.

[1] Louis XVI et ses vertus. (Note 7 du liv. III).

Aussi les principes des ministres de Louis XV et de Louis XVI sur la circulation des mauvais livres, sans en excepter ceux mêmes qui portaient les coups les plus directs à l'autel et au trône, sont-ils une véritable énigme, ou plutôt un mystère d'aveuglement qui ne trouve sa solution que dans les desseins d'une Providence vengeresse, qui voulait que de grands excès fussent punis par des excès plus grands encore, et que l'autorité, complice de tous les crimes de la presse, en devînt elle-même la terrible victime, pour apprendre une fois encore à tous les rois de la terre, à tous les chefs d'État inattentifs, que le premier de leurs devoirs, comme leur plus grand intérêt, est de s'opposer à la perversion de leurs peuples.

CHAPITRE TROISIÈME.

Robespierre se livre à l'étude du droit. —Il revient avec le titre d'avocat. — Son début au barreau. — Il se charge de toutes les mauvaises causes. — Ses mémoires. — Sa vanité, réprimée par l'un de ses confrères. — Il entre à l'académie d'Arras. — Sa dureté envers ses proches. — Son isolement. — Sa basse jalousie.

Arès avoir terminé son cours de philosophie, Robespierre se livra à l'étude du droit, qu'il faisait aussi marcher de pair avec la lecture des mauvais livres. Toujours guidé par l'ambition, il n'étudiait le droit que secondairement, aimant mieux cultiver l'éloquence du barreau, qui conduit à la célébrité, que d'en approfondir la science, qui rend l'homme de lois vraiment utile à la société ; il lisait les mémoires curieux, il suivait les causes célèbres, il courait au Palais entendre les plaidoyers d'appareil et portait son jugement sur les plus fameux avocats.

Devenu avocat lui-même, il reparut à Arras avec ce titre pour toute fortune. N'ayant ni feu ni lieu, il trouva un asile chez le médecin marié à sa tante dont nous avons déjà parlé ; et, comme s'il eût été de son essence malfaisante de nuire à tout ce qui lui faisait du bien, on s'aperçut bientôt que son commerce n'était rien moins qu'avantageux à celui qui lui donnait l'hospitalité. Sa bonne tante, qui s'était toujours flattée de trouver un jour en lui, sinon la piété qu'elle professait, du moins la religion de l'honnête homme, cruellement trompée dans son attente, ne se consola jamais, et mourut lente victime des chagrins que lui causaient les inclinations sinistres et surtout l'irréligion d'un neveu que peut-être elle avait trop aimé.

Robespierre, comme tous les jeunes gens présomptueux qui ont vu la capitale et copié ses vices, en était revenu plein de vent et vide des connaissances les plus essentielles à la profession qu'il embrassait. Forcé alors, malgré ses répugnances, de se soumettre aux leçons que voulaient bien lui donner ses confrères, après s'être éclairé de leur expérience et de leurs lumières il s'appliquait à déprécier leurs talents.

Son début au barreau ne répondit nullement aux prétentions fastueuses qu'il affichait. Les premiers pas qu'il fit dans sa nouvelle carrière furent obscurs, et les suivants furent scandaleux. Les pénibles efforts d'éloquence par lesquels il mendiait la faveur publique ne lui réussirent qu'auprès de la foule ignorante et frivole. Son style, âcre et imprégné des affections de son mauvais cœur, révoltait les âmes honnêtes. Il eut beau s'assurer des prôneurs, intriguer, faire des visites et des offres de service, son caractère perçait à travers toutes les formes dont il voulait le couvrir, et jamais il ne put atteindre le grand but de son ambition, qui était de s'insinuer dans la confiance des grands et des corps ecclésiastiques de la province ; aussi sut-il dans l'occasion se venger cruellement du mépris qu'ils avaient fait de ses talents. On proposait un jour Robespierre à M. le prince de Ghistelles comme une tête capable d'occuper une place dans son conseil. Le prince, qui avait lu par hasard quelques mémoires sortis de la plume du jeune avocat, répondit aux porteurs de ses offres : « Vous tenez pour Robespierre, et moi pour mon honneur et mes intérêts. » L'on ne pouvait guère en effet employer un pareil agent sans compromettre la meilleure cause.

Cependant Robespierre n'avait de moyens de subsistance que dans son travail, et son orgueil souffrait infiniment d'être toujours à la charge d'étrangers qui ne lui devaient rien. Dans le désespoir de faire agréer ses services aux gens de bien et à quiconque avait une bonne cause ou de grands intérêts à défendre, il se dévoua à tous les genres de bassesses auxquelles peut descendre la profession d'avocat. Il était le conseil de l'injustice, il accueillait les plaideurs de mauvaise foi et se faisait le patron bénévole des causes honteuses dont ses confrères ne voulaient pas souiller leur cabinet. Son cœur gâté trouvait une si agréable pâture en remuant ces sortes d'affaires, que, si on ne lui en apportait pas, il en imaginait à plaisir, qu'il traitait dans des mémoires subversifs de la morale et de l'honnêteté publiques. Aussi écrivit-il contre l'indissolubilité du mariage et pour légitimer le crime politique et religieux du divorce. Ainsi s'érigea-t-il en patron de la licence des mœurs, jusqu'au point de vouloir autoriser en quelque sorte la pluralité des femmes, et de prétendre que le bâtard, même adultérin, devait être admis avec les enfants légitimes au partage des biens de ses auteurs. Contre tous les sages législateurs qui ont cru qu'on ne pouvait accorder trop de respect à l'opinion publique, cette puissante maîtresse des mœurs, qui en maintes occasions supplée dans l'homme vicieux la loi et la conscience, Robespierre eût voulu détruire son empire. Il ne lui pardonnait pas surtout d'attacher de la honte à la mémoire des suppliciés, et, comme s'il eût prévu qu'il dût l'être un jour lui-même, il dénonça à son siècle comme le plus injuste des préjugés un sentiment qui sans doute ne doit pas être exagéré, mais un sentiment pourtant que l'auteur même de la nature a gravé dans nos cœurs : sentiment vraiment précieux pour la société, puisque cette espèce de solidarité devant le tribunal de l'opinion tient les yeux d'une famille entière ouverts sur les déportements d'un sujet vicieux, et que ce sujet lui-même, qu'aucune autre considération n'arrêterait, est souvent contenu par la crainte de flétrir sa race d'un opprobre héréditaire.

En parcourant les méprisables écrits de ce méprisable avocat, parmi bien des erreurs grossières, bien des défauts de style et toute la morgue philosophique, on découvre encore les éléments de ce système monstrueux d'*égalité et de liberté*, c'est-à-

dire de licence et d'anarchie, qu'ont établi les factieux en France. C'était une tâche précieuse pour
sa plume que d'avoir à justifier l'insurrection des
inférieurs contre ce qu'il appelait la tyrannie de
l'autorité. Loin de redouter en ces occasions les
éclats scandaleux, c'était sur cette base qu'il
asseyait l'espoir de sa célébrité. Il eût été fâché
d'éteindre un procès par un accommodement,
surtout s'il prévoyait qu'en le poursuivant mali-
cieusement il pouvait en rejaillir quelque défaveur
sur la religion ou ses ministres. Partout où il ren-
contrait l'autorité, son orgueil lui montrait un
ennemi, et sa prévention lui signalait un coupable.
Une des grandes jouissances de sa profession était
de pouvoir calomnier presque impunément la
conduite des personnes en place. Il fit des mémoires contre les magistrats de Saint-Omer, il en
fit contre les magistrats d'Arras, il en fit contre
les États de la province. Nulle autorité n'était
innocente à ses yeux, nulle n'était sacrée pour lui;
et dans un de ces mémoires honteux qu'il composa
en faveur d'un sujet dont la famille avait sagement
sollicité la détention pour lui épargner l'échafaud,
il ne craignit pas d'inculper l'autorité royale elle-
même. Mais, ce qui est assez remarquable, c'est
qu'à cette occasion, le méchant, accusant d'avance
sa future cruauté en traçant de sa main la condamnation de son parricide, laissa échapper de sa
plume l'éloge le plus vrai de la justice de Louis XVI
et de ses vertus personnelles.

Il est aisé d'imaginer en quelle réputation était
l'avocat Robespierre auprès d'un peuple religieux
et judicieux, quand on songera qu'il ne la devait
qu'à son audace à manifester l'immoralité de ses

principes. Dans l'exercice de sa profession, il ignorait ce que c'étaient que procédés honnêtes. Il ne
pardonnait à personne d'avoir raison contre lui ;
et, s'il triomphait, c'était toujours insolemment.
Substituant l'astuce à la bonne foi, il comptait pour
rien la justice et s'étayait d'un sophisme comme
d'un axiome de droit. Hautain et mordant dans
ses discussions et ses répliques, il prodiguait les
sarcasmes et croyait avoir détruit les plus puissants moyens quand il leur avait opposé le fiel et
la causticité. C'était une vraie peine pour tout ce
qu'il y avait d'estimable parmi ses confrères que
d'avoir à traiter d'affaires avec lui, et plusieurs s'y
refusaient absolument. Mais, insensible à cet affront,
il aimait à voir dans le mépris qu'on faisait de sa
personne un aveu de la supériorité de ses talents.

Quoique Robespierre n'eût pas d'autres titres à
la gloire littéraire que ceux dont nous avons
parlé, il avait néanmoins la manie d'y prétendre.
Il se mirait dans ses plus chétives productions et
ne voyait rien au-dessus. Il vantait quelquefois
comme des morceaux finis ses amplifications de
collége, dont il ne mettait personne à portée de
juger. Il chantait sur tous les tons ses succès
scolastiques, et nul, après l'avoir vu deux fois,
n'ignorait combien il avait eu de prix à l'Université.
On eût dit que par cela seul il se croyait un grand
homme. Il ne pardonna jamais à un de ses jeunes
confrères d'avoir un jour réprimé sa puérile
jactance à ce sujet, par ce jeu de mots qui fut
répété et fit rire la ville d'Arras, et surtout le
barreau, à ses dépens :

L'on peut avoir des prix dans l'Université,
Sans être pour cela dans l'univers cité.

C'était toujours en juge que Robespierre parlait
de nos grands modèles d'éloquence, et il le faisait
quelquefois en termes vraiment risibles. Après
avoir dit, par exemple, que M. Séguier *tournait*
assez bien un réquisitoire, il ne faisait pas difficulté
d'ajouter : *Mais.....* Au reste, il se croyait moins
fait lui-même pour donner des réquisitoires que
pour porter des conclusions, et le tribunal de la
capitale eût été, à son avis, le seul théâtre digne
de ses talents. Il faisait quelquefois dans ses rêveries ambitieuses le souhait d'être procureur-général du parlement de Paris, et sa présomption lui
donnait toute la capacité de cette importante magistrature. Il affectait toujours un grand respect
en parlant de Jean-Jacques Rousseau ; il trouvait
seulement qu'il était fâcheux que ce génie n'eût
pas été cultivé dans l'Université de Paris, où,
comme lui sans doute, il eût aussi remporté des
prix. A cela près il louait le philosophiste sans
réserve, et, parce qu'il avait quelque chose de son
caractère atrabilaire, il se croyait aussi sa chaleu-
reuse éloquence et sa magie de style.

Pour donner un nouveau lustre à ses talents
littéraires, Robespierre songea à réunir au titre
d'avocat celui d'académicien. Il frappa à la porte
de l'académie d'Arras, et M. Ferdinand de Fosseux
la lui ouvrit.

A peine fut-il agrégé à la société, qu'il prétendit
la régenter ; et il s'y arrogea véritablement cet empire despotique qu'on lui vit usurper depuis dans
l'assemblée des Factieux. Il se moquait des usages,
il enfreignait les statuts, il dédaignait surtout de
soumettre les discours qu'il voulait lire dans les
séances publiques, à l'examen des commissaires

chargés d'en prendre connaissance. Ainsi fit-il essuyer, malgré eux, à ses confrères, la lecture de
plusieurs mémoires scandaleux dont nous avons
parlé.

L'académie d'Arras, au reste, n'était pas la seule
qui eût son tyran. Presque toutes les autres émules
de l'Académie française étaient asservies au joug
philosophique, au point qu'être d'une académie
était un titre qu'osait à peine avouer l'homme de
lettres jaloux d'une réputation sans nuages.

Dans son domestique, l'académicien n'était ni
moins despote ni plus aimable que dans ses relations du dehors. Il traitait avec une égale dureté,
il accablait des mêmes reproches et son frère, qui
pouvait les mériter, et une sœur qui ne les méritait pas. Le premier avait vingt-cinq ans, qu'il
l'apostrophait encore d'un brutal *tais-toi, sotte bête.*
A une époque où sa sœur, quoique économe de
son temps, gagnait très peu du travail de ses
doigts, il ne lui accordait pas même le supplément
nécessaire pour l'entretien le plus modeste. Peu
distrait par ses clients, il vivait assez retiré, s'occu-
pant seul avec son ambition. Incapable d'amitié,
il ne s'était fait aucun ami, et n'eut jamais que des
complices. Il fréquentait les Oratoriens [1]. Il était
peu de personnes qui supportassent sa société. De

---

[1] A un petit nombre de sujets près, la congrégation de l'Oratoire,
pendant la révolution, se conduisit envers Dieu et la société dans le
sens de Robespierre. Il en a été de même de toutes les corporations
infectées du jansénisme. On sait aussi comment se sont conduits les
protestants du Midi. Au reste, tous les monuments historiques nous attestent qu'en France, les séditieux dans l'Église ont toujours été,
dans l'occasion, des séditieux dans l'État.

ce petit nombre, les uns craignaient sa langue, les autres détestaient son orgueil, tous méprisaient sa personne. Son caractère et le genre de vie qu'il menait l'éloignaient de tout commerce avec les femmes ; il affectait même une certaine austérité dans les mœurs. Mais, sobre par ostentation, il n'était chaste que par calcul. Redoutant plus les suites naturelles que le crime du libertinage, il donnait pour motif de sa sagesse la crainte qu'il avait de provoquer la pulmonie, héréditaire dans sa famille. Une manière de galanterie qu'il avait adoptée lorsqu'il avait en main le pouvoir suprême, c'était de faire jeter des femmes en prison, et d'aller ensuite leur apprendre lui-même qu'elles étaient innocentes. Dans sa patrie, tandis qu'il amusait une jeune parente de l'espoir de lui donner sa main, il déclarait à qui voulait l'entendre qu'il abhorrerait le mariage tant qu'il serait un engagement indissoluble; et célibataire de la liberté, l'inconséquent n'avait pas honte de déclamer contre le célibat de la religion.

Comme le cabinet de Robespierre et ses mémoires ne lui procuraient que de bien faibles ressources, l'aisance n'entra jamais dans sa maison, où tout était au dessous de la simplicité. Pauvre par nécessité, l'hypocrite savait jouer le mépris des richesses, mais sans que son jeu fît de dupes auprès de ceux qui savaient combien son orgueil était révolté de tout ce qui l'avertissait de la moindre infériorité. Aussi bassement envieux de la prospérité de ses concitoyens qu'il l'était du mérite de ses confrères, il eût voulu, dans son dépit jaloux, pouvoir réduire toutes les fortunes qui l'environnaient au niveau de la sienne. Dans le

temps même qu'il cherchait à s'insinuer dans la
confiance des riches et qu'il mendiait la gestion
de leurs affaires, leurs richesses les plus légitimes
étaient le continuel objet de ses déclamations viru-
lentes et le crime qu'il leur pardonnait le moins.
Quelqu'un ayant parlé en sa présence de former un
établissement qui, dans le temps où les dentelles
n'ont point de débit [1], deviendrait une ressource
pour les pauvres ouvrières qui les fabriquent,
Robespierre, prompt à saisir l'idée sous le point
de vue du mal, s'écria avec enthousiasme : « Oui,
» c'est un projet à suivre : on écrasera par là tous
» ces riches marchands que je déteste. » Pendant
la révolution et à une époque où il était déjà redoutable à ses concitoyens, un particulier aisé
crut qu'il pourrait mériter, sinon sa faveur, du
moins son indifférence, en lui donnant une fête
la plus magnifique qu'il lui fût possible. Quelqu'un
qui connaissait mieux le sujet dit à celui qui se
félicitait de l'avoir eu pour convive : «Robespierre
» à vu votre argenterie et vos belles porcelaines;
» vous êtes déjà son ennemi, et comptez qu'avant
» peu sa jalousie vous fera piller. » En effet un
mois ne s'était pas écoulé, que les brigands qu'on
appelait le régiment de Robespierre entouraient
la maison du festin pour en piller le buffet.

Tel fut Robespierre avant la révolution, étudiant
sans religion, avocat méprisé, académicien har-
gneux, écrivain obscur, moraliste pervers, égoïste
hypocrite, parent dénaturé, citoyen dangereux;

---

[1] La fabrication des dentelles fut, à une certaine époque, l'une des
plus importantes industries de la ville d'Arras.

mais avec cela caractère opiniâtre, travailleur infatigable et ambitieux vigilant. Sans la révolution, il serait resté dans la classe des méchants ignorés. La révolution va nous le montrer dans une certaine élévation. Mais, pour y arriver et lors encore qu'il y sera parvenu, nous le verrons se rouler dans un cercle étroit de moyens bas et astucieux.

CHAPITRE QUATRIÈME.

Portrait de Robespierre. — Il communique ses mémoires à quelques philosophes parisiens. — Ses intrigues pour se faire députer aux États généraux. — Il ne garde plus de mesure. — Son propos à Lantillette. — Mme Marchand lui prête une malle et de l'argent pour faire le voyage de Paris.

Avant d'entamer le récit de la vie publique de Robespierre, nous dirons un mot de son extérieur, qui n'avait rien que de très commun. Il était de la taille médiocre et de la figure la plus platte. Il portait sur de larges épaules une tête assez petite; il avait les cheveux châtain blond, le visage arrondi, la peau gravée de petite vérole, le teint livide, le nez petit et rond, les yeux bleu pâle et un peu enfoncés, le regard indécis, l'abord froid et repoussant. Il ne riait jamais, à peine souriait-il quelquefois; encore n'était-ce ordinairement que d'un sourire moqueur, qui décelait tout le fiel d'un caractère atrabilaire.

Quelque temps avant la révolution et vers l'époque des assemblées des notables, plus que jamais tourmenté du démon de l'ambition, et dépité de n'avoir nulle existence dans une province plus qu'indifférente sur ses talents, Robespierre imagina qu'en se produisant sur un plus grand théâtre il y trouverait de plus judicieux appréciateurs de son mérite. Plein de cette idée, ses mémoires, dédaignés dans l'Artois, il les adressa aux philosophes parisiens, qui, les jugeant d'après leur cœur, ne les trouvèrent pas si méprisables. Il avait même cru pouvoir tenter un envoi de ces libelles à plusieurs hommes en place ; et ceux-ci, que l'opinion publique ne lui avait que trop bien appris à juger, au lieu de faire punir l'auteur comme un corrupteur de la morale, soutien des empires, le gratifièrent d'un encens qui acheva d'exalter sa vanité. Ce succès était pour lui le sujet d'un triomphe insolent sur ce qu'il appelait la stupide apathie de ses concitoyens. Il publiait partout que le nouveau Sully de la France lisait ses mémoires. Il montrait même des preuves d'une correspondance flatteuse avec la femme du grand homme. Soit jactance de sa part ou fait véritable, Robespierre prétendait que M. Necker lui avait dérobé l'idée de la double représentation du tiers. Ce qu'il y a de bien certain, c'est que, s'il ne fut pas le promoteur, il fut du moins le complice et l'ardent apologiste de cette mesure politique.

Dès l'instant où Louis XVI, fatigué des scandaleuses résistances du parlement de Paris, eut arrêté, sur sa demande, la convocation des États généraux du royaume, Robespierre conçut le dessein de s'y faire députer. Il suivit pour atteindre son but la marche commune à tous les factieux qui figurèrent dans cette première assemblée. A l'argent près, qu'il ne répandit pas, et pour cause, il

descendit à tous les genres de bassesse que peut
conseiller l'ambition la plus déhontée. On le vit
ramper aux pieds du peuple, toujours crédule et
toujours dupe de ses flatteurs. Il avait pour proches
parents des villageois qu'il avait jusqu'alors dédaignés et qu'il connaissait à peine. Il se souvint
d'eux au moment où il crut qu'ils pouvaient lui
devenir utiles. Il leur envoya son frère, chargé de
les assurer de son tendre attachement, et de leur
faire envisager d'un côté le grand honneur qui re-
jaillirait sur toute la famille, si, par leurs bons offices auprès des paysans de leur canton, ils parve-
naient à le faire députer aux États généraux, et, de
l'autre, l'avantage signalé que trouveraient tous les
habitants de la campagne à se donner pour protecteur dans cette assemblée un homme de talent
comme lui, et si bien connu par son zèle pour les
intérêts du peuple.

Tandis que Robespierre le jeune allait ainsi de
village en village quêter les suffrages pour son frère,
d'autres émissaires bénévoles choisis parmi les plus
mauvaises têtes d'Arras se répandaient dans les
tripots et les estaminets de la ville et des faubourgs,
échauffant les têtes, prônant Robespierre comme
un grand homme, et toujours comme un patron
affectionné du peuple, dont il avait juré de venger
les droits, depuis longtemps outragés par les
grands. De son côté, Robespierre jouait le rôle
qu'il s'était réservé. Affectant en toute occasion la
plus grande popularité, il caressait la multitude,
il saluait, il arrêtait dans les rues ceux qu'il savait
avoir quelque ascendant sur elle. Mettant ses conseils au rabais, il les offrait, il les donnait gratuitement à quiconque pouvait lui accorder ou lui ga-

gner une voix. Longtemps avant les élections, il répondait avec une feinte modestie à ceux qui lui faisaient compliment sur sa future députation, que si quelque chose le flattait plus encore que le touchant intérêt que lui marquait le bon peuple, c'était l'espoir qu'il concevait, s'il était député, de pouvoir travailler efficacement à lui conquérir la liberté et le bonheur. Une seule chose, disait-il, lui donnait de l'inquiétude : c'était que son zèle trop connu pour le bien public ne lui suscitât de puissants ennemis, et ne le rendît victime de la cabale des riches et de leurs partisans. Et d'un autre côté l'hypocrite faisait des visites aux riches et à leurs partisans, mendiait publiquement leurs suffrages, et les assurait de son dévouement le plus entier et le plus pur à leurs intérêts.

Les choses en étaient là, et Robespierre était sans inquiétude sur le succès de son affaire, lorsque les électeurs s'assemblèrent pour procéder au choix de leurs représentants. Cependant, par surabondance de précautions et pour ne rien négliger dans une affaire capitale, le prudent négociateur chargea son frère et ses émissaires de se répandre dans les auberges où les électeurs étaient descendus, d'y faire retentir son nom et son éloge, et de parler à chacun le langage le plus propre à capter sa bienveillance. Il crut encore qu'il lui serait utile de transiger avec quelques-uns de ses concurrents. Il les vit et leur fit offre de seconder leur élection de tous les suffrages qui lui étaient dévoués, à charge de réciprocité.

Mais quels furent l'étonnement et la douleur de Robespierre, lorsque, tout étant ainsi disposé, au lieu de se voir nommer en tête et par acclamation,

comme sa vanité s'en était laissé flatter, il vit successivement sortir les noms de plusieurs députés,
et le sien toujours oublié, quelquefois même re-
poussé avec mépris! C'est alors que, le désespoir
dans le cœur, il court dans une maison que fréquentait sa sœur raconter son humiliation et ses
chagrins. Une personne présente à son récit l'exhorte à ne point perdre courage tant qu'il restera
une place à remplir. Là se trouvait aussi un député
déjà nommé, M. Briois de Beaumez. On l'invite, on
le presse de faire quelque chose pour Robespierre.
Celui-ci s'y refuse d'abord; mais voyant Robespierre à ses pieds, qui lui jure qu'il ne fera rien
que par ses avis dans les États généraux, M. de
Beaumez consent à lui prêter son crédit auprès des
votants. Fort de cette ressource, Robespierre en-
trevoit encore une lueur d'espérance. Son ambition
se ranime; il tient conseil, il passe en revue divers
expédients, et s'en tient à celui de faire une dernière tentative auprès des campagnards, par un
discours qu'il croit propre à les séduire. Cependant il fait écrire sur-le-champ son nom sur quatre cents morceaux de papier qu'il remet à ses
affidés avec injonction de les distribuer aux paysans
de l'assemblée au moment précis où ils s'aper-
cevront que sa harangue fera impression sur eux.
Les choses ainsi convenues, on se rend à la
séance qui devait terminer le scrutin. Robespierre
y était arrivé le premier. Il s'empare de la tribune,
il commence par annoncer emphatiquement, « qu'il
» va éclairer le peuple sur de grands intérêts, et
» lui révéler des mystères d'iniquité opérés à son
» préjudice. » Aussitôt il se met à déclamer contre
la prétendue tyrannie des levées militaires qui ont

eu lieu dans l'Artois. Il prend de là occasion de calomnier les autorités. Il inculpe l'intendant de la province, il inculpe les États. Il accumule d'hypocrites doléances sur le sort du malheureux habitant des campagnes, qui, selon lui, déjà vexé en mille manières différentes par les grands, est encore cruellement arraché à ses utiles travaux pour le service militaire. Au moment où les villageois attentifs s'extasient, la bouche ouverte, devant le discoureur, on leur glisse dans la main le nom de celui que tant de zèle pour eux leur rend cher. Robespierre descend de la tribune; on va au scrutin, il est nommé. Ainsi, ce fourbe qui devait bientôt enlever tous les bras à l'agriculture, aux arts et au commerce; ce Robespierre qu'on a vu enrégimenter la France entière et placer toute la jeunesse du royaume entre les bayonnettes de l'ennemi et le couteau de la guillotine, faisait un crime au chef de l'État de la juste demande d'un homme par paroisse pour le maintien de l'ordre public et la défense du pays.

Cependant Robespierre, à peine nommé à la députation, ne garda plus aucune mesure, même de décence, à l'égard de la noblesse et des riches, qu'il n'avait attaqués jusqu'alors qu'indirectement et à raison d'intérêts particuliers. La prétention ambitieuse qu'il avait de se faire un patron de M. Necker en flattant le système populaire de ce ministre, donnait encore une nouvelle ardeur à la fièvre démocratique qui le travaillait depuis longtemps. La trop fameuse sentence des Jacobins: *Osez tout contre la noblesse et le clergé, et vous serez soutenus*, n'avait pas encore été promulguée; mais déjà elle était portée dans le sénat philosophique dont le Genévois était l'âme, et elle n'était pas un mystère pour tous ceux du Tiers-État qui, comme Robespierre, étaient dignes de la connaître. Aussi le nouveau représentant du peuple, sans révéler les moyens infernaux que l'on devait employer pour y parvenir, parlait-il en toutes rencontres du prochain nivellement des conditions et des fortunes ; et avant de partir pour sa mission, il assurait positivement la classe la plus infime de la société qu'avant peu ce serait elle qui occuperait les magistratures et qui ferait la loi dans les villes. Informé de ces propos, qui alors passaient encore pour séditieux, un homme qui depuis fut l'adulateur de Robespierre, M. de Fosseux, dit que sans doute par le crédit du déclamateur l'on verrait un beau jour Lantillette siéger à la tête du corps municipal d'Arras. Ce Lantillette était une espèce de manœuvre connu de toute la ville pour son adresse à pêcher les seaux tombés dans les puits. Piqué de l'ironie, Robespierre ne l'oublia pas ; et, pour venger ses assertions et leur donner plus de publicité encore, la nuit même de son départ pour Paris, et au milieu d'un souper nombreux, il fait venir le cureur de puits Lantillette, qui doit porter sa malle à la voiture ; il lui dénonce l'insulte qu'un noble a faite en sa personne à la majesté du peuple, et lui dit : « Souviens - toi, mon cher ami, de ce que je » vais te dire : Tout va changer en France : oui, » avant peu, ce pauvre Lantillette que méprise si » bien Ferdinand de Fosseux, n'aura plus qu'à se » reposer : Les Lantillettes deviendront mayeurs, » et les mayeurs seront des Lantillettes. »

Ce dernier trait, avant son départ, acheva de lui gagner la faveur de la populace. Elle comblait de

bénédictions l'homme admirable qui allait lui assurer tant de bonheur et de gloire. Ainsi, dans tous
les temps et tous les pays de l'ancien monde et du
nouveau, d'Athènes à Rome, et de Philadelphie à
Paris, les peuples, toujours dupes, ne cessent de
prêter l'oreille à ces charlatans politiques qui,
comme dit Tacite, ne mettent en avant le nom de
liberté que pour s'élever sur les ruines de l'empire,
qui ne feignent de s'apitoyer sur le sort de la
multitude opprimée que pour mieux parvenir à
se substituer eux-mêmes à ses prétendus oppresseurs. Tous ces tribuns factieux, tous ces zélateurs
des intérêts populaires, tous ces proclamateurs em-
phatiques de la souveraineté et des droits du peuple, tous ces fiers vengeurs de la liberté outragée,
ils ont tous fini par se faire décerner, à titre de reconnaissance, une domination *très absolue* sur la
multitude *libre* : et nous verrons bientôt qu'après
avoir porté le terrible niveau sur tous ses concitoyens, le démagogue Robespierre ne songera plus
à se dessaisir du souverain pouvoir pour aller fra-
terniser avec son ami Lantillette.

Cependant celui qui partait pour la conquête du
pouvoir suprême sur les Français, celui qui allait
bientôt asseoir sa puissance sur la puissance éclip-
sée de tant de rois, eût été obligé de s'acheminer
vers la capitale le bâton à la main et le sac sur le
dos, s'il eût été abandonné à ses propres ressources. Après avoir reçu la visite de quelques créan-
ciers vigilants, Robespierre n'avait plus, de tous ses
fonds rassemblés, la somme nécessaire pour payer
une voiture jusqu'à Paris. Ce fut une dame d'Arras (Mme Marchand) qui, par affection pour sa sœur,
la lui prêta. Il était déjà dix heures du soir, et il

devait partir à minuit, lorsque tout-à-coup il témoi-
gne de l'inquiétude sur ce que des gens qui lui ont
promis de l'argent ne paraissent pas. Mme Marchand
lui fait l'offre de dix louis, s'excusant de ne pouvoir mieux faire pour le moment. Robespierre
accepte l'offre avec transport, s'écriant que jamais
service n'a été rendu plus à propos. Le voyageur
sans argent n'a pas non plus de malle; ses effets
sont entassés dans un vieux bahut que l'on ne
trouve ni commode ni décent de placer derrière la
voiture de celui qui va siéger à l'auguste assemblée. La dame qui a donné les dix louis propose
une malle, que Robespierre accepte avec la même
démonstration de reconnaissance. Ainsi le député
est lancé dans la carrière qu'il va parcourir.

Nous ferons observer ici, et l'on n'en sera pas
surpris, que la malle et les dix louis, quoique ré-
clamés assez longtemps après le prêt, ne revinrent
qu'avec beaucoup de peine. Encore la restitution
était-elle accompagnée d'un billet impertinent, par
lequel Robespierre demandait qu'on lui envoyât
sans délai un récépissé de ce prêt officieux, dont
lui-même n'avait jamais donné d'obligation. Si l'on
était curieux d'une nouvelle preuve de l'état de fortune de Robespierre au moment de son départ
pour les *États généraux*, on la trouverait dans la
note exacte que nous joignons ici de tout ce qui
formait sa garde-robe [1]. Cette note a été conservée
par la personne même qui avait fait sa malle.

---

[1] Totalité des effets contenus dans la malle de Robespierre partant
pour les États généraux.
  Un habit de drap noir. *Il était rappé.*

Robespierre, à son arrivée à Paris, alla voir M. Necker, porteur d'une lettre à son adresse dans laquelle il était recommandé. Il rappela au ministre les mémoires qu'il avait pris la liberté de lui faire parvenir; et celui-ci, qui dans le temps en avait lu ou n'en avait pas lu les titres, marqua au jeune auteur le tendre intérêt pour sa gloire et cette prédilection, que les courtisans ne manquent jamais de témoigner aux inconnus qui, sans rien demander, leur apportent le tribut de leurs flatteries. Ébloui de la réception, Robespierre courait Paris, publiant ses liaisons d'amitié avec M. Necker, et colportant ses mémoires, qui selon lui en étaient le fondement. Il les fit circuler surtout parmi celles de ses anciennes connaissances de collége qu'il crut les plus capables de lui créer une réputation.

Un habit de velour ciselé noir. *Il avait été acheté à la fripperie de Paris, et il était reteint.*

Une veste de satin *Assez bonne.*

Une veste de raz de Saint-Maur, *passée.*

Une culotte de velours noir sur coton.

Une culotte de drap noir.

Une culotte de serge sur soie. *Les trois étaient fort usées.*

Six chemises, six cols, six mouchoirs de poche, dont la plus grande partie en bon état.

Trois paires de bas de soie, *dont une presque neuve.*

Deux paires de souliers, *dont une de neufs.*

Des vergettes pour les habits.

Deux brosses à souliers.

Un sac à poudre avec sa houppe.

Un petit manteau noir.

Un petit chapeau à porter sous le bras.

Une robe d'avocat.

Plusieurs morceaux de différentes étoffes.

Une boîte avec soie, fil, laine et aiguilles.

Un paquet de papiers pour un procureur de Paris.

Une quantité d'exemplaires de ses mémoires imprimés.

CHAPITRE CINQUIÈME.

Notice sur les hommes qui ont le plus contribué à la célébrité de Robespierre. — Dumouchel. — Dupont-du-Tertre. — Noël. — Lebrun. — Fréron. — Camille Desmoulins. — Robespierre le jeune. — Fouquier de Tinville. — Hébert.

Il ne sera pas inutile, pour mettre le lecteur à portée d'apprécier le ruisseau par la source, de donner ici une notice des sujets qui firent le plus d'efforts pour réaliser les prétentions de Robespierre à la célébrité. Ce furent surtout le professeur, depuis évêque, Dumouchel; l'avocat, depuis ministre, Dupont-du-Tertre; le régent de collége, depuis commis de la guerre et négociateur, Noël; le gazetier, depuis ministre, Lebrun; les journalistes Fréron, et Camille Desmoulins; l'avocat Robespierre le jeune; le procureur Fouquier de Tinville; et le valet de théâtre Hébert.

Dumouchel, fils d'un pauvre paysan de la Picardie, n'eût trouvé au sein de sa famille aucune ressource pour son éducation; le sanctuaire et la charité des fidèles en firent tous les frais. De la communauté de Sainte-Barbe, où il était boursier, il entra au collége de Louis-le-Grand en qualité de maître-de-quartier; il en sortit pour aller professer la rhétorique à Rodez, d'où il fut rappelé à Paris pour occuper une chaire au collége de la Marche. L'abbé Royou, auquel il faisait sa cour, l'avait employé pendant un temps pour la rédaction de certains articles peu importants de son journal, dont il n'avait pas le loisir de s'occuper lui-même. Une physionomie assez spirituelle, un caractère souple, beaucoup de babil, un peu de littérature et beaucoup plus de prétentions ambitieuses, avaient fait à Dumouchel une certaine réputation parmi cet essaim de sujets déplorables qui remplissaient les colléges de Paris, et par leurs suffrages il se trouvait recteur de l'Université à l'époque de la tenue des États généraux. Cachant son ambition effrénée et son irréligion sous le masque du plus entier dévoûment au respectable archevêque de cette capitale, il réunit les voix du clergé pour la députation. A peine l'hypocrite fut-il en possession du titre qu'il ambitionnait, qu'abandonnant les intérêts sacrés qui lui avaient été confiés, il se lia avec Robespierre, qu'il prôna d'abord, et dont il fut ensuite prôné lui-même, si bien que les Jacobins de Paris, le jugeant digne de l'épiscopat, envoyèrent son nom au club de la ville de Nîmes, avec injonction de faire connaître le sujet aux électeurs du département, comme celui qui leur convenait et qu'ils devaient nommer. Tous les électeurs catholiques, à l'exception de deux, ayant refusé de coopérer au crime d'une intrusion d'évêque, les électeurs protestants, moins délicats, s'assemblèrent, donnèrent leurs suffrages à celui que leur avaient désigné les Jacobins, et Dumouchel, proclamé évêque constitutionnellement catholique, par quinze électeurs seulement, dont treize protestants, prit congé de son ami Robespierre et alla s'installer dans le palais épiscopal de Nîmes, qui bientôt fut souillé par les scènes les plus scandaleuses.

Dupont-du-Tertre, né à Paris d'une famille peu fortunée, après avoir fait d'assez bonnes études au collége de Louis-le-Grand, devint avocat, et se fit une certaine réputation, surtout de probité et de

justice. Il était d'un caractère doux et honnête,
quoiqu'un peu froid. Il aimait le travail et la soli-
tude. Sa conduite au collége avait toujours été
sage, mais de cette sagesse plus philosophique
que religieuse. Il n'était pas né pour être un scélérat, et l'on ne peut pas dire qu'il l'ait été; mais il
n'avait pas assez de religion pour tenir, dans un
pas glissant, aux grands principes qu'elle consacre,
et il les abandonna. Ministre constitutionnel, il
essaya de servir la constitution et le roi; et sans
rien faire d'utile pour le roi ni pour la constitution, il ne put se soustraire à la guillotine.

C'avait été moins par une affection particulière
qu'à la sollicitation de ses anciens camarades de
collége que Dupont-du-Tertre s'était attaché à
faire connaître Robespierre, qu'il connaissait peu
par lui-même. Robespierre, pour prix du zèle
désintéressé qu'il lui avait marqué à son arrivée à
Paris, travailla plus qu'aucun autre Jacobin à le
rendre suspect et à déterminer son supplice.

Noël, né comme Dumouchel de parents pauvres, avait reçu comme lui l'éducation gratuite
des pauvres. Boursier d'abord des Grassins,
puis de Louis-le-Grand, après des succès assez
brillants dans les distributions de prix de l'Université, il fut fait maître de quartier et ensuite
professeur du collége de Louis-le-Grand. Ce pas-
sage subit de l'extrême indigence au dernier terme
de l'ambition parmi les jeunes maîtres de l'Université, lui tourna la tête. Il avait peu de religion,
il devint impie.

Dans les commencements de la révolution, ses
sentiments, consignés dans un journal dont il
s'était fait le rédacteur, lui méritèrent un emploi

de commis au bureau de la guerre, et ensuite une mission secrète de la part des Jacobins dans une cour étrangère. Lié avec Camille Desmoulins, celui-ci lui avait fait faire la connaissance de Robespierre lorsqu'il arriva à Paris pour les États généraux. Robespierre, quoique accueilli et fêté par Noël, avait conçu contre lui un fond d'aversion, par cela seul qu'il avait obtenu des succès plus constants que les siens dans l'Université, et que Camille Desmoulins ne cessait d'exalter ses talents. Il le ménagea d'abord comme un prôneur utile à ses vues, se brouilla depuis avec lui, et le perdit ensuite, dès qu'il en trouva l'occasion.

Lebrun, connu dans sa jeunesse sous le nom de l'*abbé Tondu*, était de Noyon. Pourvu par le chapitre de cette ville d'une bourse affectée à de jeunes ecclésiastiques [1], il se trouva contemporain de Robespierre au collége de Louis-le-Grand. Il avait fait moins de sensation que lui dans ses humanités, mais il montra plus de talents en philosophie. Il portait alors un fond extraordinaire de timidité, dont il conserva quelque chose toute sa vie. Il était de ces caractères mous et faciles qui, n'ayant ni la hardiesse du crime ni le courage de la vertu, deviennent ce que les font les circonstances et les sociétés dont ils s'environnent. L'abbé

---

[1] Gérard de Dainville, évêque d'Arras, fonda l'an 1380, par les soins de son frère Michel, un collége à Paris, près la place Saint-Côme, en faveur de douze écoliers dont six du diocèse de Noyon et six du diocèse d'Arras. Les revenus de ce collége furent dans la suite affectés à la dotation du collége Louis-le-Grand; et les chapitres de Noyon et d'Arras nommaient aux places vacantes. Ce fut l'une de ces places qu'obtint l'abbé Tondu.

Tondu, qui n'aimait ni son état ni son nom, quitta en même temps l'un et l'autre, et se fit appeler *Lebrun*, du nom de sa mère. Au sortir du collége, il obtint à l'Observatoire une des places que payait le roi à des jeunes gens qui avaient des dispositions marquées pour les mathématiques. Les mauvaises compagnies l'ayant jeté dans le libertinage, il s'engagea. Louis XVI lui fit rendre sa liberté et sa place ; il s'engagea de nouveau, s'expatria ensuite, et, de fredaines en fredaines vint tomber dans la ville d'Herve. C'est là que, devenu gazetier, une femme sans mœurs gouvernait sa personne et souvent sa gazette. Le général Dumouriez, qui, comme tous les hommes d'État du nouveau régime, se plaisait à opérer des prodiges, métamorphosa le gazetier d'Herve en ministre, et se le donna pour successeur dans le département des affaires étrangères. Lebrun ne lui fut pas ingrat, il n'agissait que par l'impulsion de son bienfaiteur, dont il était le fade adulateur, au point de faire appeler Victoire Dumouriez Gemmappe une fille qui lui était née. La défection du général constitutionnel devait assez naturellement entraîner la chute de sa créature. Aussi le ministre chancelant essaya-t-il vainement de s'appuyer de ses anciennes liaisons avec Robespierre : Robespierre ne connut plus pour ami celui qui avait pu l'être aussi d'un homme dont l'orgueil avait toujours révolté le sien. Lebrun ne provoqua point la mort du roi ; mais, comme Dumouriez, il eut la lâcheté d'y consentir, et comme lui, il en devint véritablement le complice, en ne faisant rien de tout ce qu'il eût dû faire pour l'empêcher ou pour en provoquer la vengeance.

Stanislas Fréron, condisciple de Robespierre au collége de Louis-le-Grand, nous rappelle deux noms célèbres : celui d'un homme cher aux lettres, le vengeur des vrais principes outragés par le philosophisme, et celui d'un roi les délices du genre humain et l'organe de la vraie sagesse. Le régicide Fréron, qui le croirait? était le fils de l'auteur de l'*Année littéraire* et filleul du roi Stanislas. Son père était honoré de la bienveillance du dauphin père de Louis XVI. Il devait personnellement des obligations à la famille royale de France, et nommément à Mme Adélaïde. Fréron, dans sa jeunesse, montrait un caractère sombre et dissimulé, surtout auprès de ses maîtres. Il annonçait assez peu de talents, et nulle volonté pour les cultiver; aussi le citait-on comme un rare exemple, lorsqu'on parlait de paresse et d'indolence. Il était de ces indifférents pour la religion auxquels on rend justice en suspectant encore leurs mœurs. Au sortir des écoles, il promena longtemps son existence désœuvrée sur le pavé de la capitale, fardeau également à charge à sa famille et à l'abbé Royou, son protecteur et frère de l'estimable Mme Fréron. L'époque de la révolution fut celle où Stanislas Fréron, digne émule de ses amis Robespierre et Camille Desmoulins, foulant aux pieds les devoirs les plus sacrés, voua une haine implacable à tous ceux qui lui avaient jamais fait du bien. Ce fut alors aussi que, sa méchanceté triomphant de son indolence, il donna ses soins à un journal intitulé l'*Orateur du Peuple*, ouvrage détestable, dans lequel il professait ouvertement ce même jacobinisme que l'empire des circonstances le força d'abandonner plus tard. Député à la Convention par le crédit des Jacobins, il mérita dans la suite d'être adjoint à Robespierre le jeune, pour aller venger la révolution et les Jacobins outragés à Toulon ; et il le fit en vrai Jacobin. Comme, après la Terreur, on lui reprochait son expédition sanguinaire et toutes ses cruautés envers les Toulonnais, il répondait *qu'il n'avait ni égorgé chez eux, comme Carrier à Nantes, ni mitraillé comme Collot d'Herbois à Lyon.* Et en se plaçant ainsi à côté des scélérats qui ont fait couler des fleuves de sang, il se croyait pur de celui qu'il avait versé. Il trouva dans cet affreux rapprochement une apologie si complète, qu'il ne craignit pas après cela de se constituer le dénonciateur audacieux de ceux qui l'avaient surpassé en barbarie, et de s'écrier sur le ton du triomphe : *J'ai ménagé le sang des Français !*

Robespierre, qui ne se défiait pas des sentiments de Fréron, et qui surtout craignait peu ses talents, lui permit de vivre, quoique son ancien ami. Mais celui-ci n'eut pas plus tôt vu Robespierre attaqué de toutes parts, qu'il se jeta prudemment sur lui, pour faire oublier qu'il l'avait aidé de toute l'étendue de ses petits moyens à fonder sa tyrannie.

Camille Desmoulins, l'ami le plus chaud et le plus ardent prôneur de Robespierre, était fils du lieutenant-général du bailliage de Guise en Picardie. Nommé boursier par le chapitre de Laon au collège de Louis-le-Grand, il y fit ses études, sinon avec distinction, du moins avec quelque succès. Quoiqu'il écrivît dès lors assez bien ses compositions scolastiques, il s'énonçait très pesamment et bredouillait en parlant. Il avait un extérieur ignoble et repoussant, le teint noir, et quelque

chose de sinistre dans le regard. Il avait néanmoins
annoncé dans sa première jeunesse la double émulation du travail et de la vertu ; mais, dérangé
dans ses hautes classes par des compagnons vicieux, il abjura la piété et s'en montra bientôt
l'ennemi plus acharné que ceux mêmes qui l'en
avaient éloigné. Dès lors, esprit brouillon, har-
gneux et vindicatif, il se rendit odieux à tous ses
condisciples et n'eut plus un seul ami parmi eux.
On le vit ensuite, fils dénaturé et disciple ingrat,
afficher tous les sentiments d'un mauvais cœur. Il
débuta au barreau par un plaidoyer contre son
père, qu'il prétendait obliger à lui fournir à Paris
un entretien qui surpassait ses facultés. Il ne pardonna jamais à ses maîtres les efforts qu'ils avaient
faits pour corriger ses vices naissants. Dans le
temps de la Terreur, il en voulait encore cruellement à l'un deux, à l'occasion d'un reproche fait
quinze ans auparavant. *Je ne lui pardonnerai
jamais*, disait-il, de m'avoir dit un jour que je
visais à l'échafaud. Si l'horoscope n'était pas flatteur, il ne s'en vérifia pas moins. Ce maître était
M. l'abbé Proyart, sous-principal du collége de
Louis-le-Grand.

Lorsque la nouvelle se répandit que l'armée de
Brunswick marchait sur Paris, les révolutionnaires
éprouvèrent le plus grand effroi. Camille Desmoulins ne déguisait pas ses frayeurs. Son ancien maître
de droit, M. l'abbé Duflos, l'ayant rencontré à cette
époque, s'entretint avec lui des périls du moment
et lui rappela l'anecdote du collége. Le jeune Jacobin lui répondit en bégayant : *Ma foi.... ma foi....je
commence à croire que celui qui m'a pronostiqué que
je serais pendu pourrait bien avoir raison.* « Je n'en

» avais conservé nul souvenir, dit M. l'abbé Proyart;
» mais plusieurs de ses condisciples m'ont rappelé
» qu'en effet, au sujet d'un vol assez considérable qu'il
» avait fait à son père pendant une vacance, je lui
» avais dit dans le tête-à-tête : *Mon ami, vous visez*
» *à la potence* : propos qu'il rendit lui-même à ses
» camarades.[1]» Il vota la mort du roi ; mais ensuite
sa fureur parut se ralentir. Les persécutions deve-
nant tous les jours plus nombreuses, plus épouvan-
tables, et redoutant vraisemblablement d'en devenir la victime, il entreprit de les faire cesser ; et
pour cet effet il publia un pamphlet périodique,
le Vieux Cordelier, contre la tyrannie des comités,
où il osa répéter souvent le mot de *clémence*, qui
semblait effacé du vocabulaire français. Les succès
qu'obtinrent les numéros de cet ingénieux ouvrage irritèrent l'amour-propre de Robespierre et
de ses complices.

Saint-Just le haïssait particulièrement, parce
que, dans son *Vieux Cordelier*, en faisant usage
d'une comparaison tout-à-fait déplacée, Desmoulins
avait dit que *Saint-Just portait sa tête comme un
Saint-Sacrement*, à quoi le cruel décemvir répondit : « Et moi je lui ferai porter la sienne comme
saint Denis. Arrêté le 31 mars 1794, Camille Desmoulins fut condamné à mort le 5 avril, sans avoir
eu la liberté d'achever sa défense. En voyant l'échafaud, il s'écria : « Voilà donc la récompense réser-
» vée au premier apôtre de la liberté ! Les monstres
» qui m'assassinent ne me survivront pas long-
» temps. »

---

[1] Louis XVI aux prises, etc.

Robespierre le jeune n'était pas à Paris lorsque son aîné y arriva, mais il y vint depuis, et son zèle suppléant à ses moyens, il seconda aussi efficacement que personne les vues ambitieuses de son frère. Il avait comme lui étudié au collége de Louis-le-Grand, à l'aide d'une bourse de l'abbaye de Saint-Vaast. Il était sans esprit, sans talent, sans caractère, et son frère savait l'apprécier quand il le définissait laconiquement *une bête*. Il en avait en effet l'instinct brutal ; on était sûr de le trouver dans toutes les émeutes et les scènes désagréables que les Jacobins d'Arras faisaient essuyer aux gens de bien. Procureur de la commune de cette ville, il exerçait sa magistrature avec un despotisme révoltant dont il ne savait pas même colorer les plus honteux excès. Un religieux qu'il chassait de sa cellule, après sa parole donnée qu'il y serait tranquille, lui témoignait son étonnement sur ce trait d'injustice : *Vous deviez pourtant bien vous y attendre*, répondit le jeune Robespierre. Les Jacobins de Paris le firent députer à la Convention en faveur du nom qu'il portait. Un malin, pour se divertir à ses dépens, lui ayant donné plus de talents qu'à son aîné, il allait répétant partout l'épigramme, et protestant dans l'assemblée des Jacobins qu'on ne parviendrait jamais par ces manœuvres à le brouiller avec son frère, qu'il soutiendrait constamment tant qu'il verrait en lui le *Proclamateur de la morale*. La Convention, attentive à employer chacun selon ses talents, plaça Robespierre le jeune sur un théâtre digne de lui, et le fit, avec Fréron, commissaire de la guillotine dans les provinces du Midi. C'est lui qui, de retour de son expédition sanguinaire, disait aux Jacobins

avec un ton de niaiserie féroce : « Je voudrais,
» comme je le disais il y a quelque temps à un de
» mes amis, que tous les tyrans fussent hachés en
» petits morceaux et qu'on en fît un pâté ; j'en
» mangerais avec plaisir, quoique je n'aime pas la
» chair humaine. » Le monstre, sans doute, en
avait déjà goûté.

Ce que Robespierre le jeune fit de plus remarquable pendant sa vie fut de se condamner lui-
même au supplice que l'ancien régime infligeait
aux plus grands scélérats, en se cassant bras et
jambes sur la place de Grève.

Les partisans de Robespierre essayèrent vainement de lui rendre favorable un autre élève du
collége de Louis-le-Grand, Sulleau. Celui-ci, constamment attaché aux vrais principes, les soutint
avec tout le feu et l'énergie que l'on sait. Bravant
Robespierre, bravant les Jacobins, il dévoila leurs
menées et publia leurs forfaits. Désespérés de sa
noble hardiesse, ses lâches ennemis le firent assassiner dans la journée du 10 août.

Une double conquête en faveur de Robespierre,
plus facile que celle de Sulleau, ce fut celle de
Fouquier de Tinville et d'Hébert. Le premier, sans
avoir étudié au collége de Louis-le-Grand, se lia
avec Robespierre à son arrivée à Paris, par l'entre-
mise de Camille Desmoulins, dont il était parent.
Fouquier de Tinville, fils d'un cultivateur honnête
du village d'Hérouan, près Saint-Quentin, était
procureur au Châtelet. Après avoir mangé sa
charge et son patrimoine en vivant dans la plus
crapuleuse débauche, il fit banqueroute, et se consolait de la vente de ses meubles en disant : « C'est
à mon tapissier qu'ils appartiennent. »

Jugé digne par Robespierre de jouer le rôle d'accusateur public dans son tribunal de sang, il s'en acquitta au gré de celui qui l'employait. Ses actes d'accusation, celui nommément qui est dirigé contre la reine, sont des monstruosités qu'il faut avoir vues pour y croire. Il accusait les innocents par douzaines, et quelquefois par centaines, et ses accusations portaient preuve. Tous ceux dont il récitait les noms, nobles et prêtres, magistrats et financiers, ministres et généraux, enfants et vieillards, riches et pauvres, tous coupables du même crime, étaient condamnés par la même formule, tous avaient conspiré *contre l'unité et l'indivisibilité de la République*. Il accusa plusieurs de ses amis, il accusa le neveu de sa tante, Camille Desmoulins; il eût accusé sa mère, fait guillotiner son père, aurait soupé ensuite et dormi tranquillement. Cet insigne accusateur fut enfin accusé lui-même du crime de ses accusations par le député Fréron, qui, énumérant à la tribune tous ses forfaits, conclut à la peine de mort par ces mots terribles : « Je » demande que Fouquier aille cuver dans les enfers » tout le sang dont il s'est enivré. » Lorsqu'on le conduisit au supplice, cette populace qui l'avait protégé le chargea de malédictions. « Tu n'as pas la parole » lui disait-on par allusion à ce qu'il disait lui-même aux malheureuses victimes qui voulaient se défendre : « Va, canaille, répondait-il, » chercher trois onces de pain à la section. » Il fut conduit à l'échafaud le 7 mai 1794, avec une douzaine de ses complices, et exécuté le dernier. On le vit alors frissonner pour la première fois, il sembla même éprouver quelques remords.

Hébert, d'abord valet de théâtre, puis chassé

par son maître pour cause d'escroquerie, et enfin
représentant du peuple français, était de la connaissance de Robespierre le jeune. Il fit l'accueil le
plus empressé à son frère arrivant à Paris pour
les États généraux. Après avoir acheté par la plus
basse flatterie un droit particulier à sa confiance,
il se mit à jouer avec lui une espèce de comédie et
se constitua son garde-du-corps. Il ne le quittait
plus, il l'accompagnait partout armé d'un énorme
bâton, publiant que l'ardent civisme de Robespierre était si connu, que ce grand homme avait
tout à craindre pour ses jours de la part des aristocrates ; mais que, tant qu'il aurait une goutte de
sang dans les veines, il saurait bien le défendre
envers et contre tous. Ce charlatan officieux, de
l'avis de Robespierre, sans lequel il ne faisait rien,
donna ses soins à l'éducation révolutionnaire des
Parisiens, s'appliquant à effacer de l'esprit du
peuple toute idée de religion, de morale et d'humanité, œuvre infernale dans laquelle il ne réussit
que trop en employant, dans sa feuille du *Père
Duchêne,* l'éloquence des halles et des tavernes.
Mais, enflé de la faveur populaire et des richesses
que lui prodiguait le trésor public, aux dépens
duquel son *Père Duchêne* circula pendant longtemps dans tout le royaume, Hébert, de valet
complaisant qu'il avait toujours été de Robespierre,
osa essayer de se faire son rival, et dès lors il ne
tarda pas à devenir sa victime. Camille Desmoulins
lui porta les premiers coups, et Robespierre le
dernier. Ce coryphée de l'athéisme fut exécuté le
24 mars 1794, au milieu des huées de la populace, qui se faisait un plaisir de lui rappeler les
horribles plaisanteries que lui-même avait faites

à tant d'infortunés en de semblables occasions.

Tous les sujets dont nous venons de parler, quoiqu'on les ait vus s'entre-déchirer depuis, s'étaient concertés d'abord en faveur de Robespierre, dans le dessein de lui créer une réputation analogue à tout le mérite dont il se disait porteur. Ils crurent aussi sans doute que ce serait s'honorer eux-mêmes que de se donner pour admirateurs et les amis d'un homme qui se flattait de faire briller de ses lumières la grande lumière de la France, M. Necker. Quoi qu'il en soit, c'était chose curieuse pour certains observateurs que de voir l'empressement de tous ces satellites de Robespierre à faire retentir les clubs et les cafés du Palais-Royal de son nom, jusqu'alors ignoré. Lui-même, toujours premier acteur dans ce jeu de son ambition, ne manquait pas au moment convenu de paraître dans ces endroits, et alors ses affidés, en le montrant à la populace, s'écriaient : « Le voyez-vous ? le voilà ce grand ami du peuple ! » Et le peuple battait des mains, criant : « *Vive Robespierre, les aristocrates à la lanterne.* » Pour se rendre plus remarquable dans ces occasions, Robespierre avait imaginé de se charger la tête de la coiffure à prétentions de Mirabeau, et le nez des lunettes de Francklin, se flattant sans doute que sous ce costume on le prendrait pour un composé de ces deux hommes extraordinaires ; et à cet égard il jugeait assez bien le Parisien.

Ce charlatanisme néanmoins ne lui réussit pas d'abord auprès de ses collègues comme il s'y était attendu, éclipsé par celui des Mirabeau, des Barnave, des Chapelier, des Rabaud-Saint-Étienne et d'une infinité d'autres qui, à son manége astucieux

3.

joignaient encore des facultés oratoires qui lui
manquaient pour captiver l'attention d'une grande
assemblée. Robespierre, jugeant bientôt qu'il ne
réussirait pas à se faire chef de faction et à briller
par lui-même, prit son parti et se résigna à suivre
le char de ceux qui brillaient. Mirabeau effaçait
tous ses collègues du côté gauche : c'est à Mirabeau qu'il s'attacha de préférence. Mirabeau,
dès lors, n'eut pas de plus bas adulateur. Il
affectait d'aller se placer dans la salle de l'assemblée à côté de Mirabeau, il suivait Mirabeau
dans les rues, dans les promenades publiques, il
faisait cortége à Mirabeau et reconduisait encore
Mirabeau dans son logis. Les feuilles publiques
l'appelaient le *singe de Mirabeau*. Pour prix de tant
de complaisances et d'assiduités, le grand homme
permettait au jeune écolier d'être son admirateur.
Dans la suite, il lui fit quelquefois la grâce de
l'employer, quoiqu'il le méprisât. Il le mettait en
avant comme enfant perdu, soit qu'il voulût sonder
l'opinion sur quelque projet hardi, ou jeter dans
les esprits le germe de certaines idées que le temps
devait mûrir. On voyait Mirabeau dans ces occasions, tantôt parler dans le sens de Robespierre,
et d'autres fois rire le premier de la motion que
lui-même lui avait mise à là bouche et qu'il se réservait de reproduire dans la suite sous une forme
plus séduisante et en saisissant l'à-propos.

Mais autant de fois que Robespierre, cédant à la
vanité de se faire entendre, essayait de produire
ses propres idées, autant de fois elles étaient
accueillies par un mépris général de l'assemblée,
et le côté gauche de la salle, qu'il prétendait servir,
se joignait au côté droit pour imposer silence à un

orateur qu'il jugeait plus propre à retarder le
triomphe de la cause qu'à l'avancer. Robespierre,
humilié, ne s'avouait pas pour cela vaincu, et les
motions que repoussaient les législateurs, il allait
les reporter aux Jacobins, auprès desquels il était
rare qu'elles essuyassent la même défaveur. Cette
indulgence des Jacobins l'affectionna singulièrement à leur faction ; il y retrouvait d'ailleurs la
plupart des amis dont nous avons parlé : et
tous les membres qui la composaient étaient vraiment dignes de lui, car les Jacobins n'eurent point
d'enfance dans le crime, ils naquirent scélérats
consommés. Leurs premiers exploits furent l'incendie des châteaux, les pillages et les assassinats,
un système de forfaits aussi savamment combiné
qu'audacieusement suivi par toute la France. Ces
attentats, Robespierre les désavoua lui-même, en
partie du moins, à la tribune de la Convention, et
les mit au nombre des *conspirations* qu'il reprocha
aux Chaumette, aux Hébert, quand il voulut se défaire d'eux. Mais, tout en disant qu'on *avilissait la
République,* il continuait suivant son plan à profiter
de cet *avilissement,* dont il avait besoin. Il accusait
tout haut ceux qu'il avait excités tout bas et mis
en œuvre, et il se gardait bien de rien changer à ce
qu'on avait fait. Ce fut son système unique qui lui
servit à faire périr une foule de ses complices,
comme il sera facile de s'en convaincre dans le
cours de cette histoire.

CHAPITRE SIXIÈME.

Robespierre, l'un des premiers directeurs du comité des Jacobins, part pour Arras afin de se réhabiliter. — Il est obligé de rétrograder. — Sa motion en faveur des prêtres. — Il se justifie de *ses sentiments religieux*. — L'abbé Royou le stigmatise dans son journal. — Son opiniâtreté et son impudence à l'Assemblée. — Il exclut les Lameth de la société des Jacobins. — Les Feuillants. — Son ascendant parmi les siens. — Son ovation.

Robespierre excellait dans ce genre de manœuvres noires qui ne demandent que l'activité d'une âme méchante. Aussi fut-il un des premiers recteurs de ce comité secret qui, après l'organisation des clubs provinciaux, surveillait leurs opérations et dirigeait la marche de leurs crimes. Les Jacobins eurent d'abord toute confiance en lui, et s'en reposèrent aveuglément sur son zèle du soin de proscrire les nobles, de vexer le clergé, de dépouiller les riches et de déterminer les moyens les plus propres à amener ces résultats.

Dans le temps néanmoins qu'agent de confiance des Jacobins il travaillait ainsi au bouleversement de tout ordre dans l'empire, l'hypocrite, qui n'eût osé se flatter alors de tout ce succès qu'il eut depuis, croyait devoir user encore de certains ménagements. Il avait surtout à cœur de se laver de la tache d'impiété aux yeux de sa province et auprès d'un peuple qu'il savait être toujours inébranlable dans ses principes religieux. Informé du discrédit où il était tombé parmi ceux mêmes sur lesquels il comptait le plus dans la ville d'Arras,

depuis qu'on leur avait fait connaître que leur
représentant à l'Assemblée nationale était un des
plus grands ennemis qu'eût la religion, il résolut
d'aller en personne réhabiliter sa réputation. Il
obtint un congé, fit annoncer son arrivée, et partit
pour Arras. Mais le peuple, à cette nouvelle, ayant
juré qu'il ferait lui-même justice de celui qui l'avait
si indignement trompé, les partisans de Robespierre s'empressèrent de lui dépêcher un courrier
qui le joignit sur la route et lui conseilla de rétrograder. Le voyageur profita de l'avis et fut heureux de ne l'avoir pas méprisé : car le bruit s'étant
répandu qu'il était arrivé à Arras et qu'il se tenait caché, la populace, ameutée, fit entendre des
cris menaçants et se porta à plusieurs reprises
chez les Oratoriens, qu'elle soupçonnait lui avoir
donné retraite.

Confirmé par cet événement sur les dispositions de la partie de ses concitoyens dont il ambitionnait le plus le suffrage, Robespierre, dans
l'impuissance de se disculper lui-même auprès
d'eux, écrivit à ses affidés de ne rien négliger pour
le faire en sa place. Il leur recommandait surtout
de faire valoir comme un moyen de confondre les
calomniateurs de sa religion, qu'il était notoire
qu'il avait fait une motion dans l'Assemblée en
faveur des prêtres.

En effet, dans le temps de la première persécu-
tion du clergé, dont il était un des principaux
instruments dans le comité secret des Jacobins,
on fut fort étonné un jour de l'entendre prendre
sa défense. Il eut le courage de poser en principe
que les prêtres étaient des hommes et même des
concitoyens, et à ce double titre de réclamer en

leur faveur les droits de l'humanité. Mais, soit que
cette morale parût une dérision dans sa bouche,
soit par l'habitude où était l'assemblée de mépriser ce qui venait de sa part, la motion tomba
comme toutes celles qu'il faisait; et il eût été sans
doute bien trompé lui-même, si on lui eût donné
quelque suite [1].

A peu près dans le même temps, l'hypocrite
s'étant vu démasqué et inscrit parmi les persécuteurs de la religion et du clergé dans un journal
accrédité dans la province, écrivit sur-le-champ
au rédacteur : « Ce n'est pas sans étonnement que
» je me vois compromis dans votre journal. Je de-
» vais cependant d'autant moins m'y attendre de
» votre part, que vous pouvez connaître la pureté
» de mes principes *et mon respect pour la religion.*
» J'espère au reste que vous voudrez bien désa-
» buser le public sur des sentiments que l'on m'at-
» tribue gratuitement. »

Robespierre imagina que l'auteur désavouerait
simplement l'article qui compromettait *ses sentiments religieux,* mais il imprima sa lettre, ce qui

---

[1] « Si Robespierre et son parti eussent régné plus longtemps, il ne
» serait pas resté en France un seul prêtre vivant... Mais encore, que
» craignaient-ils donc dans les prêtres ? Ce qu'ils craignaient ! Les
» ministres d'une religion indissolublement liée à la morale. Des tyrans
» qui, depuis qu'il y a eu des tyrans, ont imaginé de fonder leur pou-
» voir sur le renversement de toute morale quelconque, religieuse,
» politique et civile, doivent en être les plus mortels ennemis, parce
» qu'ils n'ont pas en effet de plus mortelle ennemie. Concevez, s'il est
» possible, combien ils doivent craindre et par conséquent détester
» ceux qui sont chargés par état et par devoir de la prêcher à tous les
» hommes et de la présenter revêtue d'une sanction divine. »

LA HARPE. *Du Fanatisme,* page 51.)

pensa le brouiller avec les Jacobins, qui dès lors audacieusement impies, ne voulaient point parmi eux d'hypocrites qui osassent parler encore de respect pour la religion. Il fut obligé de se justifier auprès d'eux, en alléguant ce qu'il appelait le fanatisme des bonnes gens de son pays. *Ne sais-tu pas ce, que je fais,* disait-il à Pétion : *Que t'importe ce que je dis?* Ainsi voulait-il que les Jacobins en crussent à ses œuvres et ses compatriotes à ses paroles.

Quoique Robespierre ne négligeât rien pour complaire à la majorité de l'Assemblée, quoiqu'il fût parvenu à se faire un nom et des partisans parmi les Jacobins, jamais cependant il ne put y jouir de la moindre considération. Son zèle et ses travaux révolutionnaires réclamaient au moins pour lui l'indulgence, il ne trouvait partout que le mépris. Quelle pouvait donc être la cause d'une défaveur si prononcée? Voici la plus probable : Un homme qui connaissait particulièrement Robespierre, qui avait la mesure de ses moyens, et qui avait eu pour disciples la plupart de ceux à l'aide desquels il avait prétendu faire sensation aux États généraux, résolut de lui imprimer la tache du ridicule, et il y réussit. Cet homme était l'abbé Royou. Les anciens se rappellent encore l'*Ami du roi,* les principes et la touche de ce défenseur chaleureux de ce qu'il y a de plus sacré et de plus nécessaire au monde, qui se faisait également lire par les députés du côté gauche et par ceux du côté droit. Dans ce temps de l'enthousiasme pour la liberté indéfinie de la presse, il osa tout ce que pouvait oser un grand courage contre les factieux mêmes qui l'avaient décrétée. On croyait en le lisant

lui voir exercer les fonctions de grand-prévôt dans
la forêt constitutionnelle. Ses jugements contre les
brigands qui l'infestaient étaient sanglants et sans
appel. Le signalement qu'il nous laissa de leurs
principaux chefs est un monument curieux. Il les
marque en traits de feu, du caractère qui leur est
propre; et ses portraits ne sont pas indignes de
l'attention du sage observateur.

Quant à Robespierre, l'abbé Royou, comme
professeur du collége de Louis-le-Grand, avait
contre lui un double grief, et ne lui pardonnait
pas de déshonorer la maison qui l'avait élevé. Cependant, comme s'il l'eût jugé plus digne encore
de sa pitié que de sa colère, il le traita toujours
en bas écolier de Mirabeau. Mais en affectant de
le corriger de la verge du mépris, il le plaça par
le ridicule au-dessous de la médiocrité, et tant que
dura la première législature, il ne lui fut pas possible de faire un seul pas pour s'écarter du rang
que lui avait assigné son maître.

Un caractère moins opiniâtre se fût découragé.
Mais nul obstacle ne rebutait Robespierre. Souple
et patient dès que l'intérêt lui commandait de
l'être, il savait se plier aux circonstances; si le chemin direct lui paraissait obstrué, il cherchait les
détours et se traînait vers son but quand il ne
pouvait pas s'y porter. Privé de tout espoir de
considération dans l'Assemblée nationale, il s'était
particulièrement attaché à affermir son empire
chez les Jacobins. Parmi ces hommes déterminés
à avoir raison par la force et la violence, c'étaient
bien moins les talents et le génie que l'audace et
la ruse qui constituaient le vrai mérite, et Robespierre avait sous ce double rapport tout ce qui

pouvait le rendre recommandable à la faction à laquelle il s'était dévoué. Toujours prêt à se mettre en avant pour la servir et vigilant sur tous ses intérêts, il allait à la découverte de ses ennemis les plus cachés, il les dénonçait avec une hardiesse que rien ne déconcertait, et il éprouva souvent que faire du bruit et débiter des phrases dans la cause des Jacobins, c'était l'avoir défendue avec succès. Il lui était un jour revenu qu'il devait se faire dans l'Assemblée nationale un rapport peu favorable à la société. Imaginant qu'il y serait proposé de dissoudre ses clubs, il minuta un long discours pour prouver l'importance de leurs services et la nécessité de leur conservation. Le représentant Dandré, Jacobin mitigé, fit en effet un rapport sur les sociétés populaires, mais nullement pour en demander la suppression. Il prétendait seulement qu'on devait modifier et régler leur influence dans le gouvernement, pour l'y rendre plus utile. Robespierre, qui avait fait les frais de son discours, ne voulut pas en perdre la gloire; et, peu jaloux de se montrer logicien exact, pourvu qu'il paraisse défenseur ardent du jacobinisme, il se met en devoir de répliquer à son collègue par la leçon qu'il a préparée. En vain celui-ci lui objecte-t-il le ridicule d'une réponse qui tombe à faux; en vain lui crie-t-on des quatre coins de la salle qu'il combat une fantôme; imperturbable dans son impudence, il va jusqu'au bout, et, les applaudissements que lui refusent les Constituants, il va les recueillir l'instant d'après chez les Jacobins.

Ainsi, aveugle ou éclairé, le zèle de Robespierre aux yeux des siens était toujours du zèle, dont ils lui savaient également gré. Nul Jacobin n'eût été

écouté, s'il eût essayé d'élever quelque nuage sur
les sentiments de l'homme le plus prononcé qu'il
y eût dans la société en faveur des moyens ex-
trêmes. Robespierre au contraire s'arrogeait le
droit d'inspection et de censure sur ses confrères
et faisait adroitement sa cour à la faction entière,
en lui dénonçant ceux de ses membres dont il sus-
pectait les principes. Les Lameth, quoique consi-
dérés chez les Jacobins, ne lui plaisaient pas. Il
les avaient autrefois connus à Arras, où il avait
brigué leur protection ; mais, devenu leur égal, et
Jacobin comme eux, il ne leur pardonna pas le
ton protecteur qu'ils semblaient vouloir conserver
encore à son égard. Il résolut de les chasser de
la société, et il en vint à bout. Il leur supposa des
vues ambitieuses, et le dessein formé d'asservir la
liberté jusque dans son sanctuaire privilégié. Son
attaque était concertée avec Pétion, qui assura de
son côté qu'il voyait dans les Lameth de faux
frères et des traîtres. La seule accusation d'affecter
la tyrannie sur les Jacobins fut bientôt convertie
en preuve à leur tribunal, et, quoi que pussent
alléguer les Lameth, eux et leurs partisans furent contraints d'émigrer. De là naquirent les
Feuillants.

Depuis cette époque, Robespierre, déjà lié avec
Pétion, lui jura un attachement inviolable, et ils
devinrent amis autant que peuvent l'être des Jacobins. Ils ne se brouillèrent plus qu'une seule
fois et pendant un instant seulement. L'intérêt
qu'ils avaient à rester unis ne les rendit pas diffi-
ciles sur la réconciliation, et ce fut le général Lafayette qui eut la gloire de la négocier.

Les Lameth et leur faction, exclus des Jacobins,

ne respiraient que la vengeance et mirent tout en
œuvre pour perdre Robespierre. Ils ne parlaient
de rien moins que de lui faire son procès sur des
preuves juridiquement acquises par Charles Lameth, qu'il avait fabriqué de faux ordres du roi
et provoqué par des lettres circulaires l'incendie
des châteaux et le massacre des propriétaires [1].
Mais les Feuillants, en considérant que pour faire
le procès à Robespierre il eût fallu le faire à tous
les Jacobins, dont il n'avait été que le secrétaire
et le principal agent, crurent qu'il serait plus prudent encore d'affecter le mépris que de tenter la
vengeance. Cet aveu de leur impuissance, après
beaucoup de menaces, fut un nouveau triomphe
pour les Jacobins et offrit surtout à Robespierre
un avantage dont il sut profiter avec beaucoup
d'adresse. Il ne se fut pas plus tôt aperçu que les
yeux de la société se tournaient vers lui, et qu'il
lui était devenu plus cher depuis qu'il avait été
menacé et persécuté à cause de son zèle ardent à
la servir, qu'il affecta de son côté un dévouement
plus entier encore à la cause commune, résigné
à braver seul, s'il le fallait, tous les dangers pour
la soutenir. *Je périrai*, disait-il à la tribune des
Jacobins, *mais nous triompherons de tous les intrigants, et le peuple sera libre.*

Dès ce moment il prit parmi les siens un ascendant marqué, qu'il ne perdit plus. On le consul-
tait en tout, et rien d'important n'était arrêté sans

---

[1] On vit à cette époque des campagnards, cruellement abusés par
ces lettres, dire en pleurant aux propriétaires des châteaux qu'ils aimaient : « Nous sommes au désespoir d'être obligés de raser votre
» château ; mais nous en avons reçu l'ordre du roi. »

son aveu. Lorsque l'Assemblée nationale était
sur le point de mettre au jour sa nouvelle charte
constitutionnelle, le 11 septembre 1791, à une
heure après minuit, les Jacobins assemblés au
nombre de quatre cent vingt pour délibérer sur
le parti à prendre dans le cas où le roi refuserait
de sanctionner la pièce qu'on allait lui présenter,
ce fut Robespierre qui leur demanda nettement :
Que fera-t-on du roi, s'il refuse sa sanction? Mon-
sieur, s'il était régent, ne serait-il pas encore plus
dangereux que le roi? A ces deux questions, que
Robespierre préjugeait assez par sa manière de
les présenter, les Jacobins répondirent dans son
sens : *Le roi, par le fait de son refus, sera déchu*
de la couronne, et l'on se défera de Monsieur. Les
factieux se réservèrent à statuer sur les mesures
ultérieures à prendre dans cette supposition.

Lorsque l'Assemblée, après avoir produit le
grand œuvre de la Constitution, fut sur le point
de se séparer, Robespierre, à qui le triste rôle qu'il
avait joué parmi les Constituants présageait la
même défaveur pour l'assemblée suivante, s'il y
reparaissait environné des mêmes concurrents,
résolut de se déclarer fortement contre la réélec-
tion des anciens députés, se promettant du temps
et des Jacobins les moyens de se produire lui-
même avec plus d'avantage dans une troisième législature.

Cette ruse, que les Jacobins exaltèrent comme
un trait sublime de modération, lui fit beaucoup
d'honneur, tant parmi les partisans ombrageux de
la liberté qu'auprès de tous ceux qui pouvaient
avoir des prétentions aux nouvelles élections. Le
discours qu'il prononça à ce sujet plut au peuple,

et fut vivement applaudi par les tribunes, en sorte que son amour-propre, si constamment humilié pendant sa carrière politique, eut du moins en la finissant un instant de jouissance. Attentif à profiter des moindres circonstances pour se faire remarquer, Robespierre imagina que c'était le moment de faire accroire au peuple qu'il était chéri du peuple. Dans cette vue il se concerta avec ses affidés, afin que le jour de la clôture de l'Assemblée constituante il lui fût décerné une espèce d'ovation. En effet, une troupe de soudoyés conduite par quelques Jacobins ses amis vint le prendre au sortir de la dernière séance, lui mit une couronne de chêne sur la tête, le plaça dans une espèce de calèche, détela les chevaux et le traîna jusqu'à sa demeure, en criant : *Voilà l'ami du peuple, le grand défenseur de la liberté!* Porté sur le même char, son ami Jérome Pétion fut associé à son triomphe.

Cette farce, qui eût pu passer pour un effet naturel de l'enthousiasme, si elle eût eu lieu en faveur d'un Mirabeau, ne fit de dupes que ceux qui voulurent bien l'être, et fut comme le complément du ridicule déjà attaché au nom de Robespierre.

CHAPITRE SEPTIÈME.

Robespierre accepte une place de juge; il la quitte bientôt ensuite
pour se faire le journaliste des Jacobins. — Il travaille l'opinion
en Flandre et en Artois. — Il pousse à la vente des biens d'é-
glise et provoque la démolition de l'église de Saint-Aubert, sa
paroisse. — Il vient à Arras avec Pétion. — Lebon va à sa
rencontre. — Il se rend à Lille. — Il provoque à Paris des
émeutes. — Il est élu député à la Convention, ainsi que son
frère.

Les Constituants, lorsqu'ils se séparèrent, eurent soin de se partager les nouveaux emplois qu'ils
avaient créés dans toute la France. Robespierre
accepta celui de juge dans un tribunal criminel.
Mais après avoir pris conseil de ses amis et de
son ambition, il jugea préférable de se tenir auprès
des Jacobins, de pousser avec eux la révolution,
toujours à portée, par ce moyen, de profiter des
chances incalculables de la fortune dans le bouleversement d'un grand empire.

Son parti une fois pris, il le suivit avec toute
l'opiniâtreté de son caractère. Il s'associa avec le
ministre protestant Rabaud-St-Étienne et quelques autres pour la rédaction d'un journal peu
connu, intitulé le *Défenseur de la Constitution*. Ce
travail, concerté avec les Jacobins, n'empêchait
pas le journaliste de fréquenter leurs séances;
c'était là qu'il allait échauffer son imagination et
recueillir des idées. La constitution dont il s'affichait alors le défenseur était la nouvelle constitution monarchique, cette même constitution en haine
de laquelle il fit depuis guillotiner Brissot et tous
les Brissotins, sans en excepter même son collabo-

rateur Rabaud-St-Étienne. Mais ne sait-on pas que
partout où règne l'ambition, il faut que les principes se modifient sur les circonstances? et l'inconséquence sera toujours le moindre crime des
factieux. Quoique Robespierre eût la plus grande
part au régime général des Jacobins, quoiqu'il fût,
en qualité de leur journaliste, préposé à la garde
de cette constitution chérie qui couvait le régicide, son zèle infatigable lui avait encore mérité
quelques autres commissions de confiance, et nommément celle de travailler l'opinion dans deux
importantes provinces du Nord, qui répugnaient
le plus à la subversion de la religion, la Flandre et
l'Artois. Pour réussir dans cette entreprise, il se
fit seconder dans la Flandre par un certain avocat
Sta, qui, fort de la protection des Jacobins, devint
la terreur de la province, régenta le club de Lille,
fit menacer les nobles et les prêtres, piller les
riches et outrager en mille manières les commu-
nautés religieuses des deux sexes. Quant à la province d'Artois, la grande machine dont se servit
Robespierre pour la révolutionner fut un dévot
perverti, qui, de mayeur de confrérie devenu chef
de club, se montrait partout l'exécuteur servile des
ordres de Robespierre. C'est lui qui fit lever sur
ses concitoyens un énorme tribut, sous le nom de
contribution patriotique; lui qui demanda, comme
le vœu général de l'Artois, cette révolte organisée
du royaume appelée *fédération*; lui qui, par un
exemple dont le peuple ne tarda pas à faire un
ordre, invita hypocritement les nobles à brûler
eux-mêmes leurs titres; lui enfin qui se fit une
gloire de ne le céder à personne en opposition,
pour ne rien dire de plus, au plus vertueux des
rois.

Avèc de tels hommes à ses ordres, Robespierre, pour venir à bout de ses desseins, n'eut qu'à tracer un plan et suggérer des moyens. Comme celui de la vente des biens de l'Église, qu'avaient imaginé les Jacobins, était le plus décisif pour donner des ennemis irréconciliables à la religion et à ses ministres, et que cependant il ne paraissait pas en faveur dans la Flandre et dans l'Artois, il s'appliqua particulièrement à l'y faire valoir, et pour cela il adressa à ses agens dans ces provinces l'instruction suivante : « L'essentiel est que » la vente des biens du clergé s'effectue n'importe » comment. S'il ne se présente point d'adjudica- » taires, il faut en faire venir et leur adjuger à » quelque prix que ce soit, sauf à revenir dans » la suite sur ces premières ventes, si la nation a » été trop lésée. Il sera très à propos de faire » courir le bruit que les fermiers qui pouvant » acheter leurs fermes ne le feront pas, seront » suspectés d'incivisme et recommandés aux » sans-culottes. Dans la vente des églises, couvents » et abbayes, la préférence doit être accordée à » ceux qui s'engageront à les faire démolir aussitôt » après l'achat. »

Ces mêmes instructions se reproduisent partout. C'est dans quatre-vingt-six départements que tous les brigands de chaque canton, armés et conduits par des administrateurs bien faits pour être leurs chefs, enlèvent des églises l'or, l'argent, le fer, les grilles, le marbre, les boiseries, les étoffes, le linge, les meubles, en un mot tout ce qu'il est possible d'emporter, et détruisent tout ce qu'ils n'emportent pas. On arrache tous les ouvrages de l'art qui décorent les murs ; on brise les

statues, on abat les mausolées, on recherche jusqu'au plomb enfoui avec les cercueils, on déchire,
on mutile les tableaux. On s'attache surtout à ne
pas laisser le plus petit vestige de ce qui peut rappeler la moindre idée du culte religieux; des échafauds sont dressés à grands frais pour faire dispa-
raitre les sculptures des murailles et des voûtes. On
fait descendre les cloches pour les convertir en
monnaie, et cette fabrication *patriotique* coûte à
l'État 20 millions. En un mot, pour la première
fois depuis la naissance du monde, on met dans
la destruction autant de soin et de recherche, autant de travail et de dépense, qu'on en avait mis
jusque-là dans la construction des plus beaux
monuments de l'art. Oh les insensés!!! les van-
dales!!!

Pendant que Robespierre adressait ces règles de
conduite aux directeurs des clubs, il exhortait
les particuliers de sa connaissance à faire des
achats; il offrait même à quelques-uns les conditions les plus engageantes. Voici ce qu'il écrivait
à une personne de sa province, qui cependant
refusa de profiter de son offre : « Le refuge de
» Marœuil [1] vous convient à tous égards; ache-
» tez-le, et que le prix ne vous inquiète point :
» mon frère paiera ou fera payer. » Comme si
l'impie n'eût pu supporter que l'église dans laquelle
il avait été marqué du sceau du christianisme lui

---

[1] Dans l'Artois et les provinces des Pays-Bas, les abbayes situées
dans les campagnes avaient, dans les villes fortes du voisinage, des
maisons appelées *Refuges*, où elles se retiraient en temps de guerre.
C'est ainsi qu'à Arras on comptait les refuges de Saint-Eloy, d'Eau-
court, de Dommartin, Hénin-Liétard, Arronaise, Avesnes, Etrun, An-
chin, Cercamps, etc.

reprochât plus longtemps son apostasie, il parut attacher beaucoup d'importance à la prompte démolition de celle de Saint-Aubert d'Arras, sa paroisse. Elle fut le premier monument religieux que les Jacobins firent abattre dans l'Artois.

Du reste les agents de Robespierre n'eurent pas besoin d'employer les motifs de terreur auprès de la plupart des fermiers. Ils les gagnèrent sans peine par l'appât de la cupidité; et voici le piége ordinaire qu'ils leur tendaient. Aux jours fixés pour les adjudications des biens, des émissaires des Jacobins, des Jacobins eux-mêmes, arrivaient sur les lieux, annonçaient la volonté déterminée de se rendre adjudicataires, et couvraient en effet les enchères. Séduits par ce manége, les fermiers, ne doutant plus de la solidité des acquisitions, s'approchaient des inconnus, marchandaient leur silence dans les enchères, ou leur achetaient la faveur d'être substitués à leurs droits, s'ils étaient devenus propriétaires. Plusieurs de ces aventuriers ont fait dans ces provinces d'énormes fortunes par ce trafic astucieux, feignant de vouloir tout acheter, achetant aussi quelquefois, mais toujours assez rusés pour ne jamais rien garder.

Quoique Robespierre n'eût qu'à s'applaudir du succès de ses manœuvres pour la vente des biens du clergé de ces deux provinces recommandées à sa sollicitude, il ne pouvait ignorer cependant que les habitants de l'Artois et de la Flandre ne fussent encore à une énorme distance des grands principes du jour. Son zèle lui fit un devoir de venir lui-même accélérer parmi eux la marche révolutionnaire. Ce n'était plus le temps où il eût pu craindre le ressentiment de ses compatriotes, indignés de

son apostasie. Fort alors de toute la scélératesse
des clubs qu'il avait animés de son esprit, il lui
parut glorieux, et ce fut une douce jouissance pour
sa vanité, de pouvoir reparaître tout-puissant dans
un pays où peu de temps auparavant il n'avait
osé se montrer. Comme le voyage ne lui présageait
qu'agréments, il invita son ami Pétion à les partager
avec lui, et ils partirent ensemble pour Arras. Son
arrivée dans cette ville fut un vrai triomphe, mais
le triomphe bien caractérisé de la Terreur. Les
Jacobins s'avancèrent fort loin à sa rencontre. Le
chef de la bande, l'ordonnateur de la cérémonie,
était l'exécrable Joseph Lebon, le même qui bientôt
va faire couler des flots de sang dans les villes
d'Arras et de Cambrai. A son entrée dans la ville,
Robespierre fut harangué et couronné par deux
vestales des casernes. Une troisième, plus vieille
que celles-ci, s'établit la reine de la fête, et tant
qu'elle dura ne quitta point Robespierre. C'était
une espèce de mégère sans généalogie, et que l'on
ne connaissait que sous le nom de la *mère Duchêne*.
On la voyait à la tête de toutes les émeutes commandées par les Jacobins, et dans les grandes
cérémonies révolutionnaires, M. le maire lui donnait le bras.

Très satisfait des dispositions du club d'Arras,
Robespierre se rendit à Lille, où Pétion l'accom-
pagna également. Comme cette grande et riche
ville passait encore pour peu affectionnée à la révolution, qui la ruinait, il déplora publiquement
l'aveuglement de ses habitants ; il félicita les
vrais Jacobins, gourmanda les modérés, et sut si
bien inoculer ses principes, qu'en une seule nuit
les frères de Lille se montrèrent au niveau de ceux

de Paris. Il put en juger dans une séance de leur club à laquelle il assista. Tout y fut vraiment digne de lui et de son collègue Pétion, mais surtout un hymne que l'on chanta contre le noble et l'aristocrate, et qui finissait par cette touchante et fraternelle invitation :

Mangeons son cœur, buvons son sang, .
C'est un repas exquis q:e mon goût assaisonne ;
Et que la Liberté vous permet et vous donne.

Telle était la morale de Robespierre ; telle était celle que d'un bout de la France à l'autre les clubs des *Amis de la Constitution* professaient avec lui. Dressés à tous les crimes par les Jacobins de Paris, et toujours à leurs ordres, les associés provinciaux n'attendaient d'eux que le signal, et souvent même ne l'attendaient pas, pour. se livrer aux plus noirs forfaits. La confusion allait toujours croissant, la vexation poursuivait tous les gens de bien, et partout l'anarchie, déchaînée, faisait brandir ses torches et briller ses poignards.

Cependant la France avait encore son roi. Ce n'était plus à la vérité qu'un fantôme de roi, mais la masse de la nation cherchait encore à se rallier autour de ce fantôme. D'ailleurs les vertus personnelles de Louis XVI pouvaient encore suppléer la majesté dégradée, et retarder pour longtemps le projet formé d'anéantir la royauté. Impatient d'arriver à son but, Robespierre imagina que le plus sûr moyen de renverser le trône constitutionnel serait de rendre la personne du prince qui l'occupait aussi odieuse au Parisien que sa dignité était déjà méprisable aux yeux de la nation égarée. C'est à quoi il s'attacha uniquement. C'était lui qui, de concert avec le maire Pétion, et pour rendre le roi coupable d'une manière décisive au jugement du petit peuple, provoquait dans Paris ces émeutes, ces attroupements séditieux, ces cris insultants autour du Louvre, et toutes les scènes atroces qui menacèrent si souvent les jours de Louis XVI. Robespierre voulait que, fatigué de tant d'outrages, ou effrayé de tant de dangers, le roi se déterminât enfin à repousser la violence par la force. Il voulait pouvoir dire au peuple : « Celui que vous avez fait votre roi par la Cons- » titution a péché contre la Constitution en fai- » sant couler votre sang, et a perdu par là le » droit de vous gouverner. » C'est pour cela que, désespéré de la rare modération de Louis et du peu de succès de toutes ses machinations contre lui jusqu'à ce jour, il imagina enfin, pour dernière ressource, de faire assiéger son palais par la popu- lace et par des brigands armés. De là les horribles journées du 21 juin et du 10 août 1792. Tout le monde convient que Robespierre et Pétion avaient concerté et dirigé la première, dans laquelle le roi étonna et renversa ses assassins en disant : NON, à leur demande, et en ouvrant sa poitrine à leurs poignards. Ceux qui pensent que Robespierre n'eut point de part à celle du 10 août se fondent sur ce qu'il disparut en cette journée. Mais cette disparition même ne dépose-t-elle pas contre lui et n'entre-t-elle pas dans la dissimulation de son caractère? Ne convenait-il pas que, dans une affaire de cette conséquence, dont il ne pouvait prévoir l'issue, le rusé conspirateur, après s'être ménagé auprès des Jacobins toute la gloire de l'entreprise, pût encore, en cas de non réussite, s'épargner de- vant le peuple le reproche même de la tentative?

D'ailleurs l'affaire du 10 août ne fut que la suite
et comme le complément de celle du 21 juin, à laquelle nous la voyons liée par une continuité de
fermentation parmi le peuple, et par les menaces
outrageantes qui, depuis cette époque, n'avaient
cessé de retentir jour et nuit jusque sous les
fenêtres du monarque. Mais ce qui est décisif et ne
laisse plus de doute sur le fait, c'est qu'un des principaux complices de Robespierre, Carra, n'a pas
eu honte d'écrire, sous les yeux de son chef,
qui ne l'a pas contredit, que la journée du 10 août
avait été concertée dans un cabaret du faubourg
Saint-Antoine, dans un comité de cinq personnes
dont étaient Robespierre, Pétion, et lui Carra. Il
paraît que les deux autres conspirateurs étaient
Manuel et Kersaint. Il n'est pas de notre sujet
d'entrer dans les détails de cette scène d'horreur.
Robespierre en tira le triple avantage, d'achever
de perdre le roi dans l'esprit du peuple, d'effrayer
l'Assemblée législative et de faire sortir du milieu
de la confusion générale la troisième législature,
qui devait ouvrir une si vaste carrière à son
ambition.

Depuis le jour où l'on avait vu le roi assiégé
dans son palais, sa garde massacrée, sa maison
égorgée, tout fut plus que jamais en combustion
dans la capitale ; et les Jacobins, appelant *assassin
du peuple* l'infortuné monarque qu'ils venaient de
faire assassiner lui-même par le peuple, demandaient à grands cris sa déchéance et sa mort. L'Assemblée s'étant contentée de prononcer son inter-
diction, Robespierre et Pétion, pour appeler de
nouveaux désordres, combinèrent avec tout le
sang-froid de la scélératesse les horribles massa-

cres du 2 septembre et des jours suivants. Alors l'effroi fut à son comble dans Paris, et s'empara même de la plupart des députés de l'Assemblée, qui se hâtèrent d'aller mettre leur tête et leur fortune en sureté dans leurs provinces, laissant à d'autres, comme avaient fait leurs prédécesseurs, le soin d'effectuer le bonheur dont ils avaient bercé la France. C'était à ce dénouement que visait Robespierre.

Par la retraite précipitée de l'Assemblée législative, les Jacobins se trouvèrent incontestablement les maîtres de Paris et de la France. Déjà ils avaient arrêté que tous les députés à la troisième législature seraient des Jacobins éprouvés ; et tous, comme l'on sait, furent des Jacobins, quoique plusieurs depuis aient paru apostasier, et que presque tous dans la suite se soient défendus de cette infàme origine. Robespierre avait trop bien mérité des siens, par son dévouement, ses machinations et ses crimes, pour n'en pas recevoir une marque distinguée de considération ; ils le députèrent unanimement pour la ville de Paris ; ils le députèrent le premier de tous, après le duc d'Orléans ; ils députèrent son jeune frère, quoique absent et seulement Jacobin d'Arras, et députèrent encore plusieurs de ses amis connus, dont nous avons parlé. Une faveur si marquée révéla à Robespierre le secret de la haute estime qu'on faisait de lui dans le parti. Aussi fut-ce moins en député d'un département qu'en grand-maître des Jacobins que, le 20 septembre 1792, il vint prendre place dans la Convention. Tous les yeux de ses nouveaux collègues se fixèrent sur lui d'abord ; et il ne leur parut que plus grand

encore à côté de ce prince dégradé, et non moins
avili par ses vices qu'abhorré pour ses crimes.

CHAPITRE HUITIÈME.

La politique de Robespierre. — Juste idée des Jacobins. — Son
influence — Il fait rejeter l'appel de Louis XVI au peuple. —
Le comité de Salut public. — Sa composition.

Député à la Convention par le vœu général des
Jacobins de Paris, et tout-puissant dans leur parti,
Robespierre ne songea plus qu'aux moyens de se
les attacher plus étroitement que jamais, afin de
pouvoir combattre par les armes de cette faction
mère toutes celles qui entreprendraient de rivali-
ser avec elle, fût-ce même la Convention.

Génie trop étroit pour concevoir un plan vaste
et hardi et en mûrir les résultats, il montra du
moins beaucoup d'adresse à saisir les circonstances
et à profiter des événements. Attentif à découvrir
le faible de ses complices et les fautes de ses ennemis, il sut s'en faire comme autant de degrés pour
s'élever au-dessus d'eux. Du reste, comme tous les
ambitieux, sans trop calculer si son audace le por-
terait sur un trône ou sur un échafaud, il songea
plutôt à s'avancer qu'à bien assurer ses pas.

La politique de Machiavel est trop favorable aux
factieux pour qu'elle n'eût pas été la sienne; et,
comme les dominateurs qui l'avaient précédé, il
avait pour principe que le peuple devait toujours
être aux prises avec lui-même, les grands avec les
petits, l'indigence avec la fortune, et surtout le vice
avec la vertu. Mais, de tous les moyens de fonder

et d'établir son despotisme, le plus analogue à son caractère, celui qui fut aussi le plus efficace entre ses mains et dont il fit le plus constant usage, fut le terreur. Témoin de l'étonnante impression que faisait depuis longtemps la peur sur des âmes faibles et auprès d'une nation que ses propres égarements jetaient dans la stupeur, il résolut d'en étendre l'empire aussi loin qu'il le pourrait ; et, pour peu qu'on réfléchisse, on s'apercevra que ses plus grands succès, il les dut à ce sentiment bien plus qu'à ses propres talents. C'est par la terreur qu'il conquit l'autorité, et par la terreur qu'il la maintint. Ce fut la peur qui mit à ses pieds toutes les ressources de la France, et lui donna tous les Français pour soldats. Ce fut par la peur qu'il acheva d'isoler et d'enchaîner les gens de bien, et par la peur encore qu'il rallia autour de lui les scélérats et qu'il gouverna les Jacobins, en possession eux-mêmes de gouverner l'empire.

Pour avoir une juste idée de ce qu'on appelait autrefois *Jacobins*, il faut se représenter un monstrueux assemblage de tout ce que Paris, la France et les États voisins avaient de plus coupable et de plus abject ; une horde d'aventuriers et d'escrocs, d'hommes perdus de débauches, abîmés de dettes et flétris par les lois ; la plus impure écume des nations ; une secte d'énergumènes, dont le langage et la folie ne mériteraient que le mépris, s'il n'était de fait que l'atrocité de leurs actes surpassa toujours l'extravagance de leurs discours. La caverne qui les rassemblait voyait tous les crimes réunis. Tous avaient un commun intérêt à perpétuer le règne de l'anarchie, seul garant de l'impunité. Nécessairement agités de soupçons et tourmentés

4.

de crainte, de telles gens ne rêvaient qu'embûches
et trahisons , et sentaient le continuel besoin d'un
appui. Robespierre se présenta à eux , leur montrant, avec l'audace du crime , cette infatigable
opiniâtreté de caractère qui dans les méchants
supplée le génie. Ils s'attachèrent à Robespierre
comme des brigands à leur chef. Mais le protecteur astucieux, profitant de l'aveu de ses complices,
forma de suite le projet de les enchaîner à son char
par le sentiment même qui les rassemblait autour
de lui. Sa continuelle et presque unique attention
auprès des Jacobins fut de les nourrir de craintes
et de les promener par l'imagination au milieu des
périls, pour se conserver le double mérite de la
sagesse à les prévoir et de la constance à les braver. Rarement il se montrait aux siens sans avoir à
leur communiquer d'importantes nouvelles. Tantôt
il venait de découvrir une affreuse trahison , et les
traîtres ne pouvaient lui échapper ; tantôt il se
tramait une étonnante conspiration, mais il l'avait
éventée, il en tenait les fils, il en avait saisi toutes
les ramifications. Aujourd'hui c'était l'aristocratie
intérieure qui s'agitait, demain c'étaient les agens
de Pitt qui machinaient ; mais il avait su trouver
des moyens infaillibles de déjouer ces nouvelles
manœuvres, et avant peu il devait révéler de
grands secrets. « La patrie, disait-il un jour , est
» dans le plus grand danger ; veillez aujourd'hui,
» demain encore, et après demain : le complot est
» près d'éclater. Lorsque le moment sera venu , je
» vous ai promis de monter à la tribune, de vous
» nommer nos ennemis, et de vous dire : *frap-*
» *pez.* »

Tous les jours, à de semblables confidences,

l'antre des Jacobins, que Robespierre appelait le tribunal de la conscience publique, retentissait d'applaudissements et d'éloges. Ravis de tant de zèle et de sagesse, ravis surtout de pouvoir se promettre encore quelques instants de sursis entre une vie de crimes et des supplices mérités, les régicides félicitaient la sentinelle vigilante, l'encourageaient à suivre ses premières découvertes, et s'engageaient sur leur tête à la seconder de leurs poignards, dès qu'il lui plairait de désigner les victimes à immoler à leur sûreté commune, qu'ils étaient convenus d'appeler *le salut public*. Alors Robespierre pouvait proposer ses mesures et dicter ses arrêts de sang, bien sûr de ne pas manquer d'exécuteurs. Quelques essais de son autorité en ce genre lui apprirent d'abord tout ce qu'il pouvait oser. Dès ce moment il devint généralement redoutable. Il le fut pour ceux mêmes dont il empruntait toute sa force, et on le vit souvent, armant les Jacobins contre les Jacobins, chercher les victimes de son ambition parmi les premiers instruments de sa tyrannie.

Sentant néanmoins le besoin qu'il avait d'être constamment soutenu par la faction qui voulait bien voir en lui son soutien, Robespierre n'imagina pas de plus sûr moyen pour l'enchaîner à ses intérêts que de la pousser de crime en crime jusqu'à l'impuissance de reculer dans la carrière de la scélératesse et de se flatter jamais d'aucun pardon. Les Jacobins, influençant les deux premières législatures, avaient préparé l'assassinat de Louis XVI. Maîtres absolus de la troisième, ils pouvaient consommer leur crime; Robespierre s'attacha à leur prouver qu'ils le devaient. Son argument triomphant fut que la mort du roi devenait pour eux une mesure de sûreté. Ainsi toutes les imputations faites au vertueux prince ne furent que de vains et ridicules prétextes, dont ils convinrent d'amuser la crédulité du peuple. Son seul crime, et le sujet unique de sa mort, fut d'avoir eu pour partie les Jacobins qu'il avait pour juges. C'est au reste une vérité dont il n'est permis à personne de douter, depuis qu'elle est échappée à Robespierre lui-même. Un nombre de ses complices paraissaient hésiter encore à la vue d'un régicide, lorsqu'une réflexion de sa part vint les frapper comme d'un trait de lumière et déterminer leurs suffrages : « Vous ne voyez donc pas, leur dit-il, » que si Louis ne méritait pas la mort, nous la mé- » riterions nous-mêmes ! » Méthode étrange sans doute d'établir la preuve d'un délit capital, mais pourtant très concluante au tribunal de scélérats qui ont usurpé le droit de juger un roi depuis longtemps en butte à leurs outrages.

Dans ce procès, l'opprobre de la raison comme de l'humanité, où la justice fut également outragée et pour le fond et pour la forme, personne, après l'être monstrueux appelé Philippe Égalité [1], ne se montra aussi impudemment inique que Robespierre. Lorsque le jeune Desèze prononça ces pa-

---

[1] Le duc d'Orléans vota le premier pour la mort du roi et de son cousin, et fut encore le premier qui appuya la motion que fit Robes-pierre de ne point permettre à ce prince l'appel au peuple. D'Orléans, allant au supplice, déclara que sa conduite dans cette affaire avait été conforme à sa conscience. Quelle conscience, grand Dieu ! et jusqu'à quel point ne faut-il pas que l'humanité ait été dégradée dans l'âme de ce scélérat, s'il dit vrai ?

roles : *Je cherche parmi vous des juges, et je n'y vois que des accusateurs,* un murmure affreux semblable au rugissement d'une bête féroce parcourut toutes les tribunes. Robespierre pencha le corps et s'élança vers l'orateur, comme pour lui imposer silence ou lui arracher la langue.

Le nouveau Code pénal, d'après lequel la Convention s'arrogeait le droit de juger le roi, exigeait pour la condamnation à mort de tout accusé les trois quarts des voix, et Louis XVI n'en avait contre lui que cinq au-dessus de la moitié. D'où il résultait clairement que, dans la supposition même où les factieux auraient eu ici le droit de juger, ils n'avaient pas, d'après leurs propres lois, celui de condamner. La Convention, par une révoltante exception, avait décidé que, pour cette fois et dans ce jugement, la moitié des voix plus une suffirait. Le roi, moins par attachement pour la vie, qu'on lui rendait si dure et dont il avait depuis longtemps fait le sacrifice, que pour que la postérité n'eût rien à lui reprocher, crut devoir en appeler de la sentence de ses meurtriers à l'équité de son peuple. Ce moyen l'eût infailliblement sauvé; et le peuple français, qui n'est pas du tout celui de Paris, n'aurait jamais consenti à la mort de Louis XVI. C'est ce que Robespierre sentit fort bien. Aussi, lorsque M. de Malesherbe vint signifier à la Convention l'appel du roi à son peuple, le chef des régicides monta à la tribune, demanda par une motion d'ordre que cet acte fût rejeté, et qu'il fût défendu à tout citoyen d'y donner suite, à peine d'être poursuivi et puni comme perturbateur du repos public. La motion de Robespierre passa en décret. Le jugement de mort fut confirmé, avec la clause qu'il aurait son exécution dans les vingt-quatre heures. Ainsi le monstre qui n'avait cessé d'appeler les poignards de ses complices sur la tête de son roi, eut l'affreuse gloire encore de lui porter le dernier coup.

La mort du roi, le grand triomphe des Jacobins, fût plus particulièrement encore celui de Robespierre, qui par cet événement décisif voyait lever un grand obstacle à ses vues ambitieuses. Quoiqu'il fût bien convaincu que la forme républicaine ne convienne nullement à l'empire français [1], le vœu général des Jacobins s'étant manifesté pour le républicanisme, il crut prudent d'y accéder, sachant assez par l'expérience combien il est facile, avec des mots et des gibets, de mener où l'on veut une multitude en délire, qui s'agite en tous sens et s'effraie elle-même dans les horreurs de l'anarchie. En effet, la nouvelle constitution républicaine, décrétée par la Convention et scellée du sang d'un roi, ne fut ni mieux suivie ni plus stable que ne l'avait été la nouvelle constitution monarchique. Les principaux meneurs établirent en principes que les formes républicaines consacrées par le vœu de la nation n'étaient pas applicables pour le moment à un vaste empire qui avait à combattre tout à la fois les ennemis du dehors et les conspirateurs du dedans.

Ils proposèrent d'adopter provisoirement le régime *révolutionnaire*, et le vulgaire, que les charlatans

---

[1] Cette vérité paraissait encore incontestable à Robespierre en 1792, lorsqu'il écrivait lui-même : « Les formes monarchiques sont les seules » qui conviennent à un empire aussi étendu et aussi vieux que la » France. »

savent rendre idolâtre des mots, baisa ses chaînes,
parce qu'elles s'appelaient *révolutionnaires*. Système
affreux de violence et d'oppression tout à fait militaire, qui n'avait pour but que de vaincre les résistances et de semer en tous lieux la terreur. Robespierre, qui n'avait concouru que pour sa part, et
en société seulement, à élever ce monstrueux édifice, voulut se donner le mérite d'abattre ce qu'il
avait de plus effrayant. Habile à profiter des circonstances favorables à son ambition particulière,
il proposa, lorsqu'on s'y attendait le moins, le
licenciement des armées révolutionnaires, apportant pour raison qu'un nouveau Cromwell pourrait abuser de cette force redoutable pour opprimer la patrie. Mais, pour conserver au gouvernement révolutionnaire le degré d'activité nécessaire
dans les circonstances, il fut d'avis que l'on s'en
remît à la sagesse du *comité de Salut public*, toujours subordonné à la Convention. La double proposition fut accueillie avec transport. On chanta
par toute la France la modération de Robespierre.
Personne ne craignit de voir jamais en lui le *nouveau Cromwell* qu'il dénonçait d'avance. Un régime
révolutionnaire dirigé par un *comité de Salut public* sonna bien plus agréablement aux oreilles des
ignorants qu'un régime simplement dit *révolutionnaire*. Tout le monde fut content, et Robespierre
plus que personne. Les Jacobins licenciés de l'armée devinrent les soldats du tyran, qui les enrégi-
menta dans ces comités et ces tribunaux de sang
dont il couvrit le sol de l'empire. Barrère porte
celui des comités à 21,000. Qu'il nous suffise de
dire qu'il en coûtait annuellement quatre cent
trente-deux millions à la France pour salarier cette

nuée de satellites, qui n'avaient d'autre emploi que
celui de boire le sang du peuple et de faire marcher
la révolution à force de crimes et d'assassinats.

Du jour où Robespierre eut organisé cette nouvelle machine, il commença à régner en despote le
plus absolu, et sur le peuple, et sur les Jacobins,
et sur la Convention elle-même, qu'il condamna
bientôt à la plus méprisable nullité.

Tous les membres formant le *comité de Salut public* étaient amovibles et devaient même être renou-
velés par moitié tous les mois, à moins que la
Convention, pour des raisons graves, ne jugeât
nécessaire de proroger leurs pouvoirs. Par l'ascendant qu'avait pris Robespierre sur ses collègues,
il s'était constitué lui-même membre essentiel de ce
comité, et l'amovibilité ne tombait plus que sur les
particuliers qui lui déplaisaient. Dès qu'une fois il
se fut environné de tous sujets dignes de lui, il les
rendit comme lui permanents ; et l'assemblée conventionnelle ne sut plus opiner que pour leur con-
tinuation. Le comité de Salut public, sous le spé-
cieux prétexte de justifier toute l'étendue de sa
domination, ne tarda pas à attirer tout à lui.
Bientôt la France se vit gouvernée par le comité de
Salut public, comme ce comité était lui-même gou-
verné par Robespierre. Le comité de Salut public
organisait les autres comités, instituait toutes les
autorités, nommait à toutes les places. Les tribunaux, la police intérieure, les armées du dedans et
du dehors, tout lui était subordonné et lui obéissait aveuglément. C'était dans ce comité que se
prenaient les grandes mesures, que se trai-
taient les affaires secrètes, que s'expédiaient les
instructions pour les agents cachés de la Répu-

blique, chargés de travailler l'opinion chez l'étranger. C'était aussi dans le comité de Salut public que Robespierre minutait certains décrets d'importance qu'il envoyait ensuite, par ses rapporteurs Barrère ou Saint-Just à l'enregistrement de la Convention. Il lui suffisait de faire connaître ainsi ses volontés pour qu'elles fussent érigées en lois par la docile assemblée, qu'il n'appelait plus que sa *machine à décrets*. Souvent même le despote portait le mépris pour ses complices jusqu'à ne plus les consulter, et rendre aussi des décrets dans son comité qui ne différaient de ceux de la Convention qu'en ce qu'il les appelait *arrêtés*. Mais ils embrassaient souvent les objets les plus importants, et ils avaient, comme les décrets de la Convention, force de loi dans tout l'empire.

Quoique déjà les ministres de la prétendue république ne fussent plus que les humbles agents du comité de Salut public, leur dénomination seule déplaisait à Robespierre ; il fit porter un décret qui les supprima tous, comme *inutiles et dangereux*, et les remplaça par douze commissions, dont le comité de Salut public fut chargé de surveiller, de modifier, et, s'il en était besoin, d'annuler les opérations. Par cette disposition rien absolument ne pouvait plus entraver ni contrarier la toute-puissance du despote, et tous les Conventionnels, ces censeurs si ardents de l'autorité paternelle de Louis XVI, devinrent les plus lâches adulateurs d'un tyran qui réunissait tous les genres de pouvoirs dans sa main, et n'avait pour loi que ses caprices et sa méchanceté.

CHAPITRE NEUVIÈME.

Robespierre maître absolu de la France. — Moyens qu'il emploie
pour conserver son autorité. — Il flatte la populace. — Cécile
Regnault. — Lamiral.

Maître absolu de la France, Robespierre va employer pour conserver son autorité les mêmes
moyens qui lui ont servi à la conquérir, l'audace,
l'hypocrisie, la ruse et surtout la terreur.

Attentif aux moindres démarches de ses ennemis
ou de ses rivaux, et adroit à surprendre des torts,
dès qu'il leur était échappé une faute il la présentait au tribunal du peuple sous le point de vue le
plus odieux et savait en faire un crime. Tous ceux
qui avaient le malheur de lui déplaire, il les dénonçait d'abord comme des conspirateurs et des
traîtres; et ses dénonciations étaient autant d'arrêts de mort, que la Convention s'empressait de
ratifier. Ainsi conduisait-il successivement sous le
fer de la guillotine tous les membres de la Convention qui paraissaient vouloir s'environner de la
faveur du peuple, les Brissot, les Hébert, les Danton et leurs adhérents, tous scélérats bien dignes
à la vérité du dernier supplice, mais pourtant Jacobins très purs, dans les principes de la Convention, et dont le plus grand crime était de faire
ombrage à Robespierre par leurs talents.

Après s'être convaincu par quelques essais, mais
surtout par le meurtre des Brissotins, de la faiblesse de ses lâches complices, il ne les traita plus
qu'en vils esclaves. L'ascendant qu'ils lui avaient
laissé prendre était tel, que, soit chez les Jacobins,

soit à la Convention, il imposait silence d'un seul regard à quiconque avait la témérité d'ouvrir la bouche dans un sens contraire au sien. Lorsqu'il exposait ses prétentions ou ses vues, il se servait souvent des expressions impératives, *il est nécessaire, il faut*; il lui échappa même plusieurs fois de dire : *je veux*. Et alors les factieux les plus insolents inclinaient servilement la tête devant le suprême vouloir d'un Robespierre.

Ce n'était guère qu'auprès de la multitude séditieuse que le tyran songeait encore à colorer son despotisme ; et il ne lui était pas difficile de lui faire prendre le change, en lui donnant pour zèle du bien public et du maintien de la liberté ses vues ambitieuses et son audace. Il avait pour principe, comme nous l'avons déjà remarqué, d'entretenir dans les craintes et les alarmes tous ceux dont il s'était fait des complices. Cette politique lui réussit, surtout auprès de ces Parisiens lâches et timides, et plus ombrageux encore depuis qu'ils étaient devenus barbares. Partout il leur montrait la malveillance et la conspiration armées contre eux pour venger la cause des rois. « La patrie, » s'écriait-il, est dans le plus grand danger. Les » ennemis ont formé le projet d'assassiner *la* » *sainte Montagne*, les Jacobins et tous les pa- » triotes. » Une autre fois, et c'est lorsqu'il a formé le dessein de perdre Hébert : « Le moment était » marqué, dit-il, pour renverser la liberté : l'ins- » tant où devait éclater la conspiration était an- » noncé dans les cours des puissances armées con- » tre la République française ; des lettres ont été » interceptées à la poste. *J'adjure* le peuple de se » joindre à la représentation nationale, qui va se

» lever encore pour sauver la liberté. » Et la prétendue représentation nationale, sachant bien que
Robespierre aurait pour lui la tourbe imbécile
qu'il *adjurait*, ne manqua pas de se lever à l'instant
pour écraser Hébert, Hébert, autrefois l'ami si
chaud de Robespierre, Hébert, ce Jacobin furieux,
ce monstre tout dégoutant de sang et de crimes, et
le plus digne apôtre qui ait jamais existé de la
doctrine révolutionnaire.

Pour s'attacher de plus en plus la crédule populace, il lui fait valoir ses nombreux sacrifices et son
dévoûement à sa cause, il lui parle avec jactance
des dangers qui le menacent et de la fermeté avec
laquelle il saura pourtant les braver. « Le plus
» haut degré du courage républicain, dit-il, est de
» s'élever au-dessus des considérations person-
» nelles et de faire connaître au péril de sa vie et
» même de sa réputation les perfidies de nos
» ennemis. *Quant à moi*, quelque effort que l'on
» fasse pour me fermer la bouche, je croirai avoir
» autant de droit de parler que du temps des
» Hébert et des Danton. »

Quelquefois il cherche à effrayer ses complices
par la perspective des châtiments qui menacent
leurs premiers crimes, s'ils n'ont pas le courage
de se porter à de nouveaux. « Puisque vous ne
» voulez pas conserver votre liberté, leur dit-il,
» mourons, mourons avant que les chaînes de
» l'esclavage aient ceint nos corps. *Quant à moi,*
» la patrie m'a placé sur la chaise curule, j'y atten-
» drai le sort qu'ont éprouvé les sénateurs romains.
» On veut m'assassiner, s'écriait-il encore, j'aban-
» donne mes jours, j'épuiserai la coupe de Socrate,
» et le peuple bénira ma mémoire. » Une autre

fois, il feint de vouloir abandonner les Jacobins au sort que leur présage leur pusillanimité. « Je vous
» le déclare, dit-il, j'abandonne cette tribune, où
» ma voix a si souvent en vain réclamé les droits
» de l'homme; je l'abandonne aux conspirateurs
» triomphants : qu'ils viennent y distiller leurs
» poisons, y secouer à leur aise les brandons de la
» guerre civile; qu'ils jouissent un moment de leur
» funeste victoire : la nation, toujours juste, les
» jugera bientôt. » On n'en ferait pas ici la re-
marque, qu'elle n'échapperait pas sans doute à l'observateur, que le charlatanisme de Robespierre n'a pas cessé d'être le charlatanisme de la Conven-tion. Plus d'une fois on l'a vue feindre aussi de vouloir abandonner ses trop pénibles travaux, afin qu'on s'empressât de lui prouver la nécessité de les continuer, et que ses membres eussent l'occa-sion de s'écrier : « Nous avons juré de sauver le
» peuple, nous n'aurons pas la lâcheté de quitter
» notre poste avant que le peuple soit sauvé. » Et la Convention, par un stratagème dont le but était bien visible, ne faisait-elle pas retentir aux oreilles du peuple les plus désolantes vérités? Elle ne craint pas de lui montrer : *les départements dévastés, les campagnes sanglantes ou désertes, les bras enlevés à l'agriculture par la guerre, le sol appauvri par la diminution des troupeaux et des engrais, la disette réelle, le défaut de confiance publique, l'inquiétude du présent et la crainte sur l'avenir.* Elle autorise celui qu'elle a chargé de lui faire le rapport de la situa-tion actuelle de la République à lui dire en face :
« Il en est temps, réalisons ces vœux, ces espé-
» rances de bonheur et de liberté. Depuis cinq
» ans, des factions impies ont nourri de vaines

» promesses notre *facile crédulité* ; depuis cinq ans
» on trompe avec des mots le peuple, qui demande
» à être heureux ; depuis cinq ans on l'opprime
» et il souffre. » La Convention n'est point choquée
de ce discours!!!

Ce n'était pas seulement en éveillant la vanité
du petit peuple par la flatterie et en plaçant en lui
seul la nation entière, que Robespierre cherchait à
se l'affectionner : il parlait sans cesse à sa cupidité,
il faisait briller à ses yeux l'espoir du partage des
terres et du prochain affranchissement de toute
espèce d'impositions publiques, il caressait ses
vices, il encourageait ses excès, il salariait ses
crimes. Les mêmes actions à son tribunal étaient
condamnables ou innocentes, selon qu'elles étaient
celles des riches et des propriétaires ou celles des
sans-culottes. Nous en citerons un trait remarquable.

Robespierre avait jugé à propos de faire proscrire comme suspects certains repas républicains
appelés *fraternels*, dans lesquels les domestiques
étaient assis à côté de leurs maîtres. « Ce n'est,
disait-il à ce sujet, que lorsque l'aristocratie tout
entière sera descendue au cercueil, que le peuple
goûtera toutes les douceurs de l'égalité. » Il avait
même fait rendre un décret qui mettait la sobriété
à l'ordre du jour et défendait de s'enivrer sous
peine de prison. Les aristocrates obéirent, mais les
sans-culottes, se moquant de l'ordre du jour, ne
manquèrent pas, dès la nuit suivante, de célébrer
comme de coutume leurs infâmes orgies. La police
révolutionnaire, en exécution du décret, les fit
emprisonner, et le nombre en était immense. Le
lendemain, les espions du comité de Salut public,

les salariés des tribunes et tous les coupe-jarrets,
satellites ordinaires du tyran, ne paraissaient point
à leur poste respectif. Leur absence inquiète Robespierre ; il prend des informations et il apprend la
triste aventure qui retient ses fidèles serviteurs.
Sans perdre un instant, il vole aux Jacobins, où il
arrange leur affaire en gourmandant l'impéritie
des agents de la police. « Il existe, dit-il, un co-
» mité révolutionnaire dans la République. Vous
» allez croire peut-être qu'il s'est imaginé qu'il
» fallait anéantir l'aristocratie. Point du tout, il a
» cru qu'il fallait arrêter tous les citoyens qui
» dans un jour de fête se seraient trouvés ivres.
» Grâce à cette heureuse application de la loi, tous
» les contre-révolutionnaires sont restés tranquilles
» et en pleine sécurité, tandis que les artisans et
» *les bons citoyens*, qui s'étaient par hasard livrés
» à un mouvement de gaîté, ont été impitoyable-
» ment incarcérés. » Le patron des ivrognes, en
convenant de l'existence du décret, s'écrie : que
des fonctionnaires publics devaient savoir en saisir
l'esprit, *et ne pas s'appesantir avec une inquisition
sévère sur les actions des bons citoyens*. On ne pouvait
pas flatter avec plus de bassesse la classe crapuleuse du peuple. Aussi Robespierre, toutes les fois
qu'il s'agissait de faire respecter son despotisme
ou d'exercer ses vengeances, ne craignait-il pas de
mettre à l'épreuve le zèle des sans-culottes, cette
masse séditieuse toujours levée pour le crime et
prête à se porter à tous les forfaits.

Une des ruses du tyran pour inspirer ou réveiller
l'intérêt pour sa personne était de se supposer continuellement environné d'embûches et de poignards.
Tous les assassinats qui se commettaient dans Paris

étaient des assassinats dirigés contre lui. Ses amis le
publiaient et les journalistes se chargeaient de le
prouver. De ces divers attentats contre les précieux jours de Robespierre, le mieux constaté et
celui qui fit le plus de bruit fut la visite que voulait lui faire la jeune Regnault. Curieuse de voir la
figure du monstre oppresseur de sa patrie, le 23
mai 1794, suivant le rapport de Barrère, sur les
neuf heures du soir, la nommée Cécile Regnault,
âgée de vingt ans, se présente dans la maison de
Duplay, chez qui demeurait Robespierre, et demande à lui parler. Sur la réponse qu'on lui fait
qu'il n'y est pas, elle réplique avec insolence : « Il
» est bien surprenant qu'il ne soit pas chez lui ;
» étant fonctionnaire public, il est fait, en cette
» qualité, pour répondre à tous ceux qui se pré-
» sentent chez lui. » Ce ton d'insolence, continue
Barrère, ayant fait naître des soupçons, on l'arrête
et elle est conduite au comité de Salut public.
Pendant le chemin, elle dit à ses conducteurs que
dans l'ancien régime, lorsqu'il y avait un roi, on
entrait tout de suite chez lui, qu'elle verserait tout
son sang pour en avoir encore un.

Arrivée au comité, cette fille, interrogée pourquoi elle allait chez Robespierre, a répondu : *Pour
lui parler.* Si elle le connaissait, *Non.* Pourquoi elle
voulait lui parler ? *Cela ne vous regarde pas.* Si elle
avait dit que Robespierre comme fonctionnaire
public était fait pour répondre à ceux qui se pré-
sentaient chez lui ? *Oui.* Si elle avait dit qu'elle
verserait tout son sang pour avoir un roi ? *Oui,
car vous êtes cinquante mille tyrans qui opprimez la
France, et j'allais chez Robespierre pour voir comment
était fait un tyran.*

La fille Regnault, poursuit le rapporteur, portait un paquet renfermant un habillement complet de femme. On lui a demandé pourquoi elle avait ce paquet. Elle a répondu que, s'attendant à aller où on allait la conduire, elle était bien aise d'avoir du linge pour en changer. A elle demandé ce qu'elle entendait par le lieu où l'on allait la conduire ? A répondu : *La prison, pour aller ensuite à la guillotine.* On a trouvé sur cette même fille deux couteaux. A la demande qu'on lui a faite de ce qu'elle en voulait faire, elle a répondu qu'elle ne voulait pas s'en servir pour faire de mal à personne. Là finit l'interrogatoire de la jeune Regnault, d'après lequel il ne résulte aucune preuve de volonté déterminée d'assassiner Robespierre. Le contraire même n'est-il pas plus que probable ? Se charge t-on d'un paquet quand on a le dessein d'aller assassiner un homme ? Et deux petits couteaux de poche sont-ils des instruments bien propres à le faire ? Cependant la fille Regnault n'en fut pas moins condamnée au dernier supplice, comme coupable et convaincue d'un crime qu'elle n'avait point tenté, d'un crime qu'on ne pouvait pas même lui prouver avoir été l'objet de sa pensée. Ce ne fut pas tout encore. Le père, la mère, tous les parents de l'accusée dont on put se saisir, furent guillotinés comme complices de ce crime. Soixante individus incarcérés depuis six mois, et qui n'avaient jamais vu Cécile Regnault, furent encore condamnés à mort comme conspirateurs dans le même assassinat. Enfin on condamna dans le même temps le nommé Lamiral pour avoir voulu aussi assassiner Robespierre. On en donna pour preuve qu'il avait tiré un coup de pistolet sur Collot-d'Herbois.

Ce fut à la suite du rapport de ce double assassinat que Barrère dénonça à l'indignation nationale de nouveaux attentats des Anglais contre la République ; car Barrère et ses collègues plaçaient depuis longtemps la République entière dans Robespierre. « Eux seuls, dit-il, dirigent les poignards des assassins. » Pour s'en venger avec éclat et d'une manière proportionnée au crime d'en vouloir aux jours *précieux* de Robespierre, il propose, et la Convention s'empresse de décréter, que désormais les soldats français massacreront sans miséricorde les prisonniers qui seront faits sur les Anglais et les Hanovriens. Cette disposition, si injuste et si atroce qu'elle ne fut jamais exécutée par les troupes françaises, ne parut qu'une mesure de sagesse aux lâches adulateurs du tyran.

Depuis ces prétendus assassinats, la Convention, les comités, les cafés, les promenades publiques ne retentissaient plus que des dangers qui environnaient le courageux protecteur du peuple. C'était aussi lui faire très adroitement sa cour que de les lui exagérer et de les faire publier dans les provinces par la voie des journaux, et la flatterie n'y manquait pas. Ici c'est le nommé Cardinal qui a dit que l'on ferait bien de se défaire de Robespierre; ici l'on a trouvé dans un bâtiment pris aux Anglais des preuves d'un complot formé pour l'assassiner. Tantôt une femme de Londres, dans un bal masqué, a figuré Charlotte Corday poursuivant Robespierre le poignard à la main; tantôt un baron de Batz est connu pour chef d'une conjuration tramée contre sa personne, ou bien on a découvert une grande conspiration contre lui qui couvre la France entière et qui étend ses ramifications jusque dans la Grande-Bretagne. Il fallait surtout, pour flatter agréablement sa vanité, lui parler de l'Angleterre, et lui dire que cette nation voyait en lui avec jalousie tous les talents d'un grand homme d'État.

D'après tous ces bruits, semés et entretenus à dessein, les affidés de Robespierre criaient partout que la reconnaissance française ne pouvait se dispenser de donner des gardes au généreux défenseur de la liberté, menacé par tant et de si puissants ennemis. Mais l'hypocrite, par une feinte modération, affectait de repousser avec horreur l'idée que lui-même faisait naître dans le public, se flattant sans doute que le moment n'était pas si éloigné où le vœu prononcé de la nation lui ferait une douce violence pour qu'il voulût bien souffrir qu'on mît en sureté des jours aussi précieux que les siens.

CHAPITRE DIXIÈME.

Robespierre fait donner une solde aux sans-culottes. — Il procure au peuple des spectacles. — Il fait guillotiner quelques comédiens qui l'avaient signalé sur le théâtre. — Ses déprédations effrayantes. — Il entretient partout le feu de la guerre. — Son projet de faire la conquête de Rome.

En même temps qu'il occupait ainsi la capitale et les provinces du récit des dangers qu'il courait, il prenait un soin tout particulier de s'attacher le petit peuple de Paris, en soudoyant son oisiveté et en lui procurant les moyens de vivre dans la crapule et la licence. Un nombre des plus accrédités parmi les sans-culottes recevaient tous les jours une solde, réglée suivant le talent des sujets, mais qui n'était pour aucun au-dessous de quarante sous. (C'était un moyen d'émulation.) La seule chose qu'on demandât d'eux était qu'ils se répandissent dans les tribunes de la Convention et des Jacobins, sur la place de la Guillotine et dans les spectacles, pour y applaudir à toutes les mesures atroces et à tous les crimes de Robespierre.

Le despote connaissait assez l'histoire de la Grèce et de Rome, et celle encore des derniers temps de notre malheureuse France pervertie par l'incrédulité, pour être convaincu de quelle influence sont les spectacles sur les mœurs publiques. Les prestiges de l'action théâtrale lui parurent un moyen infaillible d'entretenir le délire des passions, de fermer au peuple tout retour aux vrais principes, et surtout au sérieux du christianisme. Les spectacles furent l'institution qui sourit le plus à son système. La religion et la justice avaient perdu leurs temples sous son empire, l'histrionisme encouragé conserva tous ceux qu'il avait, et en acquit de nouveaux encore. Le Parisien eut des spectacles à tous prix, et souvent même de gratuits. Sans parler des farces et des parades des coins des rues et du spectacle permanent de la guillotine, qui n'était ni le moins fréquenté ni le moins applaudi, on comptait à cette époque trente-trois théâtres dans Paris. C'est là que tous les jours le peuple de toutes les classes courait en foule savourer tous les vices et sanctionner tous les crimes. Quelques comédiens pleins de confiance dans la liberté républicaine s'étant émancipés jusqu'à signaler le tyran sur le théâtre, il se reconnut, et la punition de la première faute en ce genre fut l'incarcération pour plusieurs et la guillotine pour quelques-uns. Cette leçon apprit aux autres à mieux régler l'usage de la liberté indéfinie qu'on leur accordait.

Robespierre, avec de telles mesures, ne pouvait manquer d'atteindre le but qu'il se proposait, d'entretenir la capitale au ton d'ivresse où il l'avait portée. Mais il fallait de plus qu'il prévînt le réveil de la nation entière, et l'on ne donne pas la comédie à toute une nation, surtout au peuple des campagnes. Par une politique inverse à la première et bien digne d'un tyran, il imagina que, pour rendre plus docile et moins impatient du joug un peuple déjà frappé de stupeur, il devait l'empêcher d'ouvrir les yeux à la raison, et pour cela le courber et l'abrutir sous le poids de la misère extrême et des travaux forcés. Il s'occupa dans cette vue des moyens les plus propres à étendre le feu de la guerre et à en perpétuer les malheurs. Il ne négligea rien pour exalter l'esprit de la multitude et lui rendre odieuses les puissances armées contre la France. Quoique ce fût un fait bien notoire que ces puissances ne se fussent réunies que pour s'opposer aux hostilités commencées par les Français, il publiait hardiment, et le vulgaire croyait (car il n'y avait plus aucun moyen pour le détromper), que l'unique but de leur coalition était d'opprimer sa prétendue liberté et non de repousser l'agression. Par ses ordres, les journaux à sa solde, devenus le catéchisme du peuple, ne parlaient que de la nécessité d'une guerre vigoureuse et des avantages qui devaient en résulter pour la gloire et le bonheur de la République.

Dans la crainte néanmoins que le peuple, après avoir goûté quelque temps les fruits de cette guerre, ne les trouvât trop amers et ne fût tenté d'exprimer avec quelque énergie son vœu pour la paix, il fit décréter que, quelque chose qu'il plût au comité de Salut public de statuer touchant la paix ou la guerre, tout Français devrait le trouver bon, sous peine d'être traité en ennemi de la patrie. Il prétendait que les républicains ne devaient cesser de se battre que quand il n'y aurait plus de souverains sur la terre. « La guerre, disait-il à la tribune » des Jacobins, ne peut finir qu'avec l'anéantisse- » ment du dernier des tyrans couronnés. » Son chancelier Barrère ne parlait des rois, comme son maître, que dans les termes les plus insultants. Les qualifications les moins odieuses qu'il leur dispensât étaient celles de *despotes*, de *tyrans*. Il appelle leurs soldats des *machines à fusils*, et ceux qui les commandent des *généraux habiles en retraite*. « Ne comptez pas vos ennemis, dit l'insolent » orateur, ils sont lâches comme des rois; comptez » les crimes de la monarchie et les forfaits de la » tyrannie. Achevez d'écraser les satellites que la » France chasse devant elle comme le vent chasse » une vile poussière[1]. »

Audacieux jusqu'à l'impudence envers les ennemis déclarés de la France, Robespierre ne traitait pas plus respectueusement les puissances neutres,

---

[1] C'était la mise en pratique de la doctrine des Voltaire, des Diderot, contenue dans ces vers exécrables :

Et des boyaux du dernier prêtre,
Serrez le cou du dernier roi.

ou bien encore :

Et ses mains ourdiraient les entrailles du prêtre,
A défaut d'un cordon, pour étrangler les rois.

dans lesquelles il ne voyait que de méprisables complices. Son conseil privé, le comité de Salut public, fait à leur sujet un rapport tout-à-fait curieux.

Il raconte avec une étonnante naïveté les déprédations effrayantes de Robespierre à l'époque de ce rapport : la seule cour de Constantinople avait déjà coûté à la France soixante-six millions, tant en numéraire qu'en diamants de la couronne. « Je me lasse, s'écrie le rapporteur Saint-Just, en » parlant de ces puissances neutralisées à prix d'ar- » gent, je me lasse de voir les ministres ouvrir les » veines du trésor public à d'*insatiables et mépri-* » *sables puissances*, pour nous faire sans cesse » acheter *leur inertie, leur lâcheté et leur perfidie.* » Certes il nous en eût moins coûté pour les com- » battre et les vaincre que pour acheter leur sin- » gulière neutralité. » Il propose à la Convention, pour se venger de ces puissances avares, de révéler à la face de l'Europe les pactes honteux conclus par les agents de la République. C'est une igno- minie que méritaient à coup sûr ces cours vénales, où l'or avait plus de poids que l'honneur et la justice.

L'on voit clairement au reste, dans toute la con- duite des factieux, qu'ils craignaient aussi peu de multiplier les ennemis du peuple français que de dilapider ses trésors. Robespierre était si con- vaincu de l'importance pour un usurpateur de fatiguer et d'accabler par les travaux militaires une nation qu'il veut asservir, qu'il fit jouer tous les ressorts imaginables pour porter l'impératrice de Russie à prendre une part plus active dans la guerre qu'il faisait aux têtes couronnées ; au point

que, pour piquer cette princesse et provoquer son
ressentiment, il fit imprimer et circuler par toute
la France et au-delà, des libelles diffamatoires
qui appellent l'exécration du genre humain sur ses
prétendus crimes. « Il nous faut, » disait ce nouveau roi aux satellites qui formaient son conseil,
« il nous faut faire transpirer les corps politiques,
» et, pour rendre la nation traitable, réduire sa
» population à quinze ou seize millions d'âmes.»

Toutes les démarches du tyran décèlent cet
affreux système, une attention suivie à donner de
l'occupation à sa masse armée, et la crainte qu'elle
n'ait le loisir de réfléchir sur le malheur et la
honte de son esclavage. Les décrets de feu et de
sang qu'il fit rendre contre les royalistes de l'intérieur, et contre le pays même qu'ils occupaient,
semblent n'avoir eu pour but et n'ont eu du moins
pour effet que de transformer en héros tous les
habitants de cette terrible Vendée qui dévora presque toutes les armées qu'on lui opposa. Il a été
dit plusieurs fois à la Convention, qui n'a jamais
pu le contredire, que la guerre de la Vendée lui
coûtait plus de 200,000 hommes. Dans une séance
des Jacobins du 21 janvier 1794, Robespierre, après
avoir vomi tout ce que put lui suggérer son âme
atroce contre la mémoire de Lous XVI et la majesté
des rois, fit arrêter qu'il serait dressé un mémoire
historique contre tous les souverains et gouvernements ennemis de la politique des Jacobins, et que
lui-même serait un des rédacteurs de l'ouvrage.
Quelques jours après, dans une séance où la société
avisait aux moyens de rendre odieux le gouvernement anglais, il est d'avis que l'on s'attache particulièrement à lui attirer le mépris, et que l'on

peigne, par exemple, M. Pitt comme un imbécile, portrait qui assurément eût fait peu de dupes en Angleterre et par toute l'Europe. A la même époque il fit régaler la populace de Paris de farces insolentes et sanguinaires contre le roi et le parlement d'Angleterre, dans lesquelles M. Pitt, quoique imbécile, n'échappe pas à la guillotine.

De peur encore que le peuple anglais ne se porte avec moins d'ardeur que le ministère à faire la guerre à la France, Robespierre entend que dans le mémoire projeté, l'on ne sépare point les crimes du peuple des crimes de son gouvernement. Et ce fut d'après ses instructions que l'on vit l'Anglais qualifié de *peuple avili et souillé de tous les crimes, de peuple barbare qui applaudit à son gouvernement corrompu, parce qu'il est corrompu lui-même....* « Nous allons faire tomber sous nos coups » les féroces Anglais ; et pendant que nous élève-» rons un trophée à la victoire sur leurs cadavres » impurs, que nos flottes victorieuses portent l'in-» cendie au sein de l'orgueilleuse Albion. »

C'était en promenant ainsi continuellement les imaginations sur les prétendus crimes et les desseins hostiles des rois et des gouvernements, que Robespierre se rendait maître de toutes les mesures à prendre pour leur faire la guerre. S'il voyait que la nation s'effrayât de l'émission indéfinie des assignats, il répondait : *Il faut faire la guerre;* s'il dépouillait les propriétaires : « *C'est aux riches et aux aristocrates à payer les frais de la guerre;* » s'il faisait guillotiner les anciens fermiers-généraux : *Je bats monnaie pour faire la guerre.*

Un des projets dont il paraissait le plus entêté, c'était celui de la conquête de Rome. Quand il en

5.

parlait, ce n'était qu'avec enthousiasme, et l'on
ne peut douter que ce n'eût été un triomphe bien
flatteur pour l'homme le plus hostile au catholicisme, que de pouvoir, en ébranlant la chaire du
vicaire de Jésus-Christ, arborer l'étendard de l'incrédulité jusque dans la cité sainte, et répéter dans
la métropole de la catholicité les scènes mons-
trueuses dont il avait souillé la capitale de la
France. Ce projet, au reste, de rétablir Rome
payenne sur les débris de Rome chrétienne n'était
pas seulement celui de Robespierre, tous ses complices en partageaient la folie. La Convention elle-
même n'applaudit-elle pas au rapport de Pellet
qui lui disait : « Si la campagne prochaine est iné-
» vitable, il ne nous restera qu'à frapper de grands
» coups sur l'Italie. Sans doute, dit le même rap-
» porteur, la République s'épuise par ses sanglan-
» tes et coûteuses victoires, sans doute les Fran-
» çais périssent, mais la France libre ne saurait
» périr sans entraîner l'Europe entière dans sa
» chute. » C'est une bien digne consolation pour
des anthropophages!

CHAPITRE ONZIÈME.

La réquisition. — L'idolâtrie pour Robespierre. — Un dîner chez
Mme de Chalabre. — Sa simplicité. — Son indulgence envers
les dilapidateurs. — Sommes énormes que coûte à la France
l'alimentation de Paris. — Robespierre appelle tous les regards
sur la médiocrité de sa fortune. — Il veut passer pour un
homme religieux. — Fête de la déesse de la Liberté. — Il fait
guillotiner Gobel, évêque constitutionnel. — Vains efforts pour
la répression des désordres.

Ferme dans le dessein formé de mettre la fortune des particuliers au niveau de la fortune publique, et pour s'ouvrir en même temps une source
de moyens présents de prolonger la guerre à son
gré, Robespierre conçut le projet de pourvoir aux
besoins immenses de ses troupes, par un brigandage général, qu'il fit exécuter dans toute la France
avec une sorte d'appareil légal et sous le nom de
réquisition. Le terme seul, jusqu'alors ignoré,
parut d'abord avoir une vertu magique, parce que
le législateur avait eu soin de décider que le refus
de se soumettre à la *réquisition* serait la marque
certaine à laquelle on reconnaîtrait les contre-
révolutionnaires dignes de la guillotine. En conséquence on vit mettre en réquisition pour l'usage
de l'armée toutes les marchandises et les denrées,
les grains et les voitures, les bestiaux et leurs
conducteurs. Le peuple des campagnes comme
celui des villes se vit arracher la couverture même
de son lit, ses chemises et jusqu'à sa chaussure.
Dans plusieurs endroits, les marchands furent
conduits au supplice pour avoir soustrait à la réquisition une partie de leurs marchandises, les

laboureurs pour s'être réservé sur leur abondante
moisson de quoi faire subsister pendant quelque
temps leurs familles et leurs ouvriers. « Nous fe-
» rons des lois sages et terribles, disait Robes-
» pierre. Si les fermiers opulents ne veulent être
» que les sangsues du peuple, nous les livrerons
» au peuple lui-même, nous dirons au peuple de
» s'en faire justice. » Il n'en fallut pas davantage,
et cette menace étant un garant d'impunité, un
nombre de fermiers furent pillés et massacrés
dans diverses provinces. Enfin, au seul nom de
réquisition, tous les Français, étonnés, se virent enchaînés au char de Robespierre, devenus ses esclaves et ses soldats, sans qu'aucun eût osé rappeler
son inconséquence à cet étrange despote, qui peu
d'années auparavant avait crié à la tyrannie, parce
que le gouvernement avait mis en réquisition pour
les armées, non pas, comme lui, la masse entière,
mais un seul homme sur cent de la population de
la province.

Après avoir ainsi courbé toute la France sous
la verge du despotisme, et lorsqu'il dirigeait,
pour la cause du crime, la marche d'un million
d'hommes qu'on appelait et qui étaient véritablement les soldats de Robespierre, le tyran affectait
encore des airs de modération et un ton de justice.
Il désirait passionnément de s'en donner la réputation; et les Conventionnels secondaient de tout
leur pouvoir cette extravagante prétention de son
orgueil. On les voyait, après avoir rassuré le dictateur par un lâche et coupable assentiment, se
rassurer eux-mêmes en savourant ces adresses à
leur barre qui transformaient en mesures de sagesse les formes atroces qu'ils avaient adoptées

pour opprimer la nation. D'un autre côté, guidés, les uns par l'intérêt, les autres par le motif le plus puissant sur des âmes faibles, les journalistes ne tarissaient point sur les éloges d'un homme qui, en même temps qu'il leur garantissait la liberté indéfinie de la presse, ne laissait pas de les placer tous au pied de la guillotine, en faisant décréter par un amendement astucieux la peine de mort contre les auteurs *d'écrits insidieux*. A la voix des journalistes se joignaient encore celle des mille prôneurs salariés qui à toutes les heures faisaient retentir des louanges de l'homme du jour les places publiques et les cafés de Paris.

Les provinces ne tardèrent pas à chanter à l'unisson de la capitale ; et, lorsque la Convention elle-même en donnait l'exemple, rien ne pouvait empêcher que l'idolâtrie pour Robespierre ne devînt une épidémie. Bientôt on vit les sociétés populaires se disputer d'empressement avec les particuliers à qui ferait brûler l'encens le plus flatteur sur l'autel du nouveau Dieu. Il est curieux de voir ces adorateurs consigner leur opprobre dans les éloges qu'ils lui prostituent. L'un le définit : « Un homme incorruptible et éminemment sensi- » ble et bienfaisant, la pierre angulaire de l'édifice » constitutionnel. » Un autre lui donne « l'énergie » d'un ancien Spartiate et d'un Romain des pre- » miers temps, jointe à l'éloquence d'un Athénien. Un comité de surveillance le qualifie : « Un génie » universel, qui voit tout, prévoit tout, déjoue » tout, qu'on ne peut ni tromper ni séduire. — Je » veux, dit un Picard amiénois, rassasier mon es- » prit et mon cœur de ses traits, et, l'âme électrisée » par toutes ses vertus républicaines, rapporter chez

» moi de ce feu dont le grand homme embrase
» tous les bons républicains. » Saint-Just, avant de
lui être réuni dans la Convention, lui écrivait :
« Vous qui soutenez la patrie chancelante contre
» la terreur du despotisme et de l'intrigue, vous
» que je ne connais que *comme Dieu*, par des mer-
» veilles... vous êtes un grand homme! » Une commune lui fait savoir qu'elle a chanté en son
honneur un *Te Deum* qui fut terminé par le cri
de vive Robespierre! Enfin, un vieillard de 87 ans,
se constituant le *Siméon* de la République, lui écrit
qu'il voit en lui *le Messie annoncé par l'Être éternel
pour réformer toutes choses.*

Les femmes elles-mêmes prodiguaient à Robespierre l'encens le plus capable de lui faire perdre
la tête. L'une de ses plus exaltées admiratrices fut
une dame de Chalabre. Voici comment un membre
de la Convention raconte un dîner chez cette
dame qui fut d'un bout à l'autre assaisonné des
plus fades louanges en l'honneur de Robespierre,
le héros de la fête.

« La réunion était peu nombreuse, dit-il. Je
» trouvai, outre M. et Mme Bitaubé, Fréron, le ca-
» marade de collége de Robespierre, et qui dans la
» suite fut envoyé en qualité de proconsul à Toulon;
» Vadier, dont la liaison avec Robespierre com-
» mençait, et qui plus tard devait contribuer à sa
» chute, après avoir favorisé ses projets; l'évêque
» de Bourges, Torné, qui a dû regretter bien amè-
» rement après cette époque les liaisons qu'il eut
» avec le chef de la Montagne, et l'amitié, l'admi-
» ration même qu'il lui témoigna; Ronsin, qui fut
» tour à tour général de l'armée révolutionnaire,
» et commissaire du pouvoir exécutif; Camille

» Desmoulins était aussi au nombre des convives
» de Mme de Chalabre, etc. Robespierre se fit at-
» tendre et arriva fort tard. Il n'avait pu, dit-il, se
» refuser aux visites de plusieurs membres de so-
» ciétés patriotiques de sa province, qui étaient
» venus le consulter sur leur organisation et quel-
» ques mesures importantes. Il glissa là-dessus
» avec une modestie affectée, et je m'aperçus avec
» surprise que j'étais le seul qui ne fût pas sa dupe,
» tout le monde autour de moi témoignant à Ro-
» bespierre l'admiration la plus profonde, et des
» sentiments qu'à cette époque devaient inspirer
» bien plus que lui une foule de ses collègues ; car
» on n'avait pu juger encore de ses vues, et les
» circonstances ne l'avaient mis à même que de
» déployer une partie des talents dont il a fait
» preuve dans la suite......

» Les séances de nos assemblées législatives, aux
» époques les plus graves de notre histoire, ne fu-
» rent jamais plus sérieuses que la réunion qui
» entourait la table de Mme de Chalabre. On y dis-
» cuta les intérêts du jour ; on y passa en revue les
» différents gouvernements, depuis la monarchie
» absolue jusqu'à la démocratie la plus complète,
» et surtout on vérifia les titres à l'estime publique
» de tous les députés. Robespierre parla fort peu,
» et le moindre de ses propos fut accueilli comme
» un oracle. Mme de Chalabre, Vadier et Ronsin,
» témoignaient surtout une admiration qui bien
» certainement n'avait rien de simulé ni de con-
» traint. Elle naissait de l'intime persuasion que
» Robespierre unissait, aux connaissances les plus
» profondes, aux talents les plus transcendants,
» toutes les vertus qui peuvent orner le cœur de
» l'homme. »

» Torné partageait cet enthousiasme. « *Si j'étais*
» *député,* disait-il, *comme j'observerais vos traces,*
» *pour les suivre fidèlement! Combien je serais heu-*
» *reux, si je pouvais mériter le nom de petit Robes-*
» *pierre!* Je le mérite, au reste, par la *conformité*
» *de tous mes principes avec les vôtres.*

» *Non,* disait Mme de Chalabre, *je ne trouve pas*
» *d'expression qui puisse rendre la surprise, l'émotion*
» *que m'a causée la lecture de votre dernier discours.*
» *Oui, vertueux Robespierre, vous seul pouvez sauver*
» *la France, vous seul pouvez lui servir de guide dans*
» *la route périlleuse et nouvelle où elle est engagée.* »

» Cependant, impassible et froid, Robespierre
» s'inclinait et répondait à peine à ces fades adu-
» lations. Camille Desmoulins fut le seul qui ne
» suivit pas le torrent. »

Certains affidés de l'ambitieux hypocrite, en
paraissant le louer avec moins d'enthousiasme, le
louaient plus utilement encore. Ils ne parlaient
que de sa grande simplicité, et s'attachaient à faire
remarquer son désintéressement. L'une et l'autre
en effet étaient frappants, comparés surtout au
faste insolent qu'affichaient plusieurs de ses collègues. Le maître le plus absolu qui eût jamais com-
mandé aux Français était logé chez un menuisier
nommé Duplay, où tout annonçait la plus grande
modestie.

Mais chez Hombert, où il demeura d'abord, rue
Saintonge, au Marais, il occupait un appartement
plutôt élégant que somptueux. Son cabinet surtout
était meublé avec un goût et une recherche qui auraient fait honneur à un petit-maître. Sa bibliothèque
était peu nombreuse, mais les ouvrages de politique, de législation et de littérature, qui la compo-

saient, appartenaient aux plus belles éditions et
étaient tous reliés avec luxe. Ce n'était plus là
le cabinet du petit avocat d'Arras. Son portrait
s'y trouvait répété sous plusieurs formes et de
différentes dimensions. Il était en pied et à l'huile
sur un des côtés de la pièce et dans un très beau
cadre, au pastel et à mi-corps vis-à-vis, en mi-
gnature sur la cheminée. Sur une console, dans un
angle du cabinet, on voyait encore son buste, mo-
delé en plâtre et très ressemblant.

Ce n'est pas à dire pour cela que cette apparente
modération de celui qui gouvernait contribuât
beaucoup au soulagement du peuple, dont il livrait la substance à la discrétion d'une foule de dilapidateurs subalternes. Indulgent envers tous ceux
de ses complices qui aimaient l'argent, il leur pardonnait sans peine de s'enrichir aux dépens du
public ou du soldat, et il leur en offrait même
quelquefois la facilité. Ainsi conseillait-il à Danton
d'aller faire fortune auprès des armées de la Belgique ; ainsi le voyons-nous tantôt gratifier un vil
protégé d'une somme de dix-sept mille livres,
tantôt faire remise de celle de quarante mille à un
commis qui l'a volée. Aucun moyen de dépenser
n'arrêtait celui qui trouvait bons tous les moyens
d'acquérir, et dans ce jeu perfide de sa fiscalité il
trouvait le triple avantage de s'attacher des créa-
tures, d'affaiblir une nation qu'il voulait asservir,
et de décrier par le soupçon d'avarice les talents
qui lui faisaient ombrage. Ce ne fût à la vérité que
depuis sa mort que ses successeurs se sont donné
à chacun treize mille deux cents livres de traitement, eux qui pour la plupart n'avaient pas en
toute fortune la moitié de cette somme. Mais déjà

sous le règne de Robespierre il avait été prouvé
que la Convention seule, avec l'entretien de ses
comités déprédateurs et de sa nombreuse suite,
coûtait infiniment plus à la nation que ne lui
coûta jamais la cour de ses rois les plus magnifiques.
Et cette charge de la souveraineté populaire n'était
pas encore comparable à celle qui résultait des
vexations exercées sur le peuple au nom du
peuple même. Les factieux des deux premières
assemblées avaient dépouillé la noblesse et le
clergé : il ne restait plus à ceux de la Convention
qu'à dépouiller le tiers-état, et ils remplirent complètement leur tâche. L'exposé seul des divers
brigandages commis au préjudice du commerce,
de l'agriculture et de tous les arts nourriciers des
empires, tant par les inquisiteurs et les réquisi-
teurs des districts et des cantons que par les commissaires de la Convention dans les départements
et auprès des armées, ce simple exposé, si jamais il
est rendu public, contiendra des volumes entiers,
dont toutes les pages accuseront à l'envi, et l'é-
trange barbarie des oppresseurs et l'apathie plus
étonnante des opprimés.

Cependant, ni ces concussions et ces extorsions,
ni ces dépouilles opimes et tant vantées, ni les
contributions énormes imposées à l'ennemi, parmi
toutes ces brillantes conquêtes dont on berçait la
nation, tout cela réuni ne pouvait empêcher que
les dépenses du trésor public ne s'élevassent encore
à des sommes capables d'épouvanter tout autre
peuple que celui qui imprimait de la monnaie.
Ce n'était plus, comme sous Louis XVI, de 54 millions, ce n'était pas même de quelques centaines
de millions, c'était de plusieurs milliards que la

dépense annuelle excédait la recette ; et les états, mis sous les yeux de la Convention par les agents fiscaux de Robespierre, nous prouvent quelquefois un *déficit* de deux à trois cents millions pour le service d'un seul mois.

Le tyran n'est plus, que cette dilapidation loin de diminuer ne fait que s'accroître sous ses successeurs. Robespierre se contentait de soudoyer les sans-culottes qui le servaient, la Convention prend le parti d'alimenter le peuple parisien, dans la crainte que, las d'être le complice et la victime de ses crimes, il ne lui prenne envie d'en devenir le vengeur. Elle lui procure au prix de trois sous la livre le pain que le gouvernement paie quatre francs : et par cela seul elle impose à toutes les provinces un tribut qui s'élève à 100 millions par mois, en faveur de cette cité séditieuse, mais bien digne de ne plus vivre que des aumônes de la tyrannie, et de voir encore tous ses malheurs prolongés aussi longtemps que ses lâches habitants ne rougiront pas de n'être que les instruments des factieux.

Quelque peu versé que fût Robespierre dans la science financière, comme il l'avouait lui-même, il ne pouvait se dissimuler le résultat désastreux auquel devait aboutir un pareil système. Aussi, pour s'épargner le reproche de malversation dans cette branche délicate de l'administration publique, affectait-il de ne point s'en mêler, l'abandonnant tout entière à la discrétion du comité que dirigeait Cambon. Plus attentif que ses collègues à écarter jusqu'au soupçon d'intelligence avec cet opulent manipulateur du trésor national, il ne le voyait pas ; et dans l'occasion il improuvait toujours plutôt qu'il ne flattait ses opérations [1]. On sait avec quelle ostentation il appelait les regards publics sur la constante médiocrité de sa fortune, osant défier ses ennemis de lui prouver qu'il l'eût améliorée. Et véritablement on ne saurait disconvenir qu'avec toutes les facilités pour amasser et s'enrichir, il ne l'avait pas fait. Du moins ne lui connut-on ni ces placements de fonds chez l'étranger, ni ces acquisitions scandaleuses dans sa province qui accusent l'avarice et le brigandage de ses complices, tant de la Convention que des assemblées précédentes [2]. Il est vrai que les commis-

---

[1] Voici ce que Cambon, ce chef directeur des finances de la République, disait au sortir d'une des séances de la Convention, en présence du public : « Voulez-vous faire face à vos affaires ? Guillotinez. — » Voulez-vous payer les dépenses immenses de vos quatorze armées ? » Guillotinez. — Voulez-vous payer les estropiés, les mutilés, tous ceux » qui sont en droit de vous demander ? Guillotinez. — Voulez-vous » amortir les dettes incalculables que vous avez ? Guillotinez, guillo- » tinez, et puis guillotinez !!! »   (LECOINTRE.)

[2] Les commissaires députés de la Convention ne sont pas les seuls qui aient fait d'énormes fortunes dans nos malheureuses provinces ; leurs plus vils agens ne s'y sont pas oubliés et sont devenus des millionnaires. Le député Musset cite pour exemple, à la Convention, le nommé Evrard, l'un des satellites de Carrier, riche d'un million après avoir payé ses dettes. On a vu également dans l'Assemblée constituante les députés qui ont déclamé avec le plus de véhémence contre les dépenses de la cour, les uns très pauvres, les autres abîmés de dettes au commencement de leur députation, étonner Paris par tout le faste de la dépense d'une vie licencieuse, et l'étonner ensuite en mettant au jour, pour achat de créances ou de biens ecclésiastiques dont ils avaient fait décréter la vente, des sommes qui ne pouvaient provenir de leurs propres fonds : le marquis de M..., par exemple, 320,000 liv. ; Chap..., 242,000 liv. ; Lam..., 510,000 ; l'avocat Tho..., 1,150,000 ; le janséniste Cam..., 800,000 ; son digne confrère Treil..., 700,000 ; Le Cout..., 1,150,000 ; l'apostat d'Autun, Périgord, 500,000, sans parler des énormes dépenses qu'il faisait pour tenir table ouverte,

saires chargés de l'examen de ses papiers citent
une lettre datée de Londres qui contiendrait une
preuve de la fausseté de son désintéressement.
Mais cette pièce porte des caractères visibles de
supposition, dont le moindre est qu'elle est ano-
nyme.— Du reste, si ce chef de la sainte montagne
ne s'appropriait pas le bien d'autrui, il savait en
user, et se donnait sans scrupule pour maison
de campagne le château du propriétaire qu'il avait
mis en fuite ou fait guillotiner. Voici ce que l'un
de ses collègues à la Convention raconte à ce sujet
dans ses mémoires : « Il (Robespierre) avait fait
» main basse sur les plus beaux domaines des en-
» virons de la capitale, et c'est à Issy, à Belle-Épine,
» à Maisons, qu'il allait avec ses complices et ses
» flatteurs, dans de hideuses débauches, se dé-
» lasser des soins et des travaux que lui donnaient
» les dénonciations des Jacobins, les décrets de
» la Convention et les jugements de Fouquier-
» Tinville. . . . .

» Plus libres d'eux-mêmes, plus éloignés des
» affaires dans ces maisons de plaisance, leurs
» débauches étaient plus sales, plus immondes.
» C'est là qu'ils payaient les caresses des plus viles
» courtisanes par les têtes des citoyens qu'elles
» leur demandaient ; et c'étaient souvent d'an-

---

assemblée de jeux, et entretenir la *Socroit ;* le duc d'Aig..., 900,000 ;
Chab..., le blanchisseur d'Égalité, 340,000 ; Bar..., 450,000 ;
Tar..., 600,000 ; Lan..., 500,000 ; Mir..., quoique ses dettes
fussent incalculables avant sa députation, quoique faisant grande dépense
pour l'entretien de sa maison et celui de la citoyenne Libre, n'en a pas
moins étonné tout le monde en ne laissant à sa mort que 900,000
livres.

» ciens amants. On tremblait dans le voisinage
» aussitôt que les apprêts d'une orgie avaient
» annoncé leur approche. Nous semblions n'avoir
» aboli le pouvoir des anciens seigneurs, que pour
» peupler leurs châteaux des émules des Néron et
» des Héliogabale. » En effet, les pauvres paysans,
les cultivateurs du voisinage étaient obligés de
porter à ces nouveaux seigneurs leurs poulets,
leurs œufs, tout ce qu'il y avait de mieux dans
leurs récoltes. Ils payaient une dîme mille fois plus
odieuse que celle qu'avaient supprimée ces oppresseurs de l'humanité.

Mais une affectation beaucoup plus singulière
de sa part que celle du désintéressement, c'était de
vouloir passer pour un homme religieux. Cette
manie était déjà la sienne à l'époque où il travaillait avec le plus d'ardeur à détruire le catholicisme
dans l'Artois. « Il est fâcheux, écrivait-il à une
» personne d'Arras sur le ton le plus religieux,
» qu'on ait élu pour évêque un homme aussi mé-
» prisable que Porrion [1], et si peu propre à faire
» respecter la religion. » Souvent dans ses discours il divaguait sur la morale, parlait de vices,
de vertus, quelquefois même de Providence et de
Divinité. « Si la Providence, disait-il, m'a arraché
» des mains des assassins, c'est pour m'engager à
» employer utilement les moments qui me restent
» encore. »

Ni la religion ni la morale ne touchaient guère

---

[1] Porrion, Oratorien, d'abord professeur au collège de la Flèche,
ensuite curé de Saint-Nicolas-sur-les-Fossés, puis enfin évêque constitutionnel du Pas-de-Calais, se maria, et mourut à Paris en 1830.

sans doute celui qu'on avait vu vendre sa plume
à la défense de l'adultère, et qui, devenu législateur,
avait sollicité cet infâme décret qui, assimilant la
nation française à la classe des brutes, fait de
l'union conjugale un contrat temporaire que peut
résoudre à son gré le caprice ou le libertinage.
Peut-on même se figurer un plus grand ennemi de
la religion et des mœurs que celui qui avait plus
contribué que personne à offrir à la capitale le
spectacle de cette fête abominable dans laquelle
une prostituée, la comédienne Aubry, sous le
nom de la *déesse de la Liberté*, et environnée de
tous les attributs de la licence, après avoir été promenée triomphalement dans Paris, placée sur un
char avec un crucifix sous les pieds, fut conduite
à la métropole, et, ce qui est horrible à dire, placée
sur l'autel du vrai Dieu, montrée de là au peuple
spectateur, auquel on dit : *Voici la divinité du
Français : toute sa religion désormais sera d'honorer
la Liberté dans le temple de la Raison* [1]?

[1] C'est *dans les fêtes de la Raison* qu'un histrion, monta dans la
chaire de Saint-Roch, et prenant Dieu à partie, à la face de ses autels,
nia son existence, en vomissant mille imprécations furieuses contre ce
Dieu qui n'existait pas, le défia de se venger, et conclut que, puisque ce
Dieu ne le foudroyait pas, il était évident qu'il n'y avait pas de Dieu :
démonstration qui produisit le plus grand effet sur l'assemblée. Ce malheureux s'imaginait apparemment que Dieu était engagé d'honneur à
répondre à son appel, qu'il ne pouvait pas, sans se compromettre,
refuser le défi. On eût dit que Dieu ne pouvait le frapper que dans la
chaire de Saint-Roch, et que, s'il perdait une si belle occasion de se
venger, il ne la retrouverait plus. Mais vous qui, sans être insensés
comme cet histrion, souffrez impatiemment que le Très-Haut n'exter-
mine pas ceux qui l'insultent, méditez ce mot sublime : *Patiens quia
æternus : Dieu est patient parce qu'il est éternel.* Songez qu'il est
juste que celui dont la main frappe sans remède et frappe pour l'éter-

Cette scène, l'éternel opprobre et des infâmes qui la donnèrent, et de la Convention, qui l'approuva[1], avait produit dans Paris une sorte d'explosion d'immoralité dont les politiques du jour paraissaient redouter les suites. La débauche, que l'on crut être à son comble dans cette cité licencieuse, s'y produisit depuis cette époque avec un cynisme plus révoltant que jamais. Les filles de la liberté, fières d'avoir fourni une déesse à la nation, ne se contenaient plus dans l'enceinte du Palais-Royal et des rues adjacentes. A toutes les heures du jour elles infestaient tous les jardins

---

nité, ne soit pas pressé de frapper. Songez que l'ordre essentiel n'est pas ici et ne saurait y être ; que les méchants sont bien à plaindre, puisqu'ils ne sont qu'un instrument destiné à être brisé ; que les bons, quoi qu'ils puissent souffrir, sont infiniment moins à plaindre, puisqu'ils ont pour eux la conscience et l'espérance, qui toutes deux ne sauraient tromper, et laissez faire celui qui, pour punir les uns et dédommager les autres, a devant lui l'éternité !

[1] Du moment où la Convention eut fait *mention honorable* de la conduite des ci-devant prêtres qui venaient à la tribune se dépouiller de tous leurs titres et donner le scandale des plus honteuses défections, on vit s'accomplir les farces horribles préparées pour accoutumer les yeux du peuple à la profanation et au brigandage impie. « On traîne dans » les ruisseaux, dit un auteur contemporain, les vases sacrés, les » ornements sacerdotaux, les instruments du culte. Mais ce n'est pas » assez. Il était important, indispensable que l'autorité publique sanc- » tionnât ces abominables scandales, ouvrage d'une vile populace, » et que les représentants du peuple français n'eussent pas plus de » pudeur que les bandits de la capitale. C'est là l'essence de l'esprit » révolutionnaire. C'est dans le sein du corps législatif que l'on apporte » de tous côtés les dépouilles des temples, que chacun étale à l'envi » ses vols et sa turpitude, qu'un vil animal coiffé d'une mitre et revêtu » d'une chape traverse la salle au milieu des chants de blasphème et » des refrains les plus dégoûtants. » On observera qu'en ce moment l'âne n'était pas, à beaucoup près, l'animal le plus déplacé dans l'Assemblée.

publics, et les soirs tous les spectacles, où elles
étalaient un luxe insultant pour la misère publique.
Celles surtout qui partageaient leur liberté avec les
législateurs y paraissaient brillantes de tout l'éclat
usurpé du trône. C'est alors que Robespierre,
s'apercevant qu'il avait outrepassé les bornes,
voulut revenir sur ses pas; et, pour faire croire à
une certaine classe du peuple, encore révoltée du
scandale, qu'il n'avait point eu de part à l'apo-
théose de la nouvelle déesse, il fit poursuivre
comme athée, arrêter et guillotiner l'infâme
Gobel [1], qui, moyennant la somme, les uns disent
de deux cent, les autres de trois cent mille livres,
reçue du trésor public, avait consenti à prêter son
église pour l'infernale cérémonie. Robespierre
avait imaginé que des règlements pourraient
remédier aux abus. Il en fit publier plusieurs
contre les prostituées qui feraient honneur aux
plus anciens lieutenants de police. Mais, comme ces
règlements atteignaient trop de coupables et ne
pouvaient être mis à exécution que par des complices, on ne se mit pas même en peine de les
éluder; on convint franchement de s'en moquer;
et tous les carrefours de Paris retentissaient du
refrain : Nous ne voulons sacrifier qu'à la déesse
de la Liberté.

---

[1] Cet infortuné se rétracta. Sur le point d'aller à l'échafaud, il
écrivit à l'un de ses vicaires de se trouver sur son chemin pour lui
donner l'absolution.

CHAPITRE DOUZIÈME.

Robespierre fait décréter l'Être suprême et l'immortalité de l'âme.
— Il donne des commandements, établit des fêtes, crée de
nouveaux saints. — Fête de l'Être suprême. — Sa tête se dérange.

Le tyran, mal obéi, comprit que toutes les lois
répressives ne suffiraient pas pour contenir une
populace effrénée, qu'il avait aidée lui-même à
marcher dans les voies de la licence. Il se souvint
alors que les païens eux-mêmes avaient senti qu'une
société d'athées ne pouvait subsister ; et, craignant
pour le sort encore mal assuré de sa jeune république, il résolut de s'occuper des moyens de
rappeler dans les cœurs des idées religieuses
propres à suppléer celles qu'il en avait bannies.
Après avoir exhorté le peuple français à se con-
former provisoirement aux règlements déjà faits
pour le rendre vertueux, il l'invite à s'en rapporter
à la sagesse de ses représentants pour une religion, l'assurant qu'avant peu on lui en procurera
une convenable à *la dignité d'un peuple libre*.
Singulièrement flatté de l'idée d'être législateur
en religion, il voulut s'en réserver la gloire à lui
seul, et n'admit aucun de ses collègues à la partager avec lui. Pour donner toute son application
à ce grand œuvre, il s'éloigna pendant quelque
temps du commerce des hommes, ne paraissant
plus à la Convention et que très rarement aux
Jacobins. Tout le monde savait que Robespierre
faisait une religion, et il est aisé d'imaginer ce que
chacun pensait à cet égard.

En public et dans les sociétés, on n'entendait que des gens qui se demandaient : « Quand est-ce donc » que paraîtra la religion de Robespierre ? » Et ses affidés répondaient sur le ton mystérieux et sans rire : « Un peu de patience ; ce grand homme va se » montrer au-dessus de lui-même, et sa religion » sera un monument de sagesse qui étonnera l'uni- » vers. » Les esprits étaient dans l'attente de ce nouveau chef-d'œuvre, lorsque Robespierre, le 7 mai 1794, fit annoncer son plan par son organe favori, Barrère.

Dans un préambule aussi extravagant qu'il est possible de se le permettre, ayant la confiance qu'il parle à un peuple en délire, ce nouvel apôtre compare la France à toutes les autres nations du monde, qu'elle devance, dit-il, de deux mille ans par la raison. Se rabattant néanmoins ensuite sur les diverses factions qui ne cessent de déchirer ce peuple si raisonnable et si singulièrement supérieur aux autres peuples, il lui semble que la République, depuis les machinations de l'infâme d'Orléans jusqu'à celles des derniers conspirateurs tombés sous le fer de la justice nationale, n'a été agitée que par les fureurs de l'athéisme. Il conclut en conséquence pour l'admission d'un Être suprême, et se détermine même à gratifier l'âme du don d'immortalité. Il lui paraît d'ailleurs d'autant plus convenable d'offrir ce double dogme à la croyance de ses nouveaux sujets, que l'idée d'un Être suprême [1] et de l'immortalité de l'âme est à

---

[1] Ce n'était pas sans intention que Robespierre substituait à Dieu son *Être suprême*. Le peuple connaît fort peu l'Être suprême ; il laisse

son avis *une idée républicaine.* La découverte était curieuse, car les coryphées de la philosophie moderne avaient toujours prétendu, au contraire, que cette idée était *une idée royaliste.* Aussi Robespierre, peu reconnaissant envers les philosophes ses instituteurs et ses guides, leur reprochait-il d'avoir moins de religion que n'en avait Jean-Jacques Rousseau. Il ne fait pas même difficulté de prononcer que, généralement parlant, les gens de lettres, *par cet esprit d'impiété* porté jusqu'à l'athéisme, ont déshonoré la Révolution française. Voilà donc la Révolution déshonorée dans ses auteurs, et ceux-ci sentenciés comme athées par Robespierre.

Après cet aveu si sincère, d'un côté, et d'autre part une sortie fougueuse dirigée contre les prêtres fidèles à l'ancienne religion, qu'il abroge, il propose à la Convention de décréter l'admission d'un Être suprême avec l'immortalité de l'âme; et chose étonnante, le décret passe sans réclamation, tant il avait pris d'ascendant sur tous les matérialistes et les athées ses collègues.

Cependant cet homme que nous ne voyons nulle part se montrer en génie créateur, paraît descendre au-dessous de lui-même encore lorsqu'il veut se mêler de la législation religieuse. Il ne fait remplacer la religion divine, qu'il apostasie, qu'en s'en

---

cette dénomination oratoire et poétique aux philosophes qui ne sont pas athées. Mais il connaît beaucoup *le bon Dieu* (c'est bien son nom), et ces deux titres ne sont pas pour lui la même chose. Aussi un *sansculotte* disait-il à un de ses camarades qui parlait de Dieu : *Tais-toi donc, il n'y a plus de Dieu, il n'y a plus qu'un Être suprême,* et il parlait de très bonne foi.

faisant le ridicule copiste. Un Être suprême qu'il donne risiblement comme une découverte, des commandements, des fêtes, des jours de repos, des sermons, des offrandes, des chants, des processions, le tout défiguré et d'un goût nouveau, voilà toute sa religion. Dieu avait donné aux hommes dix commandements. Robespierre croit que la moitié peut bien suffire, et se contente de leur en offrir cinq, dont aucun n'a directement la Divinité pour objet.

Les voici :

1. « Détester la tyrannie. »
2. « Respecter le malheur. »
3. « Protéger les faibles. »
4. « Faire tout le bien qu'on peut. »
5. « N'être injuste envers personne. »

Ainsi parlaient les sages du paganisme les moins religieux, ainsi pourrait parler un athée. Il y aurait encore lieu néanmoins de s'étonner, si tout n'était audace et hypocrisie dans Robespierre, de voir sortir ce langage de sa bouche; car il faut convenir que cette table, quoique bien abrégée, de sa nouvelle loi, n'en contient pas moins la satire la plus complète de son gouvernement. Il veut qu'on *déteste la tyrannie*, et quel tyran au monde en exerça jamais une aussi atroce que la sienne? Qu'on *respecte le malheur*, et qui jamais fit un plus grand nombre de malheureux et leur insulta plus cruellement que lui? Qu'on *protége les faibles*, et ni la vieillesse, ni le jeune âge, ni le sexe le plus faible, n'échappèrent aux poursuites de son régime. Qu'on *fasse tout le bien qu'on peut*, et quel oppresseur fut jamais plus ingénieux et plus ardent à faire le mal, à tourmenter tout un peuple? Qu'on

ne soit *injuste envers personne*, et quel persécuteur
se rendit jamais coupable de tant d'injustices et de
perfidies envers tous, sans en excepter ses complices mêmes et ceux qui se croyaient ses amis ?

Comme il y avait dans la religion de nos pères
quatre fêtes principales dans l'année, Robespierre
jugea à propos de les faire remplacer par quatre
grandes fêtes nationales, destinées à rappeler les
principaux événements de la révolution. Dans la
première, fixée au 14 juillet, on doit célébrer la
prise de la Bastille par les gardes françaises. Dans
la seconde, le 10 août, la victoire remportée sur la
royauté par le massacre des gardes suisses. La
troisième aura lieu le 21 janvier, en réjouissance
de la mort de Louis XVI. La quatrième enfin, le 31
mai, en mémoire du triomphe de la *Montagne* sur
les Girondins.

Il y avait déjà longtemps que le comité d'instruction publique avait supprimé le calendrier Gré-
gorien, qu'il avait changé la dénomination des
mois et renversé l'ordre des semaines, et qu'aux
noms des saints, qui répondaient à tous les jours
de l'année, il avait substitué ceux des plantes de
nos jardins et des animaux de nos basses-cours.
Mais Robespierre avait observé que cette réforme
n'avait pas été généralement goûtée, et que, même
parmi les sans-culottes les moins dévots, il en était
peu qui ne regrettassent quelque saint. Pour remédier à cet inconvénient, il imagina non pas de leur
rendre les saints qu'on révérait dans l'ancien régime, mais de leur en créer de nouveaux. En conséquence il proposa, et la Convention arrêta une
litanie nationale. Parmi les divins personnages qui
y figurent et dont il est décrété qu'on solennisera

les fêtes aux jours décadaires, paraît en tête la *Nature*. Comme on pourrait la prendre, cette vénérable nature, pour l'Être suprême lui-même que reconnaît Robespierre, il a soin de déclarer qu'elle n'est que sa *fille*. Immédiatement après la mère *Nature* vient son fils aîné, *Genre-Humain*. Paraît ensuite le frère puîné de celui-ci, *Peuple Français*, qui est accompagné de *saint Patriotisme*. Suivent enfin plusieurs saints et saintes de moindre considération, mais qui, tous cependant également canonisés par décret de la Convention, auront leurs fêtes chômées : tels sont : *saint Héroïsme, saint Courage, sainte Vérité, sainte Justice, sainte Pudeur, sainte Gloire, sainte Bienfaisance, saint Désintéressement, saint Stoïcisme*, et d'autres encore, parmi lesquels on peut distinguer *saint Amour*, auquel Robespierre juge à propos de donner double place et deux fêtes dans son calendrier, l'une sous la dénomination d'*Amour Conjugal*, et l'autre sous le rapport d'amour qui n'est point conjugal. Pour satisfaire sans doute tous les genres de dévotions, il n'est pas jusqu'à *Malheur* que le pieux législateur n'ait jugé convenable d'offrir à la vénération des Français, et *Malheur* a aussi sa fête décadaire. *Saint Malheur*, au reste, s'il n'était pas le plus grand saint du monde, était au moins alors le plus connu en France, et, de tous les saints créés par Robespierre et canonisés par la Convention, celui dont les Français se souviendront le plus longtemps.

Mais est-il donc bien vrai que tout cela n'est pas une fiction? Est-il croyable que cette fière et dédaigneuse philosophie à qui l'Évangile paraissait inadmissible ait affiché sans pudeur une aussi ridicule crédulité? Quoi! c'est à la face de l'Europe entière, c'est à la fin du dix-huitième siècle qu'un Robespierre a l'audace de proposer, que sept cents représentants d'une grande nation ont l'imbécillité de décréter, et, ce qui est bien plus étonnant encore, que vingt millions d'hommes ont la lâcheté de souffrir, que cet amas d'extravagances et d'absurdes impiétés soit substitué à l'auguste religion du Ciel et réputé désormais parmi eux la religion de l'État !

Cependant, tout fier de voir son système religieux accueilli par acclamation de tous ses collègues, Robespierre conçut le dessein de frapper d'abord les yeux de la multitude par l'appareil d'un grand spectacle, et de concilier à sa religion, par le prestige des sens, le suffrage que lui refusaient la conscience et la raison. Pour féliciter l'Être suprême et de l'heureuse découverte de son existence et du courageux aveu qu'en avaient fait ses collègues, il fit décréter qu'il serait célébré en son honneur et par extraordinaire une fête des plus solennelles le vingt *prairial*, c'est-à-dire le 8 juin suivant (1794.) Et le 8 juin, cette année, était le jour de la Pentecôte. Dans le dessein de relever cette fête par le plus grand éclat possible, il fit décréter que les sept cents Conventionnels y assisteraient en costume de cérémonie, qu'ils porteraient tous un panache blanc pour ornement de tête, et autour des reins une ceinture tricolore. Tous les *bons* Parisiens furent invités à prendre part à la grande fête, à y assister *religieusement*, et à orner les façades de leurs maisons des couleurs nationales. Quant à ce dernier point, l'invitation était un ordre sévère que personne ne transgressa. Pour ceux qui auraient la dévotion de figurer dans la fête, Robespierre régla qu'aucun n'y paraîtrait les mains vides, mais que tous porteraient leur offrande à l'Être suprême : les hommes des branches de chêne, les femmes des bouquets de roses, les vierges de la liberté des corbeilles de fleurs.

L'inventeur de la fête voulant encore en être le pontife, il convenait qu'il fût pour ce jour président de la Convention, et il se fit déférer la présidence. Comme on jugea que la multitude des dévots de Robespierre, que grossirait encore l'affluence des curieux, ne pourrait contenir dans l'enceinte d'aucune salle publique, et que l'on ne voulait pas d'ailleurs rassembler dans un des temples consacrés par l'ancienne religion, il fut réglé que la cérémonie aurait lieu en plein air et dans le jardin des Tuileries. Tout ayant été disposé avec grand soin pour cet effet, les Parisiens étant rassemblés, les uns avec le fusil sur l'épaule, les autres tenant en main les offrandes prescrites, la troupe des lévites empanachés s'avança, ayant à sa tête son président, qui, s'annonçant d'abord comme grand-prêtre du nouveau culte, alla s'asseoir dans un superbe fauteuil placé sur une estrade. Après de longs et bruyants applaudissements, le signal du silence est donné : Robespierre commence l'auguste cérémonie par un sermon qu'il divise en deux points. Après le premier, dans lequel il exhorte ses néophytes à honorer l'Être suprême comme *père de la nature*, les musiciens exécutent une grande symphonie, tandis que l'officiant, s'armant d'une espèce de cierge pascal qui fut appelé *Flambeau de la Vérité*, s'avance d'un air menaçant et courroucé vers le bassin circulaire du jardin. Chacun le suit des yeux sans savoir à qui il en veut

6.

et ce qu'il va faire. Sur ce bassin, revêtu de planches qui formaient un piédestal, était figuré un monstre hideux : c'était l'Athéisme avec ses attributs, le tout de stature colossale. Robespierre, nouveau Michel, ne craint pas d'attaquer son diable. Il lui décharge sur le corps plusieurs coups de flambeau qui retentissent au loin. La multitude, qui ne sait pas qu'*Athéisme* n'est que de carton, est étonnée de la facilité avec laquelle Robespierre le renverse et l'écrase. La chute du monstre est célébrée par des cris de joie qui percent les nues. Mais l'admiration redouble lorsque le mannequin détruit laisse voir une statue de Minerve.

Après cette arlequinade, le pontife, tel qu'un héros que sa victoire n'étonne pas, se reporte à pas graves vers son estrade, d'où il débite à ses auditeurs avec le plus grand sérieux son second point. Le discours achevé et applaudi, il donne le signal, que le canon répète, et à l'instant son docile troupeau s'ébranle en masse et s'achemine processionnellement vers le Champ-de-Mars, désigné pour point de station. Arrivée dans ce champ, la procession va se ranger autour d'un autel appelé l'*Autel de la Patrie*. Là une musique des plus bruyantes chante des hymnes et des cantiques en l'honneur de l'Être suprême, et aussi des religieux personnages qui venaient de lui accorder droit d'existence dans leur nouvelle république. Les différents actes de cette scène ridicule, pour ne rien dire de plus, furent accueillis par je ne sais quels cris et les applaudissements effrénés de toute la populace parisienne : jouissance bien délicieuse sans doute pour l'ambitieux petit avocat d'Arras, qui, sorti de la poussière, put se croire plus grand que les

rois de France, puisque, régnant comme eux sur
cette belle contrée, il réunissait en sa personne le
sacerdoce et l'empire.

En donnant sa religion à ses dociles sujets,
Robespierre avait jugé à propos de laisser subsister
un décret antérieur qui garantissait aux citoyens
la liberté de conscience et de culte. Mais, rendu
depuis longtemps illusoire, ce décret n'était plus
qu'un piége tendu à la bonne foi des catholiques.
Alors la liberté en France n'était sans bornes que
pour l'erreur et l'impiété. Le christianisme pur
était seul en butte à tous les genres de vexation,
de persécutions et d'outrages. Peu satisfait du
massacre d'une partie des prêtres fidèles et de l'exil
des autres, et ne pouvant fouiller dans les cons-
ciences pour en arracher la foi, les satellites du
tyran pénétraient dans les maisons pour en surprendre du moins quelques indices. Un signe équi-
voque de catholicisme découvert dans une visite
domiciliaire était réputé un crime d'État ; un
bénitier, un crucifix, un chapelet, un livre de
prières, une image de saint devenait, contre les
possesseurs, des accusateurs et des témoins irrécusables qui les conduisaient à la guillotine. Fouquier-
Tinville voyait des conspirateurs dans des paysans
qui avaient figuré sur leurs bras l'image du Christ
ou d'autres signes religieux avec de la poudre à
canon ou du vermillon. Plusieurs ont été poursuivis révolutionnairement et guillotinés, uniquement pour s'être rassemblés le dimanche et avoir
prié en commun. Paraître seulement se souvenir
de ce jour était un si grand crime au tribunal de
Joseph Lebon, que ce scélérat, en passant à
Bapaume, disait : « Je ferai raser les villages, et ne

» laisserai pas pierre sur pierre dans les com-
» munes dont les habitants s'habilleront plus pro-
» prement le ci-devant dimanche que les autres
» jours. »

Cependant, soit effet naturel ou faiblesse d'une
tête incapable de porter le poids d'une grandeur
inespérée, soit punition divine de l'apostasie, dont
Robespierre voulait rendre la France entière complice, il est certain, et d'après les rapports publics
l'on ne peut révoquer en doute que depuis le jour
où cet homme s'était donné en spectacle et comme
premier acteur dans cette fête sacrilége que nous venons de décrire, il éprouva un dérangement sensible
dans ses facultés intellectuelles. Il tombait dans de
fréquents accès de frénésie, pendant lesquels il se
livrait aux plus étranges extravagances. Ses amis,
dans ces moments nébuleux, le conduisaient au
bourg d'Issy, dans une maison de campagne de la
princesse de Chimay qu'il avait mise en réquisition
pour son usage. Là on le voyait, tantôt se roulant
par terre, tantôt fixant les passants avec une
attention inquiète; d'autres fois se précipitant sur
eux comme un maniaque et les embrassant avec
transport. On lisait dans les journaux de Paris :
« C'est surtout depuis la fête de l'Être suprême,
» où il représenta en qualité de président de la
» Convention, qu'il se livra à des manies de toute
» espèce. »

Il faut peu de chose pour troubler une tête tra-
vaillée par l'ambition. Il lui revient par ses espions
que le jour de la fête de l'Être suprême, certains
particuliers se sont permis de plaisanter; le voilà
le plus malheureux des hommes; il n'a plus de
repos. Outré de dépit et de colère, il veut découvrir
ceux qui ont osé rire de son risible combat avec

Athéisme, et par ses ordres les auteurs de cette innocente gaîté sont recherchés dans tout Paris et poursuivis comme conspirateurs.

En rapprochant divers traits de cette nature de la conduite de Robespierre, on serait tenté de croire que dans le délire de son imagination il en serait venu en effet jusqu'à révérer lui-même avec une sorte de bonne foi ce qui n'avait d'abord été qu'une combinaison politique de sa part et le jeu de son hypocrisie. Superstitieux adorateur de ses propres folies, il parlait toujours de ses institutions religieuses sur le ton pénétré, et quelquefois avec enthousiasme. On était sûr de gagner ses bonnes grâces quand on pouvait lui persuader qu'on révérait sincèrement sa religion, comme on avait tout à craindre de son ressentiment dès qu'on était soupçonné d'incrédulité ou d'indifférence. « Le plus » grand crime à ses yeux, dit le témoin déjà cité, » était d'avoir marqué peu de respect pour les » cérémonies auxquelles il avait présidé. Ses plus » infâmes agents n'avaient rien à craindre de lui » tant qu'ils ne se rendaient coupables que de ra- » pines et de cruautés ; mais, si on voulait les » perdre infailliblement, il suffisait de dire qu'ils » avaient mal parlé de la fête de l'Être suprême. » Plusieurs citoyens furent arrêtés et guillotinés pour avoir parlé avec irrévérence du pontificat de Robespierre.

CHAPITRE TREIZIÈME.

Cruauté de Robespierre et de ses complices. — Les égorgeurs payés à quarante sous pour chaque tête coupée. — Trois cents personnes égorgées à cause de Catherine-Dieu. — Tribunal révolutionnaire. — Nombre des victimes. — Les principaux agents de la cruauté de Robespierre. — Dumont. — Maignet. — Collot-d'Herbois. — Schneider. — Carrier. — Lebon.

La cruauté avait également réussi à Robespierre, et, pour s'élever au degré de puissance où il était parvenu et pour s'y maintenir, elle avait toujours été son moyen favori; elle suppléait à tous ceux qui lui manquaient. Plusieurs de ses concurrents avaient plus d'extérieur que lui, plus de ressources oratoires, plus de génie; mais, dès qu'une fois à force d'adresse et d'intrigues il fut devenu l'homme des Jacobins, il s'empara de la guillotine, et l'éloquence de la guillotine lui donna raison contre tous ses rivaux. Dur par nature et cruel par réflexion, il avait plus contribué que personne à former le caractère des Jacobins. Maître d'abord parmi eux sans avoir été disciple, il leur avait appris l'horrible secret d'enchaîner un peuple entier par la terreur. Chef de ce conseil de sang, il n'était occupé qu'à lui découvrir des victimes, qu'à concerter ou faire exécuter des massacres. Les mesures les plus sévères, pour ne pas dire les plus atroces, lui paraissaient toujours les plus sages. Les plus grands excès de ses complices n'étaient souvent que de la faiblesse à ses yeux. Dociles à ses leçons, les cruels se baignaient dans le sang, dont il leur reprochait de n'avoir pas encore assez versé : « Non, non, leur disait-il un jour, le sang

» n'a point assez coulé.... On n'a point expédié
» assez d'ennemis de la République. »

Quoique toutes les actions de Robespierre, depuis
son association aux Jacobins, eussent porté un
caractère de cruauté peu commune, il s'était cependant surpassé lui-même encore dans les massacres des premiers jours de septembre, que l'on
peut regarder comme le digne prélude du règne le
plus sanglant peut-être dont il soit fait mention
dans notre histoire. Comme il ne se trouvait pas en
place à cette époque, son nom ne paraît écrit nulle
part, mais son âme se montre tout entière dans la
conduite de ses amis connus, Pétion, Danton, Marat
et Manuel. Les Jacobins subalternes professèrent
bien en cette rencontre un dévouement infernal à
toutes les fureurs de leurs chefs, mais ceux-ci se
constituèrent les grands ordonnateurs et se par-
tagèrent les principaux rôles dans cette effroyable
journée, où se commirent vingt mille assassinats ;
on a même dit dans le temps vingt-huit mille, et
Robespierre ne repoussa pas le reproche direct
que lui en fit le député Louvet. C'était Danton qui
faisait dresser les listes des proscrits. Robespierre,
vu le grand nombre, fixait à quarante sous seulement le prix de chaque tête ; Marat et Manuel
faisaient couper, Pétion faisait payer. C'est dans ces
jours d'horreur que l'on vit, non seulement des
hommes, mais des femmes, ivres de sang et de vin,
raconter à leurs sections les forfaits dont ils venaient de se souiller, se plaindre de n'avoir reçu
que le prix de cinq à six têtes, tandis qu'ils en
avaient abattu dix, reprocher leurs quarante sous
à ceux qui les mettaient en œuvre, et se récrier
que le travail n'était pas payé.

Tandis que le maire Pétion affectait d'aller répéter aux portes des prisons, où l'on égorgeait, le rôle qu'avait joué Lafayette devant l'hôtel de Castries, où l'on pillait, ses subalternes adressaient en son nom au trésorier de la ville des mandats de la forme du suivant, qui fut acquitté par un commis *Frépoul :* « Il est ordonné à M. Vallé de Villeneuve » de payer aux quatre porteurs la somme de » douze livres chacun pour l'expédition des » prêtres de Saint-Firmin. » C'était aussi des bureaux de Pétion que partait, le trois septembre, sous le sceau de Danton, cette horrible invitation aux Jacobins de massacrer dans toute l'étendue de la France, comme on venait de faire à Paris, la multitude de citoyens alors incarcérés dans toutes les grandes villes, sous le nom d'aristocrates, et pour crimes de noblesse, de prêtrise ou richesse. On lisait dans cette pièce : « La commune de Paris, » fière de toute la plénitude de la confiance natio- » nale, qu'elle s'empressera toujours de mériter » de plus en plus, se hâte d'informer ses frères de » tous les départements qu'une partie des cons- » pirateurs féroces détenus dans les prisons a été » mise à mort par le peuple ; ces actes de justice » qui lui ont paru indispensables....... et sans » doute que la nation entière s'empressera d'adop- » ter ce moyen si nécessaire au salut public. » Cette adresse, qu'avaient minutée Robespierre et les autres grands acteurs dans cette scène, était souscrite par Marat et huit autres suppôts de la mairie. Elle fut alors sans effet dans la plupart des départements, où elle fit horreur. Mais les massacres qu'elle provoquait ne furent que différés, et c'était à l'aide de nouveaux complices et avec pleine autorité que Robespierre devait les faire exécuter.

Dès qu'une fois, après avoir écarté ses concurrents, il se vit seul maître, le tyran ne songea plus qu'à régner par la terreur, résolu d'immoler plutôt des milliers de victimes à ses soupçons que de ne point atteindre un ennemi encore caché dans la foule. Tout lui servait de prétexte, et souvent même il ne daignait pas recourir aux prétextes pour multiplier les visites nocturnes, les arrestations et les supplices. Trois cents personnes en moins de huit jours furent arrêtées et égorgées pour complicité de folie avec une femme dont il était jaloux, parce qu'elle paraissait aspirer comme lui à la gloire de donner une religion aux Parisiens, qu'elle se disait la *Mère de Dieu* et se faisait appeler *Catherine-Dieu* ou bien *Théos*.

Cet horrible tribunal de Paris appelé *révolutionnaire*, Robespierre l'avait créé, et la Convention s'était contentée de le confirmer par ses décrets. Il l'avait composé, comme le comité de Salut public et son état-major de l'armée parisienne, de tous scélérats exercés qui achetaient de lui le pardon de leurs crimes passés par leurs dispositions à en commettre de nouveaux et à servir toutes ses fureurs. On voyait pour président de ce coupe-gorge organisé, un Dumas et un Coffinhal, deux monstres de cruauté qu'on ne peut comparer qu'à l'accusateur public auprès de ce tribunal, Quentin Fouquier. Celui-ci accusait à tort, à travers et sans miséricorde, outre les citoyens que les autorités du jour lui déféraient comme suspects, tous ceux encore dont le tyran jugeait à propos de lui envoyer les noms. Il se chargeait de les convaincre de conspiration, de retenir date pour eux, et de les faire inscrire à leur tour sur la liste des dévoués à la guillotine, dont Robespierre voulait qu'un nombre fût régulièrement supplicié tous les jours, pour entretenir les jouissances de la populace parisienne. Au risque de proclamer sa propre

honte et sa complicité, la Convention elle-même
ne put s'empêcher de déclarer que la *justice de ce
tribunal révolutionnaire ressemblait à un massacre et
aux jugements du deux septembre.*

Voici comment une victime de ce tribunal qui
parcourut une grande partie de la France, rend
compte de l'impression de son voyage : « J'ai vu
» des routes couvertes de femmes attachées avec
» des colliers de fer au col, des hommes enchaînés
» trois à trois, d'autres courant attachés à la
» queue d'un cheval, pour avoir été ou *Brissotins,*
» ou *Rolandins,* ou *modérés.* L'humanité a été plus
» dégradée en France pendant un an qu'elle ne
» l'est en Turquie depuis cent ans [1]. »

Il est peu de tyrans en exécration au genre
humain, si nous connaissons bien l'histoire, qui
firent égorger en un si court espace de temps un
aussi grand nombre d'innocents. Les proscriptions
de Scylla, les fureurs de Tibère et de Néron jointes
à la démence de Caligula, firent couler moins de
sang dans l'étendue de l'empire romain que n'en
versa Robespierre dans notre France pendant un
règne de dix-huit mois. Quand la Convention,
dans ses rapports sur la cruauté de son chef,
n'évalue qu'à cent mille le nombre des victimes
qu'elle lui laissa immoler à son ambition, à ses
craintes et à ses vengeances, elle se charge de
répondre seule à la nation d'un terrible excédant,
ne fût-ce que de ces deux cent mille Français qui,
de son propre aveu, trouvèrent leur tombeau dans
la Vendée [2].

[1] Mém. pour servir à l'histoire de la tyrannie de Robespierre.
[2] Nous avons souvent parlé dans cette histoire et nous parlerons
encore de la férocité et de la scélératesse de Robespierre. Le lecteur

Les commissaires de la Convention répandus dans les provinces pour y faire marcher la Révolution recevaient de Robespierre leurs instructions et les ordres qui faisaient les coupables. L'infâme Lebon, devant ses juges, disait « qu'il s'était » laissé entraîner par l'ascendant de Robespierre,

nous taxe peut-être d'exagération et nous demande des preuves. En voici encore une ajoutée à tant d'autres : On sait que Robespierre allait se délasser avec ses complices dans une maison de campagne près Paris. Ces anthropophages s'y occupaient de ce qu'ils appelaient le bonheur du peuple; c'était d'entretenir la guillotine et de ne pas laisser chômer Fouquier-Tinville. On dressait en effet des tables de proscription pour tuer le temps, ou pour voir quelle figure ferait telle ou telle personne sous le couteau de la guillotine. Couthon se prend un jour à rire en se promenant à Maisons avec Robespierre.

— Qu'as-tu ? lui dit le tyran.

— Je pense à la figure que ferait sur l'échafaud une tête aussi dolente, aussi triste que celle que je vois là. » Et il lui indique un paysan assis au pied d'un arbre, qui semblait profondément affligé et qui pleurait.

— C'est un plaisir que je veux te donner, dit Robespierre.

Ils s'approchent :

Robespierre. — Qu'as-tu donc à te lamenter, citoyen ?

Le paysan. — Ma mère se meurt.

Couthon. — Y a-t-il longtemps que tu ne l'as vue ?

Le paysan. — Il y a deux heures que j'ai quitté la ferme; le spectacle de ses maux me fendait le cœur.

Robespierre à *Couthon.* — Ce gaillard-là parle bien bon français.

Couthon. — Elle mourra demain, ta mère.

Le paysan. — Que dites-vous? ma pauvre mère ! ! ! et il fondait en larmes.

Couthon. — Tranquillise-toi; l'immortalité de l'âme est décrétée; tu la rejoindras un jour.

Robespierre. — Quelle est ta demeure? Tu as l'air pauvre; je veux te faire porter des secours. »

Le paysan indiqua sa chaumière.

On devine quel fut le dénouement de cette triste histoire. Leur victime était réellement un proscrit déguisé, ainsi que l'avait soupçonné Robespierre. L'instinct de ce tigre le trompait rarement.

« de Barrère et de quelques autres membres du
» comité de Salut public, qu'il regardait comme
» des guides sûrs et des patriotes par excellence[1]. »
Nul Français décidément attaché à la religion de ses
pères ne devait être innocent à leur tribunal, et la
peine à infliger au crime de ne pouvoir composer
avec sa conscience était soumise à l'arbitraire des
plus impies des hommes. Les délateurs des délits
religieux qu'ils étaient dans l'usage d'écouter
étaient ces infâmes ministres du nouveau culte
que l'intrusion avait jetés dans les places délaissées
par le clergé fidèle à sa foi et à ses pasteurs légitimes. Persécuteurs implacables de ceux qui connaissaient trop bien leur hypocrisie pour ne la
pas détester, ces hommes, méprisables parce qu'ils
étaient profondément dépravés, faisaient essuyer
seuls plus de vexations aux gens de bien que tous
les autres Jacobins ensemble. Leur conduite, au
reste, toujours au niveau de celle de Robespierre,
s'est élevée à un tel degré de perversité, qu'elle a
pu faire le scandale de la Convention elle-même,
et Lecointre de Versailles, que personne ne soup-
çonnera de partialité en faveur du catholicisme,
disait, en rapprochant ces mercenaires dévoilés
des pasteurs véritables : « Les moins dangereux
» sont ceux qui ont obéi à la loi de la dé-
» portation et se sont expatriés. Dans le nombre
» de ceux qui se sont décorés des livrées du pa-
» triotisme, la foule des scélérats est presque
» incalculable, et de tous les ennemis de la patrie,
» aucun ne s'est souillé d'autant de crimes. »

---

[1] Procès de J. Lebon, t. II, p. 6.

Après les catholiques zélés, les nobles et plus particulièrement encore les riches, excepté ceux qui s'étaient constamment signalés par leur conduite révolutionnaire, étaient nécessairement des conspirateurs, et aucun ne devait être épargné. Lorsque les pourvoyeurs des tribunaux de l'inquisition révolutionnaire amenaient devant ses juges un citoyen *suspect*, c'est-à-dire un homme de bien, la première et souvent l'unique question de ceux-ci était : *Est-il riche?* La réponse affirmative des délateurs dans ce cas réglait la sentence du commissaire. Tous les brigandages que l'orateur romain attribue au préteur de Sicile n'étaient rien comparés à ceux de ces nouveaux Verrès qui désolaient la France, qui pourtant alors chantait sa liberté. Extorsions, rapines, vols manifestes, profanations de vases sacrés, crapuleuse débauche, outrages faits à la vertu sans défense, c'étaient là les exploits ordinaires des satellites de Robespierre appelés commissaires, et les vices de ces infâmes étaient, comme leurs sacriléges et leurs crimes, ignorés du tyran, pourvu qu'ils eussent le talent de semer la terreur sur leurs pas et assez de férocité pour bien répandre le sang.

Un de ces agents de la tyrannie qui se bornait à vexer et à emprisonner, André Dumont, à Amiens, passa pour trop modéré aux yeux de Robespierre et fut révoqué de ses fonctions. C'est que, pour être digne du commissariat conventionnel, il fallait savoir ôter tout à la fois et la bourse et la vie.

La conduite atroce du commissaire Maignet dans le département de Vaucluse criait vengeance, au point que son collègue Rovère se porta pour son accusateur auprès du comité de Salut public.

Robespierre, pour toute réponse, se contenta de dire : « Et nous, nous en sommes fort contents, il » fait beaucoup guillotiner. » En effet, ce digne agent servait son maître à souhait. Le bourg entier de Bédouin, composé de cinq cents maisons, il le faisait livrer aux flammes après en avoir fait guillotiner ou jeter dans les cachots tous les principaux habitants, et cela parce qu'un arbre de la liberté avait été coupé pendant une nuit obscure, sans que personne pût lui dire par qui, ni encore moins lui faire part des soupçons qui pesaient sur lui-même, comme très capable de chercher par de pareilles voies un prétexte aux meurtres et aux brigandages qu'il voulait exercer. Le même fit égorger à Orange cinq cents personnes [1] dont les cadavres furent jetés dans la même fosse, et Goupillau, qui lui succéda, rapportait à la Convention qu'il avait fait combler six autres saloirs d'une énorme grandeur, destinés à recevoir encore douze mille victimes que Maignet avait proscrites; déjà quatre milliers de chaux étaient préparés pour les consumer.

Les expéditions des commissaires de Robespierre, à Lyon, dans l'Alsace et la Vendée, passent les bornes de toute vraisemblance. Collot-d'Herbois faisait tirer à mitraille sur les victimes de ses vengeances particulières, et s'écriait : « Voilà » comme je traite ces Lyonnais, qui ont eu l'im- » pudence de me siffler au théâtre. » Il les envoyait au supplice par divisions : on en a compté plusieurs de plus de deux cents personnes. Pas une

---

[1] « Dans la seule petite ville d'Orange on faisait périr mille per- » sonnes par le dernier supplice. » (Mémoires d'un détenu pour servir à l'histoire de la tyrannie de Robespierre.)

famille dans Lyon qui n'eût à pleurer des parents. C'était sans interrogatoire, sans dispositions légales, sans jugement même, et avec des formes d'une férocité sans exemple, que s'exécutaient ces massacres.

On ne finirait pas si l'on entreprenait de retracer les horreurs qui se sont commises dans la seule ville de Lyon, sous les yeux et par les ordres de ce cannibal. On y essaya sur quatre cents malheureux une barbarie nouvelle. Pour les tuer tous en même temps, on les lia deux à deux; puis ensuite, quand ils furent renfermés dans un cercle fort étroit, six pièces de canon chargées à mitraille firent feu sur ces infortunés. Ceux-ci, plus prompts que le canonnier qui tenait la mèche, se jetèrent par terre avec un tel concert et une telle précision, que vingt et un au plus furent atteints. Mais ils ne savaient pas qu'en évitant une pluie de mitrailles, ils allaient éprouver une mort plus affreuse encore. Le canon a manqué ses victimes, le fer va les frapper de plus près. L'ordre est donné de les tuer avec le sabre et la baïonnette, et l'exécution en est telle, que parmi les cadavres il en est qui reçurent jusqu'à 50 coups....

Cet essai, qui, s'il eût réussi, devait se reproduire sur un plus grand nombre d'individus, ayant manqué dans cette première exécution, un autre plan fut adopté pour les suivantes. Les condamnés sont attachés à des piquets ou à des arbres, et des recrues sont commandées pour les fusiller. La répugnance des soldats retarde leurs coups, leur inexpérience les dirige mal, et dans cette lente confusion il faut quatre décharges successives pour consommer le supplice. La boucherie terminée, on jette à dessein des milliers de cadavres mutilés, jugulés, dans la Saône et le Rhône, afin de porter sur leurs rives respectives la ter-reur [1].

Robespierre aimait à être informé de l'exécution des meurtres qu'il avait ordonnés, et ses satellites ne manquaient pas de le servir à son goût. Collot-d'Herbois lui écrivait de Lyon : « Hier, soixante-» quatre conspirateurs ont été fusillés, aujour-» d'hui, deux cent trente; tous les jours nous en » expédions autant pour le moins. A mesure qu'on » fusille, on fait des arrestations nouvelles, pour » que les prisons ne restent pas vides..... Cela est » encore lent pour la justice d'un peuple entier, » qui doit foudroyer tous ses ennemis à la fois, et » nous nous occupons à forger la foudre. Écris-» nous : une lettre de toi fera grand effet sur nos » Jacobins. Ne laisse pas passer des rapports tels » que celui qui a amené le décret de sursis. »

Le même Collot, pour engager Robespierre à ne pas se départir de la résolution prise de détruire Lyon, lui écrivait : « Il ne faut laisser que des » cendres. Nous démolissons à coups de canon et » avec la mine...Il faut que Lyon ne soit plus, et que » l'inscription que tu as proposée soit une grande » vérité, car jusqu'à présent ce n'est réellement » qu'une hypothèse; il t'appartient de le rendre » ce qu'il doit être. » Ce ministre des justices de Robespierre était en telle réputation, que le prési-dent d'une Jacobinière du département de l'Allier lui adressait soixante-cinq prisonniers avec cette

---

[1] Dénonciation de Lecointre.

lettre d'envoi : « Fais-les admettre à l'honneur de
» cette grande fusillade. Nous pensons que cette
» manière de tonner sur nos ennemis est infini-
» ment plus belle et plus républicaine que le jeu
» mesquin de la guillotine. »

D'autres agens encore de Robespierre lui écri-
vaient de Lyon dans le sens du commissaire Collot :
« Ma santé se rétablit, lui mande le nommé Piler,
» parce qu'on guillotine autour de moi. Tout va
» bien, tout ira mieux encore, parce qu'on a
» trouvé lent l'expédient de la guillotine ; mais,
» sous peu de jours, les expéditions seront de
» deux ou trois cents à la fois. »

Un autre monstre, nommé Achard, lui écrivait
de la même ville qu'il fallait prendre le parti de
coloniser les Lyonnais, attendu qu'il en coûtait
quatre cent mille livres par décade pour les démo-
litions de leurs maisons. « Encore des têtes, pour-
» suit-il avec transport, et chaque jour des têtes
» tombent ! Quelles délices tu eusses goûtées, si tu
» eusses vu avant-hier cette justice nationale de
» deux cent neuf scélérats ! Quel ciment pour la
» République ! En voilà plus de cinq cents : encore
» deux fois autant y passeront, sans doute, et
» puis *ça ira.* »

Il en était un pourtant, parmi les correspondants
de Robespierre à Lyon, qui, moins féroce et moins
digne de son maître que les autres, lui écrivait :
« Tous ces contes bleus d'émigrés, de prêtres
» réfractaires, de cocardes blanches, de guinées de
» Pitt, tu n'ignores pas qu'ils étaient absolument
» faux... Collot-d'Herbois et Ronsin ont fait inhu-
» mainement massacrer, par des canons chargés
» à mitraille, une grande quantité de pères de

» famille dont dix à peine avaient pris les armes.
» Ils eurent la cruauté de faire tuer à coups de
» pelles et de pioches ceux qui n'avaient été que
» blessés ; car il n'en mourut pas six par l'effet de
» la mitraille. J'oubliais de te dire que Collot a fait
» jeter dans le Rhône une grande partie de ses
» victimes....... Six mille individus, et non seize
» cents, ont péri. »

Dans l'Alsace le commissaire *Schneider* faisait
une guerre effroyable aux villes et aux campagnes :
il parcourait les villages avec une guillotine ambu-
lante, livrait à ses bourreaux des municipalités
entières , dépeuplait cette province de six mille
habitants, tandis que les autres fuyaient en foule
au delà du Rhin.

La Vendée offrait un spectacle plus lamentable
encore. Tous les lieux où pouvait pénétrer le
commissaire conventionnel étaient livrés aux
flammes. Les femmes et les enfants, les vieillards
et les malades restés dans leurs chaumières y
étaient impitoyablement massacrés. Des enfants
à la mamelle arrachés du sein de leurs mères
étaient jetés dans l'eau ou mis en pièces sous leurs
yeux. On écrivait alors à Robespierre : « Tout,
» tout, sans exception, est incendié, massacré,
» dévasté. Des villes, des bourgs, des villages,
» habités par des patriotes, ont disparu, et le fer a
» achevé ce que la flamme épargnait [1]. » Mais

---

[1] Dans les départements voisins de la Vendée et dans plusieurs autres, notamment en Auvergne, où commandait le proconsul Couthon,
on allait à la chasse des prêtres précisément comme à la chasse des
loups...... Si Robespierre et son parti eussent régné plus longtemps
en France, il n'y serait pas resté un seul prêtre vivant. Obligés

c'était la ville de Nantes que le commissaire
Carrier avait choisie pour le grand théâtre de ses
vengeances. C'est là qu'il faisait noyer tantôt
quatre-vingt-dix prêtres, tantôt cinquante-cinq.
C'est là qu'il faisait entasser depuis quatre cents
jusqu'à huit cents personnes dans des bateaux
percés à dessein, et qu'il faisait couler à fond. Le
nombre des prisonniers destinés à périr était si
grand dans cette ville, que quelqu'un s'était flatté
de pouvoir en soustraire quatre cents enfants.
Carrier le sait, mande celui qui voudrait faire ce
larcin à sa barbarie, et lui dit : « Tu veux sauver
» ces enfants ; tu es un scélérat que je ferai guillo-
» tiner. » Il prend en même temps des mesures
pour que les quatre cents enfants soient noyés. La
mer, comme si elle eût eu horreur de partager les
crimes de la terre, repoussa constamment les
cadavres que lui apportait la Loire, et il en coûta
dix mille francs à la République pour les faire
pêcher et ouvrir la fosse qui les reçut. Un témoin
a déposé qu'il avait la certitude que neuf mille personnes au moins avaient été noyées. On n'a pas
craint de dire à la Convention que le nombre des

---

de s'enfoncer dans les bois et dans les rochers, bientôt assiégés par
tous les besoins, par la faim, par la soif, par le froid, ils s'approchaient
le soir des lieux habités, et leurs cris lamentables et à demi étouffés
demandaient du pain. Des personnes charitables et craignant Dieu, il
y en a toujours eu, grâces au Ciel, allaient à la dérobée leur porter
quelques aliments, qu'elles laissaient sur la lisière des bois, et s'en-
fuyaient au plus vite. Quelques-unes furent dénoncées, et le lendemain
elles n'étaient plus. Elles étaient allées recevoir leur récompense de la
main de celui qui a dit qu'*un verre d'eau donné en son nom ne
serait pas perdu*. Et que ne donne-t-il pas à ceux à qui ce verre
d'eau a coûté leur vie, pour avoir été donné à ses ministres proscrits ?

victimes que Carrier avait fait rassembler dans la ville de Nantes, et qu'il y fit périr par l'eau ou par le fer, s'élevait à trente mille. Un de ses bourreaux, après avoir guillotiné dans une séance trente-sept personnes dont l'âge et la faiblesse attestaient visiblement l'innocence, se sent frappé d'une horreur involontaire, retourne chez lui, se met au lit et meurt dans le désespoir.

On vit également le sang couler à Bordeaux, à Strasbourg, à Marseille, à Toulon[1], et dans presque toutes nos grandes villes, quoique plus abondamment dans celles qui avaient le malheur de se trouver sur la route des commissaires du tyran. Mais parmi la troupe de ces bourreaux ambulants, il en est un plus fameux que tous les autres, moins encore par le nombre des victimes qu'il immola que par le mode de cruauté recherchée avec lequel il leur

---

[1] La Convention, voulant punir Marseille, envoya Fréron avec Barras et Robespierre le jeune Tout ce qui dans cette grande ville jouissait de quelque considération fut l'objet de leurs affreuses proscriptions. Les échafauds furent dressés et les exécutions se pressèrent. Fréron fit démolir les plus belles maisons et fit appeler celles qu'il laissa subsister, *ville sans nom*. Après la prise de Toulon, Fréron y exerça les mêmes cruautés qu'à Marseille. Avant de détruire la ville, selon l'ordre de la Convention, il voulut commencer par détruire les habitants. Ils reçurent ordre, sous peine de mort, de se rendre au Champ-de-Mars pour y entendre les instructions des émissaires du gouvernement. Huit cents obéirent. A peine furent-ils arrivés, qu'une batterie tira sur eux à mitraille. Ceux qui avaient eu le bonheur d'échapper à l'effroyable décharge se jetèrent par terre et feignirent d'être morts ; mais le barbare Fréron dit à haute voix : « Que ceux qui ne sont par morts se lèvent ; la République leur fait grâce. » Ils se lèvent en effet, et à l'instant même l'odieux proconsul les fit tuer à coups de sabre et de fusil. Voici comment il rendait compte de cette boucherie : « Tous les jours depuis notre arrivée nous faisons tomber deux cents têtes ; il y a déjà huit cents Toulonnais fusillés..... »

insultait. Prêtre apostat comme Schneider, ex-Ora-torien , *Joseph Lebon* était devenu, de suppléant, membre de la Convention. Robespierre, depuis longtemps lié avec cette âme basse et féroce, l'avait pris en telle affection, que, voulant lui donner une preuve éclatante de sa confiance, il fit choix de lui pour aller porter la désolation et la mort dans la ville d'Arras, à laquelle il voulait sans doute faire expier le crime de lui avoir donné naissance. Per-sonne n'était plus digne d'une pareille commission, et ne pouvait s'en acquitter avec plus de zèle et d'intelligence que celui qu'il en chargeait.

A son arrivée à Arras, Joseph Lebon parut hé-siter quelque temps sur le sort qu'il ferait expier au citoyen de Fosseux, qui exerçait les fonctions de maire. Il voulut bien lui faire grâce de la guil-lotine et se contenter de le faire mettre en arres-tation. Ce fut là un grand acte de clémence de sa part, mais ce fut le seul. Bientôt des flots de sang coulèrent dans la ville d'Arras. L'expression n'est point au figuré : nous tenons de témoins oculaires que la place des exécutions, celle du Théâtre, qui est en pente, renvoyait le sang des suppliciés dans le ruisseau de la rue de Saint-Aubert, où il coulait comme l'eau; et que les passants étaient obligés d'enjamber pour ne pas y plonger le pied.

Robespierre jusqu'alors n'avait exercé dans sa patrie que quelques vengeances particulières, ce qui étonnait bien du monde; mais on vit bientôt qu'il n'avait fait qu'ajourner sa grande colère jusqu'au moment où il aurait trouvé un sujet digne de la servir dans toute son étendue. Le premier usage que fit Joseph Lebon des pouvoirs illimités dont il était revêtu fut d'ordonner l'arrestation de tous les ennemis connus ou présumés de Robes-

pierre. Tous ceux qui avaient été autrefois ses
concurrents et ses maîtres au barreau, ceux qui
étaient convaincus ou soupçonnés de blamer ses
cruautés, ceux qui avaient droit de lui faire des
reproches d'ingratitude, tous furent saisis, déclarés
conspirateurs et guillotinés. De ce nombre fut
un abbé Marchand, fils de la dame du même
nom qui avait prêté à Robespierre dix louis et
une malle pour se rendre aux États généraux.
Toute une famille de Saint-Pol du nom de Thellier [1]
fut condamnée à mort, parce qu'aux assemblées
d'élections des députés, Robespierre avait essuyé
l'humiliation d'un parallèle peu flatteur entre lui
et un membre de cette respectable famille. Parmi
les avocats d'Arras que Lebon était chargé de faire

---

[1] Il est peu de familles qui aient autant souffert de la révolution. La
première victime fut M. Thellier père, procureur-général de la séné-
chaussée de St-Pol, homme remarquable par ses talents et sa fermeté,
aussi bien que par son attachement aux bons principes. Il mourut dans
les prisons d'Arras, au mois de novembre 1793. Son fils aîné, d'abord
avocat à Arras, puis à Saint-Pol, fut arrêté l'un des premiers. Il s'évada
des prisons de Saint-Pol au moment où il devait être conduit au tribunal révolutionnaire de Paris. Ce fut à cause de son évasion que le
sieur Petain, concierge de cette maison, fut guillotiné. Mme Thellier, son
épouse, et Mlle Thellier, sa fille, furent guillotinées à Arras, en 1793.
Deux de ses fils le furent, à Cambrai, en 1794. Deux autres moururent
en émigration. M. Hubert Thellier et Mme de Corbehem, sa sœur,
ainsi qu'un de leurs parents, M. Henri Thellier, avocat à Saint-Pol,
périrent sur l'échafaud, à Arras, le même jour, 7 mai 1793.

Du côté maternel, cette respectable famille compte encore des victimes.
Mlle Caudron, qui figurait sur la liste de Mme Bataille, fut guillotinée
à Arras, et un autre parent, M. Bouret de Vitry, mourut en émigration. Ce n'est pas tout : M. Thellier père, à Arras, fut incarcéré à
l'Hôtel-Dieu, où il contracta la fièvre putride dont il mourut. Mme
Thellier, son épouse, fut arrêtée à quatre heures du matin et conduite à la
Providence, avec ses cinq enfants, dont le plus jeune n'avait que quatre
ans. Deux faillirent mourir da la fièvre putride.

guillotiner, il en était un, M. Boussemart, qui avait été de tous temps un objet de jalousie pour Robespierre, parce qu'il vivait dans l'aisance et qu'il jouissait d'une considération parmi ses concitoyens dont lui-même était exclu. Ce double crime en était plus qu'il n'en fallait pour provoquer un jugement de mort, et M. l'avocat Boussemart fut guillotiné.

Les meurtres que faisait exécuter Joseph Lebon étaient accompagnés de circonstances qui décelaient l'âme la plus profondément atroce. Il accompagnait lui-même au supplice ceux qu'il y avait condamnés. Il allait jusque sous la guillotine s'enivrer de la fumée du sang qu'il faisait couler. C'est là que, insultant aux malheureuses victimes qui attendaient leur tour pour présenter la tête au fatal couteau, il leur lisait les journaux qui annonçaient les échecs des puissances coalisées ; ou bien il leur faisait confidence du sort qu'il réservait à leurs parents. Le jour de l'exécution du marquis Du Vieuxfort, il était à son bureau, lorsqu'un courrier arriva apportant la nouvelle d'une première bataille gagnée par les Français sous les murs de la ville de Menin; il ne put résister au désir d'en faire part au peuple. Le sachant assemblé sur la place pour l'exécution de l'infortuné marquis, il monte au balcon de la salle de spectacle et annonce cette victoire à la populace [1], ainsi qu'une autre mentionnée dans le sommaire d'un journal qu'il tenait en main. Cependant le patient était déjà lié à la fatale planche lorsque l'ordre de suspendre l'exécution fut donné. Après

---

[1] Nous disons *populace*, car le vrai peuple ne se trouvait pas là.

avoir fait cette annonce, le brigand ajouta : *Que les ennemis de la patrie emportent en mourant le désespoir de nos succès.*

Ce monstre avait tellement abjuré toute pudeur, que ce que le public osait à peine dire tout-bas, lui n'avait pas honte de l'écrire à Robespierre et à ses autres complices de Paris : Que l'attachement à la religion, les liens de parenté et d'amitié avec des prêtres ou des émigrés, les richesses ou la noblesse étaient des crimes qu'il punissait de mort.

Voici comment il rend compte de sa conduite au comité de Salut public : « Messieurs les parents et ◦ amis d'émigrés et de prêtres réfractaires acca- » parent la guillotine. Avant-hier une riche ◦ dévote, un banquier millionnaire, une marquise, » ont subi la peine *due à leurs crimes......* Un dis- » cours que j'ai fait sur le fanatisme a produit » l'effet que j'en attendais...... Les sans-culottes » se décident; ils s'enhardissent en se sentant ◦ appuyés. Patience, et *ça ira* d'une jolie ma- » nière. »

Le scélérat, qui paraît si déterminé, n'est pourtant pas sans quelques retours de crainte; et la toute-puissance de Robespierre ne le rassure pas même entièrement : c'est de tout le comité de Salut public qu'il veut recevoir la légitimation de ses crimes commis et à commettre. « Songez, dit-il, » que, plus nous frappons de rudes coups, plus » nous avons de piéges à éviter. Il est essentiel que » le comité se prononce hautement sur ma con- » duite : si l'intention du comité est que ma com- » mission cesse, on me commande de périr; qu'alors » donc on me rappelle dans le sein de la Conven- » tion nationale. »

Un de ses dignes adjoints, le nommé Darthé [1], en donnant le détail des mesures prises pour rendre la ville d'Arras digne des regards de Robespierre, écrivait : « Un jury terrible, à l'instar de celui de
» Paris, a été adapté au tribunal révolutionnaire.
» Un arrêté vigoureux a fait claquemurer les femmes
» aristocrates dont les maris sont incarcérés, et les
» maris dont les femmes le sont. Une perquisition
» vient d'être faite par une *commission ardente* de
» sept patriotes : j'étais du nombre. La guillotine,
» depuis ce temps, ne désempare pas. Les ducs, les
» marquis, les comtes, les barons mâles et femelles
» tombent comme la grêle. »

L'assassin favori n'avait pas encore complètement rempli sa commission pour la ville d'Arras, quoique déjà il eût dépeuplé trois rues, lorsqu'il reçut ordre de Robespierre de se transporter à Cambrai. De peur que son départ ne laissât concevoir quelque lueur d'espérance à tous les gens de bien consternés, Joseph Lebon eut soin de les menacer de son prompt retour, et de publier qu'il avait pris des mesures pour que son absence

---

[1] Ce Darthé, homme de loi à Saint-Pol, l'un des accusateurs publics de Joseph Lebon, était une sorte d'anthropophage. Nous ne pouvons nous dispenser de raconter un fait qui prouve combien les méchants sont lâches. Un jour M. Gouillard, vicaire de Saint-Pol, se promenant le long de l'eau, rencontre Darthé et deux autres cannibales de son espèce. A la vue de cet ecclésiastique, ces scélérats se dirent entre eux : F...-le à la rivière. M. Gouillard, qui était un homme de tête et de main, s'avance vers eux et leur dit : « Vous voulez, à ce que j'entends, m'envoyer en paradis : prenez un peu garde que je vous envoie, moi, en enfer. Voici deux pistolets : si l'un de vous a l'audace de faire un pas pour me toucher, je lui brûle la cervelle. » A ce mot de pistolet, Darthé et ses acolytes prennent la fuite. *Je ne me fie pas à ce diable-là,* disait Darthé, *il est capable de nous tuer* »

7.

n'interrompît pas le jeu de la guillotine, déclarée
en permanence. A peine fut-il arrivé à Cambrai,
qu'il s'empressa d'y renouveler les scènes d'horreur
dont il venait d'épouvanter l'Artois. Mais, dans
cette ville, la crainte surmontant la crainte; les
habitants, déjà témoins du meurtre d'un nombre
de leurs concitoyens les plus respectables, se
réunirent et osèrent faire parvenir à la Convention
les plaintes les plus énergiques contre la bête
féroce qui menaçait de les dévorer.

Obligé d'intervenir dans le procès intenté au
plus fidèle de ses agents, Robespierre se hâta de
le couvrir du manteau de sa protection. Il chargea
son comité de Salut public de faire un rapport en
sa faveur, dans lequel il fut conclu que Lebon
avait bien mérité de la patrie. Mais ce rapport
même aux yeux de tout juge impartial devient une
véritable charge contre celui qu'on prétend inno-
center. L'atrocité des faits et leur publicité étaient
telles, que, quelque envie qu'eût le comité d'en
disculper l'auteur, il ne put le faire qu'en lui donnant pour complice la Convention elle-même, dont
il révèle les affreux principes. Ce fut Barrère, ce
blanchisseur infatigable de tous les crimes du
tyran, qui porta la parole à la Convention et dit :
« Ce n'est qu'à regret que votre comité de Salut
» public vient vous entretenir de l'objet des péti-
» tions faites à votre barre, et suggéré par la plus
» astucieuse aristocratie, contre un représentant
» du peuple qui lui a fait une guerre terrible à
» Arras et à Cambrai. C'est de Joseph Lebon que
» le comité m'a chargé de vous parler, non pour
» l'improuver et l'inculper, comme l'ont fait des
» libelles. L'homme qui terrasse les ennemis du
» peuple, fut-ce *avec quelque excès de zèle*, ne peut

» être inculpé devant vous...... et *que n'est-il pas*
» *permis à la haine d'un républicain* contre l'aris-
» tocratie? Il ne faut parler de la révolution
» qu'avec respect , *et des mesures* qu'elle prend,
» qu'avec égard. Joseph Lebon , quoique avec
» *quelques formes* que le comité a improuvées, a
» complètement battu l'aristocratie : il a comprimé
» les malveillants et fait punir Cambrai. Ce service
» nous a paru assez décisif pour ne pas donner
» un triomphe à l'aristocratie. C'est moins Joseph
» Lebon que nous défendons que l'aristocratie que
» nous poursuivons. » Ainsi il résulte évidemment
de ce rapport, qui fut accueilli sans contradiction,
qu'il suffisait à Robespierre et à ses satellites
de dire qu'ils poursuivaient l'*aristocratie* et les
malveillants, pour faire légitimer par la Convention,
et *leurs excès de zèle,* et *leurs haines républicaines,*
et toutes les mesures atroces que pouvait leur
suggérer leur avarice ou leur fureur.

CHAPITRE QUATORZIÈME.

Triste état de la France en 1794. — Nombre incalculable des victimes de Robespierre.— Marie-Antoinette et madame Elisabeth
condamnées à mort.

Entre le printemps et l'été de 1794, le désespoir
était à son comble d'un bout de la France à l'autre;
mais partout il était comprimé par la terreur et
muet à la vue de la guillotine. Pleurer en secret
l'assassinat d'un père, si l'on était surpris, était un
signe contre-révolutionnaire , et l'on était *suspect;*
si on osait le faire en public, c'était une *conspiration,*

et l'on était proscrit. Plusieurs enfants furent incarcérés et guillotinés ensuite, pour n'avoir pu étouffer les sentiments de la nature les plus impérieux comme les plus légitimes. S'il faut en croire à des témoins et s'en rapporter à des calculs faits sur les lieux par des observateurs, au mois de mai de l'année 1794 le nombre des prisonniers d'État dans le royaume de Robespierre montait à six cent soixante-quinze mille. Il eût été bien plus grand encore, si la plupart de ceux qui n'étaient appelés dans les prisons que pour cause de richesses n'eussent trouvé le moyen d'en sortir par des sacrifices. Les commissaires chargés d'inventorier les papiers de Robespierre assurent qu'il a fait incarcérer un dixième de la population de la France.

Au mois de juillet 1794, époque de la chute de ce fléau de l'humanité, plus de trente mille prisonniers, dans Paris, remplissaient trente et une nouvelles Bastilles pratiquées dans les couvents, les colléges et les grands hôtels. C'est là que des hommes nés dans l'opulence étaient réduits à une modique ration de nourriture dégoûtante; c'est là que des femmes de la première naissance, sans linge et couvertes de haillons, entassées dans des réduits malsains, n'avaient pas même pour se garantir de l'humidité la paille qu'on prodigue aux plus vils animaux. La plupart de ces malheureuses victimes étaient exténuées et languissantes, toutes dévorées de vermine, toutes suffoquant le jour et la nuit dans un air dont le méphitisme repoussait les geôliers eux-mêmes. Robespierre avait fait calculer la quantité qu'il en fallait laisser à un prisonnier pour l'empêcher de mourir. En vain les parents et les amis des détenus s'empressaient-ils de leur

apporter des secours, des guichetiers cruels et
voleurs recevaient tout et gardaient tout. Aucune
consolation humaine ne pénétrait dans ces affreux
séjours; celles mêmes de la religion en étaient bannies, et ne se trouvaient que dans les âmes privilé-
giées qui les portent toujours avec elles.

Lorsque les prisons, malgré les exécutions jour-
nalières, regorgeaient encore, les inspecteurs
prenaient des ordres de Robespierre ou du comité
de Salut public, et faisaient un *déblaiement :* c'est
le nom qu'ils donnaient à un massacre arbitraire
et sans forme de procès. La maison d'arrêt de
Bicêtre était ainsi *déblayée* en un seul jour de 311
de ses habitants.

D'après des calculs qui ne paraissent point
exagérés, environ trois cents individus sortaient
tous les jours des diverses prisons qui couvraient
le sol de la France, pour porter la tête sous le couteau révolutionnaire. Tous les âges, tous les sexes,
toutes les classes de la société fournissaient cet
effroyable contingent. Les épouses étaient égorgées
avec leurs époux, les enfants [1] avec les pères, les
domestiques avéc les maîtres. Mais presque partout on remarquait qu'après cette cruelle agonie
de leurs prisons, ceux qui en sortaient volaient

---

[1] Dans le carnage qui se fit à Lyon, un enfant avait paru toucher les
satellites de Robespierre.

— Jeune citoyen, lui dirent-ils, c'est sûrement ton père qui t'a séduit.
Abjure ses principes et tu auras la vie.

— Mon père ne m'a pas séduit, répond le jeune Foltier; il va mourir
pour son Dieu et pour son roi; je tiens pour la même cause, et m'estime
plus heureux de mourir avec mon père que de vivre parmi vous.

Alors les barbares, transportés de fureur, ordonnent que l'enfant
sera attaché par le bras au bras de son père et conduit au lieu destiné
au massacre général.

gaiement à la mort. Plusieurs avec tout le calme
que donne l'innocence s'écriaient : *Nous mourons
fidèles à Dieu....* D'autres se faisaient également
admirer par une constance et des sentiments déses-
pérants pour les assassins. Aussi, pour tuer avant
la mort un courage accusateur de sa scélératesse,
Fouquier-Tinville proposait-il à Robespierre de
faire épuiser par la saignée ceux qui devaient
passer de la prison à la guillotine. *

C'est d'une des affreuses demeures dont nous
venons de parler, et après plusieurs mois d'une
détention bien plus cruelle que celle qu'elle avait
déjà subie auprès de sa famille, que sortit pour
aller au supplice la fille des Césars, l'épouse infortunée de Louis XVI. Ceux qui connaissaient peu
jusqu'où allait la noirceur profonde de Robespierre
l'avaient cru pendant longtemps capable encore
de quelques sentiments de justice et d'humanité
envers la reine. Ils se fondaient sur ce qu'il avait
constamment refusé la tête de cette princesse à
Hébert, qui l'avait souvent demandée. Mais le
monstre n'avait eu en cela d'autre dessein que de se
réserver l'honneur parmi les siens d'avoir immolé
seul cette auguste victime. Il attendit le moment
où les Hébert, les Lecointre, et quelques autres
scélérats de ce genre, cessèrent d'aboyer contre
elle le mensonge et les noires calomnies, pour la
faire traduire au tribunal de ses assassinats. Livrée
par Robespierre et livrée à Quentin Fouquier, il
fallait bien qu'elle fût coupable. L'intrépide accusateur lui imputa tous les crimes qu'on voulut, et
tous les crimes imputés furent des crimes prouvés.
Hébert et Lecointre, qu'on avait refusé d'écouter
comme délateurs, furent rappelés comme témoins.
Ce dernier, marchand de toiles de la cour, à la-

quelle il devait toute sa fortune, accusa la reine de dépenses dont il s'était enrichi, et de consommations dont il avait été le fournisseur. Hébert dépose de plusieurs faits, et surtout d'un qui lui paraît bien grave et bien concluant : il en a lui-même été témoin. Il rapporte que, chargé de différentes missions au Temple, qu'il appelle importantes, il a trouvé dans la chambre qu'occupait la princesse prisonnière, et dans un livre de prières à elle appartenant, la figure d'un cœur transpercé d'une flèche, au bas duquel on lisait ces mots : *Jesu, miserere nobis.* Ce qui, dit-il, *lui a prouvé la conspiration d'Antoinette.* Oui, certes, un signe religieux, un livre de prières suivant l'ancienne religion, l'invocation du nom de *Jésus*, tout cela devait bien *prouver* une conspiration à Hébert et au tribunal de Robespierre. Mais quel grief eût-ce donc été aux yeux d'un tel témoin et de tels juges, s'ils eussent su que l'accusée, ainsi que Mme Élisabeth, avait employé, pour se confesser et communier dans sa prison, le ministère du prêtre catholique qui y fut introduit la veille de la mort de Louis XVI? On objecte encore à la reine des lettres qui ont disparu, des signatures qu'on ne lui représente pas. On tourne en accusation sérieuse contre elle l'aveu qu'elle fait d'avoir eu la confiance de son époux; et l'on en conclut que c'est donc elle qui a provoqué la déclaration de guerre faite à l'empereur son frère, déclaration que dans le temps on l'avait accusée d'empêcher. On en conclut encore que c'est elle qui conseilla au roi de donner asile, dans le château des Tuileries, à des prêtres non jureurs, et d'apposer son *veto* sur le décret qui les proscrivait tous. Et c'est sur de semblables dépositions et pour de pareils crimes qu'une reine de France est condamnée à mort. Elle est condamnée encore pour des crimes qui étaient évidemment les crimes de ses accusateurs; pour des crimes qui, tels que les journées des 5 et 6 octobre et du 10 août, avaient été d'horribles attentats contre sa personne ; pour des crimes dont ses plus ardents persécuteurs l'avaient depuis longtemps déchargée; pour des crimes dont le seul énoncé fait la réfutation; des crimes enfin dont l'idée ne peut tomber que dans des âmes qui ont abjuré la nature et dépassé les bornes de la dépravation humaine. Mais, à défaut de crimes réels, il fallait bien faire retentir du moins des accusations affreuses aux oreilles d'une populace crédule, qu'on voulait, par quelques moyens que ce fût, entretenir dans la haine de la royauté.

Le meurtre de Marie-Antoinette de la part de Robespierre pouvait être regardé comme le complément du crime commis contre Louis XVI, et devait plus ajouter à l'horreur qu'à l'étonnement. Mais il était permis de se flatter encore que, par un reste d'égard pour l'opinion publique, le tyran saurait assez commander à sa soif du sang de cette famille infortunée pour épargner du moins celui de Mme Élisabeth. Car, quel crime imputer à Mme Élisabeth, et quel moyen de montrer coupable aux yeux du peuple celle qui depuis sa tendre enfance n'a cessé d'être chérie du peuple? Ni la loi, ni encore moins le vœu de la nation, ne l'avaient privée de sa liberté. Elle eût pu dans le temps se dérober à la cruauté des cannibales de son pays, et faire le voyage de Rome avec les princesses ses tantes. Elle y était même invitée. Rien ne l'obligeait encore d'adopter pour demeure la prison des

Tuileries. Son cœur seul et sa grande âme l'avaient rendue la compagne inséparable des malheurs du roi son frère et de la reine. Lorqu'ils changèrent de prison, elle en changea comme eux, et s'estima heureuse de se voir auprès d'eux et pour eux captive au Temple. C'est là qu'elle aimait à partager avec eux des devoirs sacrés, s'appliquant à former à de grandes vertus de jeunes cœurs destinés à de grandes épreuves.

Depuis longtemps Mme Élisabeth retraçait à la cour la haute piété et toutes les rares qualités qui avaient rendu si chers aux Français le dauphin son père et la dauphine sa mère. Un caractère plein de douceur et d'aménité, un port plus modeste encore que majestueux, la candeur de son âme, rendue sensible sous les traits prévenants de la beauté; une réputation inaccessible à la malignité, une vie toute céleste, enfin, en la rendant les délices des gens de bien, lui avaient conquis les hommages mêmes du vice, et commandaient aux plus méchants la vénération pour sa personne. Jamais, dans les émeutes et les séditions que Robespierre et ses Jacobins dirigeaient contre le trône, on n'avait ouï nommer Mme Élisabeth. On eût dit que le crime lui-même était condamné à la protéger. « Qu'on ne nous parle point de celle-là, disaient les brigands, encore couverts de sang et disposés à » tous les forfaits : *c'est la Geneviève de Paris.* » Plus d'une fois même, le charme impérieux de sa vertu avait désarmé la scélératesse en délire; et l'on n'a pas oublié comment, dans la journée du 21 juin, où Louis XVI parut en héros, la courageuse princesse fut sa Minerve, et ne le quitta pas d'un instant. Une horde d'assassins assiége le château, enfonce les portes. Le roi s'avance à leur rencontre; elle est à côté du roi. Ni les cris de mort que poussent ces cannibales, en demandant la déportation des prêtres, ni le canon qu'ils traînent à leur suite, ni les piques qu'elle voit levées sur sa tête ne l'épouvantent; rien ne l'intimide, et elle n'a garde de donner au roi le coupable conseil de se soustraire à un péril imminent, en sanctionnant un crime [1]. Un messager officieux, sur ces entrefaites, fend la foule, s'approche d'elle et lui dit : « Prenez » garde, madame, vous n'êtes pas en sureté, on » vous prend pour la reine. » *Ah ! tant mieux,* répondit-elle, *je n'ai pas d'enfants.* Dévouement sublime, et qui sied bien au cœur toujours pur, toujours prêt à paraître devant son juge.

A la vue de ce portrait, qu'il ne nous est permis que d'esquisser, et quand on se représente une princesse si accomplie, on a peine à se figurer une âme assez atroce pour oser attenter à ses jours. Mais il y avait au monde un Robespierre, et Robespierre régnait en France : le tigre eut soif du sang de l'innocence. Dès lors, de sa seule et despotique autorité, sans daigner même consulter une Convention, depuis longtemps avilie, il fait transférer Mme Élisabeth de la prison du Temple à celle de la Conciergerie, et charge son tribunal révolutionnaire de la trouver coupable. Quentin Fouquier était là, qui en fit son affaire. Déjà un grand crime avait été reproché à l'auguste prison-

---

[1] L'assassinat du roi était tellement résolu, dans le cas où il refuserait la sanction demandée, que le guide des brigands, Santerre, disait après l'affaire : *Nous avons manqué notre coup, mais nous y reviendrons.*

nière par celui qui, dans la figure emblématique
d'un cœur de Jésus, avait vu une *conspiration
prouvée* de la part de la reine. Hébert, dans une
visite inquisitoriale qu'il fit de la chambre de
Mme Élisabeth au Temple, avait découvert et saisi,
avec toutes les formes juridiques, on ne devinerait
pas quoi : Un chapeau qui avait été reconnu par
témoins et par la princesse elle-même pour avoir
appartenu au feu roi son frère. Or, un tel chapeau,
le chapeau qui avait couvert la tête d'un roi, pouvait bien être autant une *conspiration prouvée* qu'un
cœur de Jésus ; et ce crime, à défaut d'autres, eût
bien pu sans doute être un accusateur de mort au
tribunal de Robespierre. Mais le grand caractère de
Mme Élisabeth ne le cédait pas à sa haute vertu, et
ses juges ne pouvaient pas l'ignorer : ils imaginèrent donc sans peine que dans l'interrogatoire
qu'ils feraient subir à la courageuse accusée, elle
laisserait échapper quelques-unes de ces vérités
anciennes devenues les crimes du jour. Ils ne se
trompaient pas. A la première question que Fouquier fait à la princesse : *Quels sont vos noms et
qualités ?* celle dont le mensonge ne souilla jamais
les lèvres répond sans hésiter : Mon nom est *Marie-
Élisabeth de France* ; ma qualité, *tante du roi.* A ces
mots, ses juges, comme autrefois ceux du Sauveur
du monde, qui avait avoué sa royauté, prétendent
avoir entendu un blasphème, et s'écrient, dans le
transport de leur indignation : « Qu'avons-nous
» besoin d'autres témoignages ? sa réponse la rend
» digne de mort. » En effet, ainsi commença, ainsi
finit l'interrogatoire ; et il est de notoriété que le
tribunal de Robespierre condamna à mort *Marie-
Élisabeth de France, tante du roi,* uniquement pour

avoir dit : Je suis Marie-Élisabeth de France, tante du roi.

Les juges néanmoins, lorsqu'il fallut rendre leur jugement public, soit qu'ils fussent honteux d'en énoncer le motif, soit qu'ils craignissent le blâme du peuple, imaginèrent, comme un moyen de concilier son suffrage, de lui faire accroire que celle qu'il avait toujours révérée comme une âme céleste, avait cependant machiné pour le perdre et le faire assassiner. Et pour cela, ajoutant le crime au crime et l'injustice à l'injustice, les scélérats rendirent la cause de la princesse commune avec celle de tous les particuliers qui, au nombre de vingt-quatre, devaient être guillotinés le même jour. Elle fut condamnée en masse avec tous ces étrangers et ces inconnus, et déclarée comme eux, *complice de dispositions tendantes à assassiner le peuple, à anéantir la liberté et à rétablir le despotisme* [1]. C'est ainsi qu'après s'être dévouée, comme victime de tendresse et de charité, auprès d'une famille malheureuse, la digne fille de saint Louis, en rendant un courageux hommage à une vérité toujours sacrée quoique proscrite, couronna une vie angélique par un martyre à jamais mémorable.

Après ce nouveau forfait de Robespierre, il n'en était aucun que l'on ne dût craindre de sa barbarie; et, s'il n'immola pas le fils sur le tombeau du père, de la mère et de la tante, ce n'est pas sans doute qu'un

---

[1] Sur la charette qui conduisit ces infortunés au dernier supplice, nous disait dernièrement un témoin oculaire, on remarquait une femme d'une admirable beauté, dont le vêtement usé, déchiré, laissait voir le coude : c'était Mme Elisabeth !!!

crime de plus eût pu l'effrayer. Celui qui faisait égorger la vertu pouvait bien également sacrifier l'innocence. Mais, n'ayant pas eu horreur d'un crime inutile, le monstre sut s'arrêter devant un crime dangereux, et qui eût mis le roi hors de France. C'est à cette considération sans doute qu'il épargna la vie du jeune Louis XVII [1].

---

[1] Ce jeune prince mourut le 8 juin 1795, couvert d'ulcères, victime des mauvais traitements de son barbare geôlier. Simon, c'était le nom de ce monstre, se jouait de la manière la plus atroce du sommeil et de la vie de son prisonnier.

— Capet! Capet! s'écriait-il au milieu de la nuit, dors-tu?

L'enfant, effrayé, se présentait en chemise devant cette bête féroce, en lui disant : Me voilà, citoyen.

— Approche que je te voie.

Le prince obéissait, et alors sortant la jambe hors de son lit, d'un coup de pied lancé avec force et au hasard, le bourreau étendait par terre l'innocente victime.

— *Va te coucher, louveteau*, lui criait-il, et il riait de ses pleurs, et il sonnait pour ne pas les entendre !!!

On aurait pu graver sur la tombe de cet enfant ces vers qui expriment si bien sa triste destinée :

> Au banquet de la vie infortuné convive
> J'apparus un jour et je meurs ;
> Je meurs, et sur la tombe, où lentement j'arrive,
> Nul ne viendra verser des pleurs.

CHAPITRE QUINZIÈME.

Robespierre n'épargne pas même ses adulateurs ni ses amis. —
Il fait périr Camille Desmoulins. — Il chasse sa propre sœur et
la recommande au zèle de Lebon. — Espions de Robespierre. —
Quiproquo affreux. — Construction d'un canal pour l'écoulement du sang humain. — Les satellites de Robespierre boivent
du sang, mangent le cœur de la princesse de Lamballe et la
chair rôtie des prêtres. — Décret contre *les conspirateurs*. —
Bourdon de l'Oise et Tallien se réunissent contre Robespierre. —
Celui-ci commence à décliner.

Robespierre ne persécuta pas seulement la vertu,
l'innocence ; dans sa fureur aveugle, il confondit
quelquefois ses plus lâches adulateurs avec ses ennemis déclarés. Ainsi le noble avait beau se classer
parmi les roturiers, le prince se faire appeler *Égalité*, le magistrat sourire aux nouvelles injustices, le
financier faire offre de son or à la nation, le prêtre
intrus abjurer son caractère, en brûler même les
preuves et prêcher l'athéisme, Robespierre, plein
de mépris pour ces êtres avilis, et ne jugeant pas
qu'ils eussent encore assez expié le crime de leur
condition passée par leur apostasie actuelle, les
faisait jeter dans les mêmes prisons et les envoyait
par centaines au supplice. Nul calcul rassurant
sous son règne : les plus rusés se trouvaient
pris, les plus habiles ne savaient plus quelle
route tenir pour ne pas rencontrer la guillotine, les scélérats consommés comme les prétendus aristocrates, les assassins de gens de bien
comme les gens de bien eux-mêmes, les acquéreurs
de biens dits nationaux, comme ceux qu'on en
avait dépouillés, se voyaient également poursuivis
par le glaive du tyran.

Rien n'était plus dangereux surtout que d'être de la connaissance particulière de Robespierre, ou même d'avoir été son confident et le complice de ses forfaits. Marat ne cachait à personne que le poison qui brûlait dans ses veines lui avait été administré par son ami Robespierre, et, dans le même temps que celui-ci, haranguant les Jacobins, leur proposait de faire aux mânes du *vertueux Marat* un hécatombe de tous les ennemis de la République, chacun se racontait comment, par les soins de Faucher et de Grangeneuve, qu'il fit depuis guillotiner, il avait fait venir à Paris Charlotte Corday pour hâter l'effet trop lent de son poison sur son ami Marat. L'on sait comment, lié avec Danton et plus étroitement encore avec Hébert, après avoir encouragé et partagé tous leurs crimes, il finit par les en punir et les immoler à son ambition. Ni Danton ni Hébert n'étaient coupables sans doute dans le sens de la Révolution, Robespierre le savait bien; mais il savait aussi jusqu'où vont l'inconstance et la crédulité d'un peuple nécessairement ombrageux, dès qu'il est révolté. Il n'eut besoin, pour perdre ces deux ardents Jacobins, que de dire au peuple : « Ils étaient mes » amis, mais je vous les dénonce parce qu'ils sont » devenus des conspirateurs. » Dès lors le peuple ne vit dans les combinaisons perfides d'un ambitieux que la courageuse impartialité d'un républicain qui frappe les traîtres partout où ils se trouvent.

Il paraît que c'eût été une grande jouissance pour Robespierre de pouvoir associer M. Necker au sort de Danton et d'Hébert. Quoiqu'il soit peu vraisemblable que ses relations avec le genévois aient jamais été aussi intimes qu'il le publiait, il lui avait cependant voué une haine aussi sincère qu'à aucun de ses amis, et, ne pouvant l'atteindre du fer de la guillotine, il s'attachait à prouver que personne n'eût mieux mérité que lui d'en être frappé. Entre les reproches qu'il fait à Necker, on trouve celui d'exercer la tyrannie au sein de sa famille. Il prétendait que ce fut lui qui nécessita la disette de 1789 pour provoquer un changement de dynastie. Il l'accuse d'avoir été d'intelligence avec le duc d'Orléans, qu'il voulait porter sur le trône, et de n'avoir entrepris la défense de Louis XVI que pour ne pas voir le sceptre brisé sans espérance pour le prince qu'il affectionnait [1].

Un trait qui suffirait seul pour caractériser Robespierre, c'est celui que lui reprochait un membre de la Convention nommé Trial, dont le plus grand regret en allant à la guillotine était d'avoir occasionné la mort d'un nombre de ses amis. Voici le fait. Trial se trouvait souvent chez la femme du citoyen Sartines, où il avait plusieurs fois dîné avec Robespierre. Celui-ci, un jour qu'il se trouvait pris de vin, laissa échapper les propos les plus inconsidérés et qui dévoilaient une partie de ses projets. Trial lui ayant représenté le lendemain les suites dangereuses que pouvait avoir une pareille imprudence de sa part, le tyran se contenta de lui répondre : « N'ayez là-dessus nulle inquiétude. »

---

[1] Il y avait déjà plus de vingt ans que cette idée de changement de dynastie fermentait dans la maison d'Orléans ; et plusieurs années avant la révolution, l'abbé de Lachaud, ex-jésuite, bibliothécaire du duc d'Orléans, racontait qu'il avait souvent ouï dire : qu'il était temps que la branche d'Orléans eût son tour et montât sur le trône.

En effet, deux jours après, Sartines, sa femme et tous ses convives furent guillotinés.

Mais de tous ceux qui avaient eu des relations avec Robespierre, aucun n'avait paru en avoir d'aussi intimes et d'aussi suivies que Camille Desmoulins, aucun ne l'avait exalté avec autant d'impudence dans Paris, et ne lui avait conquis plus de partisans parmi les Jacobins. Avec plus de talents que lui peut-être, mais scélérat moins ambitieux, Camille Desmoulins s'était mis sous sa protection et ne faisait rien d'important sans le consulter. Avant de livrer à l'impression les numéros de son *Vieux Cordelier*, qui furent l'occasion de sa perte, il les avait soumis à la censure de son ami Robespierre, qui ne les désapprouva pas. Mais en cela le perfide avait ses raisons. Camille Desmoulins l'avait trop bien servi, lorsqu'il avait voulu abattre Hébert et ses autres rivaux, pour qu'il n'entrevît pas en lui un homme dangereux du moment qu'il cesserait de lui être utile. Dès lors sa mort fut résolue, et il ne s'agissait plus que d'en faire naître le prétexte. A peine Camille Desmoulins, se croyant fort de l'appui de Robespierre, eut-il publié les écrits qu'il lui avait communiqués, que Robespierre les fit dénoncer dans l'assemblée des Jacobins. Et c'est là que le fourbe, affectant encore le ton protecteur qu'il était dans l'usage de prendre auprès du journaliste, demanda comme une grâce pour lui que sa punition se bornât à voir ses écrits brûlés dans la salle et sous les yeux des Jacobins. Cette circonstance pourrait donner lieu de conjecturer que Robespierre, après avoir rendu Camille Desmoulins suspect, se serait contenté de lui faire subir ce jour-là une humiliation qui aurait préparé sa chute. Mais, piqué du procédé, l'ami de Robespierre ose demander publiquement à son ami s'il a donc oublié que ces mêmes numéros contre lesquels il s'élève avec tant de sévérité, il les lui a fait lire chez lui avant de les rendre publics. Il lui déclare qu'il ne le reconnaît pas à ce trait, ce trait pourtant bien digne du perfide. Robespierre, pour toute justification, fait entendre à son ami ces terribles paroles : « Tu » oses te plaindre, Camille? hé bien, que tes » numéros soient lus en pleine séance, la so- » ciété jugera du parti qu'elle doit prendre. » C'était prononcer l'arrêt de mort de Desmoulins, qui, à demi réconcilié avec l'aristocratie par un riche mariage, chantait la palinodie dans les numéros dénoncés, et faisait entendre des vérités trop concluantes contre les principes jacobins pour qu'elles ne leur fussent pas infiniment odieuses. Aussi, une fois sûrs d'être avoués de Robespierre, s'empressèrent-ils de rayer le *Vieux Cordelier* du tableau de leurs associés. Dès lors tous les crimes de ce fougueux républicain, toutes les bassesses auxquelles il s'était prêté pour élever et soutenir Robespierre, tout ce qu'il avait écrit, de concert avec lui, contre la religion, la morale publique et la royauté, rien ne put le soustraire à cette guillotine dont il avait lui-même tant prôné la vertu.

Mais on sera moins étonné de voir Robespierre sacrifier ainsi et faire égorger lui-même ceux qui se flattaient d'être ses amis, quand on saura qu'il avait résolu de faire périr aussi sa propre sœur. Celle-ci, comme nous l'avons dit plus haut, l'avait suivi à Paris. Touchée des malheurs de ses compatriotes, elle se hasarda de demander un jour à celui qui les causait s'il ne mettrait pas enfin un terme aux massacres qui s'exécutaient en son nom dans la ville d'Arras. Furieux du reproche, Robespierre la chassa incontinent de chez lui et la fit partir pour la ville dont elle plaignait le sort. Lorsqu'elle y fut arrivée, il écrivit au commissaire Lebon pour recommander à son zèle révolutionnaire celle qui avait osé blâmer leurs communes opérations. Le digne agent, à ne consulter que son inclination, n'eût pas hésité à l'envoyer sur-le-champ à la guillotine ; mais, soit qu'il connût assez peu Robespierre pour le croire capable d'un regret sur le meurtre de sa sœur, soit, plus vraisemblablement, parce qu'il fut pressé de partir pour son expédition de Cambrai, il jugea à propos de surseoir l'exécution de l'ordre de son maître jusqu'après son retour. Son retour n'ayant pas eu lieu, parce qu'il fut obligé de se rendre à Paris pour répondre aux accusations intentées contre lui, cette circonstance sauva la sœur de Robespierre des fureurs de son frère.

Tant de mesures atroces et tant de sang répandu n'en procuraient pas au tyran plus de paix et de tranquillité. De jour en jour au contraire plus ombrageux et plus craintif, plus il immolait de victimes à sa sureté, plus son imagination effrayée lui en demandait. Ingénieux dans les moyens de multiplier les coupables, il faisait enfermer dans les prisons des espions chargés de s'insinuer dans la confiance des détenus et de sonder leurs dispositions sur son gouvernement. Si ceux-ci, séduits par des ouvertures perfides, soupiraient sur les malheurs de la France, devenus par cela seul de suspects coupables, ils étaient dès le lendemain, accusés, jugés et guillotinés. Neuf à dix scélérats qui se constituaient ainsi prisonniers volontaires, et qu'on transférait de prisons en prisons, étaient tout à la fois les agents secrets du tribunal révolutionnaire et les témoins publics toujours appelés par Fouquier pour déposer contre ceux qui n'avaient rien à leur charge et que cependant on voulait faire périr. On entendit les cannibales exercés à ce rôle se dire entre eux, dans une partie de débauche : *Quand est-ce donc que nous ferons une conspiration de prison ?* On ne sait pas au juste de combien de noms ces monstres ont chargé leurs listes sanglantes dans les différentes prisons de Paris, mais celle du Luxembourg leur a seule fourni plus de deux cents victimes.

Tous les jours on mettait sous les yeux de Robespierre les noms des condamnés dont les têtes devaient tomber le lendemain, et il y apposait son sceau. Souvent, dans la confusion et la précipitation de ces jugements de sang, les satellites qui y avaient part trahissaient de la manière la plus révoltante leurs injustices et leur barbarie. Ainsi vit-on tel habitant du château du Luxembourg condamné par le tribunal révolutionnaire comme coupable d'une prétendue conspiration qui avait eu lieu dans cette prison plusieurs jours avant qu'il n'y fût entré. Ainsi vit-on dans la même maison le geôlier Guyard amener pour être conduit à la guillotine un jeune homme contre lequel aucun jugement n'avait encore été prononcé. Il était à la porte et près de monter dans le tombereau, lorsqu'appelé par l'huissier chargé de le conduire au supplice, il remarqua que le prénom qu'il lui appliquait n'était pas le sien. Sur l'observation qu'il en fit, l'huissier, après avoir vérifié et reconnu l'erreur, ordonna au geôlier d'aller appeler le prisonnier qui était condamné, en le lui nommant par ses nom et prénom. Il l'avertissait en même temps de ne pas faire à l'avenir de quiproquo qui pût coûter la vie à un homme. A quoi celui-ci répondit brutalement : « Ne voilà-t-il pas une bien grande affaire ? » S'il n'y passe pas aujourd'hui, n'y passera-t-il » pas demain ? »

Moins heureux que ce jeune homme, Jean-Simon Loiserolles père, âgé de 61 ans, jugé innocent par le tribunal révolutionnaire, était envoyé à la guillotine dans le temps qu'on mettait en liberté François-Simon Loiserolles fils, âgé de 22 ans et condamné à mort par le même tribunal. Quand les juges n'avaient pas le temps ou qu'ils étaient ivres, et que cependant les ordres de Robespierre pressaient, les proscrits étaient provisoirement guillotinés, et le lendemain ou deux jours après on les jugeait. Ainsi est-il prouvé par le registre des assassinats du tribunal révolutionnaire que quarante-deux prisonniers du Luxembourg ne furent jugés qu'après leur mort. Nombre d'individus ont été guillotinés dont on ne trouve aucun vestige de procès. Enfin, ce tribunal égorgeur faisait répandre tant de sang sur la place de la *Révolution*, que, pour en procurer l'écoulement, Robespierre fit pratiquer un canal de communication avec le grand égout du faubourg Saint-Antoine. Quatre hommes salariés pour la direction de ce singulier *aqueduc* n'avaient d'autre occupation que d'y entretenir la fluidité et d'empêcher qu'il ne s'obstruât par la coagulation.

Comme rien n'est incroyable dans le genre atroce de la part de Robespierre, nous dirons que ses satellites, au 2 septembre, buvaient le sang humain dans des verres, essayaient de manger le cœur encore palpitant de la princesse de Lamballe, et mangeaient en effet sur la place Dauphine la chair rôtie des prêtres de la comtesse de Pérignan [1].

Malgré tant de faciles massacres, malgré ce nombre incalculable de victimes, immolées sans contradiction à ses craintes ou à ses fureurs, Robespierre, pour accélérer encore la marche trop lente à son gré de sa justice, et pour épargner en même temps à son tribunal le désagrément d'entendre certaines vérités que se permettaient quelquefois les défenseurs officieux des accusés, demanda que ces défenseurs ne pussent plus prêter leur ministère à des conspirateurs livrés au tribunal révolutionnaire. Les moins clairvoyants de la Convention aperçurent le piége; et, justement effrayés d'une disposition qui rendait illusoire leur inviolabilité, ils votèrent pour l'ajournement du projet. Robespierre alors du fauteuil où il présidait s'élance à la tribune, reproche avec vigueur et véhémence leur lâcheté à ceux qui vou-

---

[1] « A Reims, des patriotes égorgeurs ont brûlé à petit feu le doyen
» de la cathédrale, le vertueux vieillard Alexandre, non pas militaire-
» ment comme dans la guerre de la Vendée, mais avec tout l'appareil
» d'une exécution solennelle, sur un bûcher régulièrement arrangé dans
» la place publique, en présence de la municipalité, en présence de la
» garde nationale sous les armes, tranquille témoin de la *justice du*
» *peuple*, comme on l'appelait à la Convention *des représentants du*
» *peuple*. Quel était le cri des furieux qui apportaient du bois pour ali-
» menter les tortures d'un innocent, dont la mort affreuse fut prolongée
» pendant plus d'une heure? *Fanatique ! Fanatique !* C'était l'aboie-
» ment de la meute acharnée : *Point de grâces aux fanatiques !*
» LAHARPE. »

draient que l'on examinât la question. « Toute
» lenteur, tout délai, s'écrie-t-il, tendrait à favo-
» riser les agents de l'étranger, à assurer l'impu-
» nité aux conspirateurs. » Il conclut par demander
que sur l'heure même le projet soit converti en
décret. Le despote avait parlé, l'assemblée s'inclina
comme l'esclave devant son maître, et décréta. Par
là tout Français, quel qu'il pût être, siégeât-il dans
la Convention, se vit à la merci du tyran sans nulle
ressource et la bouche fermée pour sa défense, s'il
plaisait à celui-ci de le faire accuser de conspiration. C'est ce qui fit dire à un conventionnel que,
sous l'empire d'un pareil décret, il aimait autant
se brûler la cervelle.

Tant que Robespierre n'avait exercé ses cruautés
que sur le peuple ou des factions particulières, la
Convention avait abandonné les factions et le peuple aux cruautés de Robespierre, et tout le sang
qu'il versait était un sang impur. Mais, dès qu'ils
se voient tous atteints par le décret dont nous
parlons, ils commencent à douter ; ils ne voient
plus avec le même degré d'évidence, dans tous les
massacres et les assassinats qu'ils ont légitimés,
la marche respectable de la justice ; ils se communi-
quent leurs inquiétudes et se concertent dans les
comités secrets. Depuis plus de six mois, Bourdon
de l'Oise faisait ombrage à Robespierre et lui était
odieux, au point qu'on avait lieu de s'étonner qu'il
ne fût pas encore au nombre de ses victimes. Le
12 juin 1794, Bourdon ayant osé témoigner quelque
défiance du comité de Salut public, Robespierre,
imposant silence à l'orateur, s'écria de ce ton impérieux sur lequel il régentait l'assemblée : « Eh !
» depuis quand donc le comité de Salut public,

» la Montagne et la Convention ne sont-ils plus
» la même chose? Et moi aussi je suis la Montagne,
» j'ai acheté le droit d'y siéger... Oui, la Montagne
» est pure ; mais il y siége des intrigants et des
» contre-révolutionnaires que *j'en veux séparer.* »
En vain Tallien, venant au secours de Bourdon,
essaie-t-il de l'excuser et d'apaiser la colère du
tyran, deux membres du comité inculpé, Barrère
et Billaud-de-Varennes, étouffant la voix de
Tallien sous le poids des injures, appellent l'indignation de l'assemblée sur ceux qu'ils nomment les
salariés de Pitt, et sur tout le peuple anglais, qui a
résolu de faire *maratiser* le grand Robespierre,
objet de sa jalousie.

Depuis cette scène surtout, Tallien et Bourdon,
qui se voyaient perdus pour peu que durât encore
le règne de Robespierre, ne négligèrent rien pour
lui susciter des ennemis dans la Convention et pour
encourager ceux qui l'étaient déjà. Le même
égoïsme qui jusqu'alors les avait rendus passifs
sur des malheurs étrangers, les éveille sur le péril
qui les poursuit, et les plus lâches mêmes savent
retrouver un reste d'énergie pour s'y soustraire.

Toujours bien servi par ses espions, qu'il payait
bien, Robespierre fut informé des complots qui se
tramaient contre lui, et il lui eût été facile de les
déjouer par ses moyens ordinaires et en suivant la
règle que l'on trouva tracée de sa main dans ses
papiers secrets : « Punir les conspirateurs, pour-
» suivre surtout les députés chefs de conspiration,
» et les atteindre à quelque prix que ce soit. »
Mais, depuis la scène sacrilége qu'il avait offerte à
la capitale, agité, comme nous l'avons déjà rapporté, de fréquents accès de frénésie, il ne savait

plus mettre ni la même suite ni la même vigueur dans les affaires ; et, tandis qu'il négligeait celles qui eussent été de la première importance pour sa sureté, son orgueil dépité s'attachait à découvrir et à poursuivre des individus obscurs qui se divertissaient du ridicule dont il s'était couvert dans sa fête à l'Être suprême. Il ne fréquentait plus la Convention, il s'absentait habituellement des comités, on ne le voyait plus qu'à certaines séances des Jacobins. Ses ennemis, attentifs, saisissent ce moment de distraction pour l'attaquer et le perdre : ou plutôt le Dieu qui règne au ciel avait fixé un terme à sa patience, et dit à l'impie : « Instrument » de ma justice, tu t'élèveras jusqu'à ce degré de » perversité, mais là je briserai ton orgueil et » confondrai ton hypocrisie. » Alors on est étonné de voir Robespierre abandonner le système audacieux d'attaque qui lui a toujours si bien réussi, pour se renfermer dans celui de la défensive, d'autant plus dangereux pour lui, que, n'étant pas dans son caractère, il ne pouvait que trahir ses craintes et encourager ses ennemis. Celui qu'on avait toujours vu cruel sans ménagement et sans réserve, on s'aperçoit qu'il ne l'est plus qu'avec mesure et contre les faibles seulement. Ces dispositions du chef semblent aussi avoir paralisé les membres. Les Jacobins eux-mêmes ne se sentent plus la même ardeur pour la cause du crime. Il faut que Robespierre le jeune leur reproche leur *torpeur*, et les conjure de se rallier autour de leur frère menacé ; il faut que Couthon vienne faire briller à leurs yeux les poignards levés sur Robespierre et qu'il s'écrie : *Je veux les partager*, pour engager la société à professer le

8.

même dévouement, en répétant la même formule.

Tous les discours de Robespierre depuis la fatale époque décellent par quelque endroit un homme mal asssuré et qui se défie de ses moyens. Dans quelques circonstances mêmes, où il semblerait vouloir encore prendre l'essor d'une âme fière et intrépide, on le voit descendre tout à coup à l'attitude d'un suppliant près de succomber. Il mendie partout des appuis ; il a oublié que la Convention asservie est à ses pieds, que la force armée lui obéit, que le tribunal révolutionnaire n'a de loi que ses ordres, qu'il peut disposer encore des poignards des Jacobins, et qu'il tient seul en sa main le cordon de la guillotine. Au lieu de frapper d'abord et d'abattre ses nouveaux ennemis, comme il fit autrefois les Brissotins et les Hébertistes, il ne sait que donner leur signalement, et provoquer plus sûrement leur vengeance par de timides dénonciations. Il voit leur faction, qu'il appelle des *Indulgents*, grossie de toutes les factions abaissées. « Déjà, dit-il, on a attaqué le » comité de Salut public ; on a déclamé hautement » contre le tribunal révolutionnaire ; on calomnie » le décret de la Convention à ce sujet. Attaquez la » *justice nationale* dans le tribunal révolutionnaire, » vous détruisez la confiance... On a osé répandre » dans la Convention que le tribunal révolution- » naire n'avait été organisé que pour égorger la » Convention elle-même ; et, malheureusement, » cette idée n'a obtenu que trop de confiance. » Il se plaint de ce qu'on le laisse aux prises avec ses calomniateurs et des assassins soudoyés *par le tyran de Londres*. « A Londres, on me dépeint aux » yeux de l'armée française comme un dictateur ;

» à Paris, les mêmes calomnies ont été répétées...
» On me dépeint comme l'assassin des honnêtes
» gens....... on dit que c'est moi qui ai organisé
» le tribunal révolutionnaire : je suis désigné
» comme un tyran et l'oppresseur de la représen-
» tation nationale...... C'est ainsi que l'on absout
» les tyrans, en attaquant un patriote isolé qui
» n'a pour lui que son courage et sa vertu. »
Étrange confiance du despote! A force de mépriser
tous les lâches qui l'environnent et ne savent que
le craindre, il en est venu jusqu'à ne leur plus
supposer le bon sens et la raison. Il se persuade
qu'avoir ainsi énoncé les justes reproches qu'on lui
fait, c'est les avoir détruits. Il croit pouvoir se
donner pour un patriote isolé, lui que l'on voit
investi de la faveur populaire et de la force redoutable de tous les pouvoirs réunis. Il ose se donner
à lui-même le *courage et la vertu!!!* lui qui n'eut
jamais pour vertu que la ruse, et pour courage que
la méchanceté. Il n'imagine pas que l'on puisse
se livrer à la terreur, à la vue des flots de sang que
fait couler son tribunal ! « On veut, dit-il, flétrir le
« tribunal révolutionnaire. On cherche à persua-
» der à chaque individu de la Convention que le
» comité de Salut public l'a proscrit. J'invite tous
» les membres à se mettre en garde contre les
» insinuations perfides de certains personnages
» qui, craignant pour eux-mêmes, veulent faire
» partager leurs craintes. » Mais tout ce que peut
alléguer Robespierre ne saurait rappeler la confiance dans des cœurs ulcérés et qui ont toujours
présent le tableau de ses perfidies comme celui de
ses cruautés.

CHAPITRE SEIZIÈME.

Inquiétude de Robespierre. — Menaces qui lui sont faites. — Ses
efforts pour rétablir ses affaires à la Convention. — Bourdon
de l'Oise. — Barrère. — Vadier. — Cambon. — Dernier
triomphe de Robespierre. — Son irrésolution. — Saint-Just
à la tribune. — Tallien. — Robespierre tyran. — Il est mis
hors de la loi. — Son arrestation. — Il recouvre la liberté à
l'Hôtel-de-Ville. — Alarmes de la Convention. — Le peuple
se déclare pour l'Assemblée.. — Robespierre est vaincu.

Cependant Tallien, Bourdon de l'Oise et leurs
partisans, continuent d'intriguer et se font écouter.
Les mécontents s'associent aux mécontents; leurs
assemblées sont moins secrètes, et les déclamations
contre le tyran plus hardies. Le comité de Salut
public partage bientôt les inquiétudes de Robespierre. Il paraît s'étonner du sombre aspect que
prend autour de lui l'horizon politique, et croit
devoir en rendre compte à la Convention. Il sait,
dit-il, que des corrupteurs publics cherchent
à *démoraliser* le peuple et parlent de paix, afin
de paralyser le gouvernement révolutionnaire. Il
sait enfin que de violents orages se préparent ; et
les symptômes lui en sont rendus sensibles dans
les nouvelles qu'il reçoit de l'intérieur et du dehors.
Il sait enfin que, dans les sections et les sociétés
populaires, des mouvements sont près d'éclater, et
que c'est sur Paris que les ennemis de la liberté
veulent *déverser* leur désespoir, leurs vices et leurs
forfaits. C'était le 20 de juillet que le comité énonçait ainsi ses craintes à des gens qui pour la plupart conspiraient à les faire naître. Cinq jours
après, nouvelles alarmes; et c'est Barrère qui en

fait part à l'assemblée. Il annonce que les dangers se multiplient, que de noirs complots se forment encore. Il ne découvre de toutes parts que présages sinistres, avant-coureurs certains de quelque évènement désastreux. Ce sont des soufflets destinés aux forges de l'armée, qui se trouvent crevés ; ce sont les portes de Bicêtre, qui ont été ouvertes à des inconnus qui se sont dits les envoyés du comité de Salut public ; c'est l'arsenal, qui a couru risque d'être inondé par des malveillants ; c'est un convoi de poudres partant pour l'armée, qui s'est trouvé arrêté à la barrière de la Villette, sans qu'on sache pourquoi ni par quel ordre.

A ces divers indices du mécontentement général se joignaient encore des avis particuliers, qui ne concouraient pas peu à fixer l'effroi dans l'àme du tyran. Nous lisons dans des lettres qui lui furent remises : « Tu tends à la dictature ; tu veux tuer » la liberté.... tremble. Environne-toi de gardes, » de noirs esclaves ; je serai parmi eux, n'en » doute point. »

» Tu es encore, tigre, couvert du plus pur sang » de la France ; bourreau de ton pays, tu es » encore ? Écoute, lis l'arrêt de ton châtiment. J'ai » attendu, j'attends encore que le peuple affamé » sonne l'heure de ton trépas ; que juste, il te traîne » au supplice... Si mon espoir était vain, s'il était » différé, cette main qui trace ta sentence, cette » main que tes yeux égarés cherchent à découvrir, » cette main qui presse la tienne avec horreur, » elle percera ton cœur inhumain.... Tous les jours » je suis avec toi, je te vois tous les jours : à toute » heure mon bras levé cherche ta poitrine. O le » plus scélérat ! vis encore quelques jours pour

» penser à moi ; dors pour rêver de moi ; que mon
» souvenir et ta frayeur soient le premier appareil
» de ton supplice..... Ce jour même, en te regar-
» dant, je vais jouir de ta terreur. »

Ainsi le tyran, averti, faisait-il avertir la France
entière du danger qui le menaçait, et ne savait
plus aviser aux moyens qui eussent pu l'écarter.
Le 26 de juillet, dans une séance de la Convention
des plus orageuses, il fait de nouveaux efforts pour
rétablir ses affaires ; et comme si son empire eût
été fondé sur l'opinion et non sur la terreur, c'est
par de vains arguments et par la discussion qu'il
prétend retenir l'autorité qui lui échappe. Mettant
toujours l'évidence même en question, il demande
s'il est bien vrai qu'on le craigne, et au point de
n'oser rester chez soi la nuit ; s'il est bien vrai
qu'on lui suppose le dessein de marcher à la dictature sur les ruines de la représentation nationale. Il ne peut comprendre qu'on l'accuse d'être
un tyran, lui que poursuivent les tyrans, et qui
combat les tyrans. Il a une telle confiance dans
la stupidité de ceux dont il est en possession de
se voir révéré, qu'il ne fait pas difficulté de leur
citer un écrit dans lequel il est dit de lui : « Si cet
» astucieux démagogue n'était pas, la nation serait
» libre ; on pourrait énoncer sa pensée, et jamais
» on n'aurait vu cette foule d'assassinats connus
» sous le nom de jugements du tribunal révolution-
» naire. » — « Vous les connaissez donc, ajoute-t-il,
» les auteurs de ces calomnies : ce sont, en pre-
» mière ligne, le duc d'Yorck, M. Pitt et ses
» émissaires.... Je n'ose me résoudre à lever le
» voile qui couvre tant d'iniquités. » Il en lève un
coin cependant en montrant, parmi les conspi-

rateurs qui ont juré sa perte, tous ceux qui voulaient s'opposer à la religion qu'il a donnée à la
France, et au décret qui, selon lui, a terrassé
l'athéisme.

Comme il lui était revenu qu'on lui reprochait
de négliger ses fonctions publiques, et de ne plus
s'occuper que de persécutions religieuses et d'assassinats, depuis sa fête à l'Être suprême, il entre-
prend de se disculper encore sur ce point. « De-
» puis plus de quatre décades au moins, dit-il, je
» me suis vu forcé de renoncer aux fonctions que
» vous m'aviez confiées ; mais toujours mes yeux
» ont été ouverts sur la chose publique, » En effet
il a vu que le décret de mort qu'il avait fait porter
contre les prisonniers anglais restait presque sans
exécution ; il a vu qu'on se contentait de répandre
du ridicule sur la *Mère de Dieu*, tandis qu'elle était
l'âme d'une conspiration liée à toutes les autres ; il a
vu encore qu'on s'amusait à planter des arbres stéri-
les de la liberté dans la Belgique, au lieu d'y cueillir
les fruits de la victoire. Il a vu de la faiblesse et de
la dissimulation jusque dans les comités, qui renfer-
ment pourtant les plus fortes colonnes de la République. Enfin il a vu de l'obscurité dans les commissaires du mouvement des armées de terre, et
partout des conspirateurs. Mais celui qui voit tant
de choses encore, il ne voit pas la seule qu'il lui
importerait de voir. L'ambitieux qui a si bien
saisi l'à-propos pour abattre les chefs des factieux
qui l'empêchaient de monter, ne sentira pas l'importance d'user de la même politique contre ceux
qui veulent le faire descendre.

En terminant son discours apologétique, l'orateur
proteste que, par la publication des vérités qu'il

vient de faire entendre à la Convention, il n'a en vue que de servir la patrie. Mais Bourdon de l'Oise, qui n'est pas dupe de la protestation, demande que ce discours, avant d'être livré à l'impression, soit envoyé à l'examen des comités, « vu, dit-il, qu'il » peut s'y être glissé *des erreurs.* » Des erreurs dans un discours de Robespierre!!! L'expression frappe toutes les oreilles, et c'est la première fois depuis le règne du tyran qu'on se hasarde de lui observer en public qu'il pourrait bien n'être pas infaillible. Ce fut là aussi comme le premier coup de tocsin sonné contre le loup dévorant. Barrère ne s'y méprit pas; et voyant qu'on osait porter le premier coup à son ami Robespierre, il le jugea perdu et se hâta de lui décharger le second en appuyant la motion que faisait Bourdon de l'Oise. Aussitôt Vadier demande pourquoi Robespierre l'insulte en attaquant son rapport sur l'affaire de la *Mère de Dieu;* Cambon, pourquoi il a calomnié le système actuel des finances; Fréron, pourquoi il a extorqué le décret qui autorise les comités à faire arrêter les membres de la Convention comme le vulgaire des citoyens. Ainsi assailli de toutes parts, et par ceux-mêmes qu'il honorait de sa confiance, Robespierre sait à peine à qui répondre, et ses réponses ne décèlent que faiblesse. L'assemblée néanmoins, comme par un reste de respect mêlé de pitié pour celui que, la veille encore, elle encensait comme son idole, vient le tirer d'embarras, et sur toutes ces inculpations elle passe à l'ordre du jour.

Ce petit triomphe, le dernier de Robespierre, ne fut pas de longue durée, et n'avait rien qui pût flatter sa vanité. Quoique la Convention ne se fût pas déclarée ouvertement contre lui dans cette séance, elle avait cependant souffert qu'on l'inculpât de toutes manières, et personne n'avait pris sa défense. Frappé d'une défaveur qui ne lui annonçait que trop que sa tyrannie était jugée, le despote commença à se reprocher son trop de confiance et de sécurité ; et dans la nuit du 26 au 27, il s'ouvrit à ses confidents les plus intimes sur l'intention où il était de faire arrêter quarante membres de la Convention. La résolution, quoique tardive, eût pu s'exécuter encore, parce qu'il avait toute la commune de Paris dans ses intérêts et le commandant de la force armée à ses ordres. Aussi son conseil, et Saint-Just nommément, était-il d'avis que, sans attendre le lendemain, l'arrestation proposée eût lieu dans la nuit même. C'était le seul parti qui pût le sauver, du moins pour un temps ; mais de plus en plus timide et irrésolu, il juge le coup trop décisif pour oser le tenter sans y avoir préparé les esprits. Il croit pouvoir se donner encore vingt-quatre heures, et il arrête que l'exécution aura lieu la nuit du 27 au 28, après que Saint-Just, dans un rapport à la Convention, aura de nouveau sonné l'alarme sur les dangers de la patrie. Ce délai perdit le tyran.

Les membres de l'assemblée qui s'étaient essayés la veille contre lui, sentant tout ce qu'ils avaient à craindre de son ressentiment, ne songèrent plus qu'aux moyens de gagner de vitesse. Ils employèrent la nuit à concerter leur plan d'attaque pour la prochaine séance et à s'assurer des suffrages. Il fut arrêté que le lendemain on reprocherait en face tous ses crimes à Robespierre, qu'on demanderait sa tête, et qu'on ne souffrirait pas qu'aucune voix s'élevât pour sa défense.

En effet, dans la séance du vingt-sept, Saint-Just n'a pas plus tôt ouvert la bouche pour prononcer le discours convenu avec Robespierre, que sa voix est étouffée par mille cris d'improbation qui s'élèvent des quatre coins de la salle. Comme c'est cependant sur l'effet de ce discours que le tyran a fondé tout l'espoir de raffermir sa puissance ébranlée, il s'inquiète, il s'agite, il met tout en œuvre pour obtenir qu'il soit prononcé. Les clameurs de la multitude l'empêchant de se faire entendre, il s'élance à la tribune, et là il prend successivement tous les tons : il prie, il conjure, il requiert, commande le silence; mais ce dernier essai de son autorité lui apprend qu'elle n'est plus. S'il paraît encore en ce moment élevé au-dessus de ses collègues, ce n'est que pour être mieux en butte à tous les traits qui vont pleuvoir sur lui et le terrasser. Il voit la Convention se lever en masse contre lui. C'est à qui dénoncera ses crimes : tous veulent parler à la fois. La voix de Tallien prédomine; il lui reproche de nouveau son discours de la veille. Il ne peut, dit-il, retenir ses larmes sur les maux de la patrie..... Tandis qu'il fait semblant de s'essuyer les yeux, le financier Cambon s'écrie : *à bas Cromwell*. Tallien reprend : «Le voile est déchiré, » le tyran sera bientôt anéanti. » Billaud-de-Varennes lui-même, tant il est vrai que les scélérats n'ont point d'amis, se porte pour son accusateur, et personne n'a tant et de si graves reproches à lui faire essuyer. Initié à ses secrets, il les révèle tous : « C'est un traître qui a mis la force armée » de Paris dans des mains parricides; c'est lui qui » a arraché Henriot, le complice d'Hébert, au tri- » bunal révolutionnaire; c'est lui qui protége

» Lavalette, le seul noble conservé dans un emploi
» militaire. Il a fait incarcérer des patriotes, il
» a seul provoqué le décret qui le rendait maître
» d'expulser de la Convention, comme des *hommes*
» *impurs*, ceux qui ne lui plairaient pas ; il a sous-
» trait à l'échafaud un secrétaire voleur du trésor
» public. Il s'est entouré d'une bande de scélérats,
» de Daubigny entre autres... » Ainsi parlait en face
de Robespierre une créature de Robespierre.

Une foule d'autres accusations sont encore con-
fusément énoncées, à la suite desquelles on propose de déclarer Robespierre *tyran*. L'idée est accueillie avec transport. Un cri général d'indignation
s'élève, et le scélérat s'entend proclamer *tyran* à la
même place et dans la même tribune du haut
de laquelle il osa le premier accuser le vertueux
Louis XVI de tyrannie. Toujours adroit à saisir
l'à-propos, Tallien alors charge encore l'accusé de
quelques autres crimes, comme d'avoir dressé lui-
même les listes de proscription ; d'avoir dit, d'un
ton de despote, aux journalistes : « *Je vous défends*
« *de rendre mes discours publics, avant de me*
« *les avoir communiqués.* » Puis se tournant vers
un buste de Brutus, que les assassins du roi ont
placé dans la salle de leurs séances, il invoque le
génie de ce républicain, et s'écrie qu'il s'est rendu
à l'assemblée armé d'un poignard pour délivrer
la terre du tyran, si la Convention ne le frappe
pas elle-même du glaive de la loi. Aussitôt la
Convention, qui ne veut pas que Tallien ensan-
glante le théâtre de ses délibérations, s'empresse
de mettre hors la loi les deux Robespierre,
Couthon, Saint-Just et Lebas, dont elle décrète
en même temps l'arrestation, sur la demande de

divers membres; elle décrète également celle du commandant-général Henriot et de quelques autres encore. L'ordre ayant été donné à l'huissier de la salle de se saisir de la personne du tyran, l'officier se mit en devoir d'obéir. Mais le proscrit ayant fait un geste de résistance, l'huissier recule épouvanté de la seule ombre d'une autorité la veille encore si redoutable ; et sans des ordres réitérés du président, Robespierre était sur le point de s'évader.

Comme le coupable, par cela même qu'il était mis hors la loi, se trouvait jugé, les comités réglèrent qu'il serait conduit à la prison de la Conciergerie, dépôt ordinaire des criminels condamnés que l'on doit supplicier. Mais, soit effet de la confusion inséparable de ces crises révolutionnaires, soit corruption des gardes chargés de la personne de Robespierre, il fut conduit de la Convention au Luxembourg. Le directeur de cette prison, créature du tyran, refusa de l'emprisonner, alléguant pour excuse que la Convention ne lui en avait point adressé l'ordre. D'après ce refus, Robespierre, sur sa demande, fut conduit à la maison commune. Il se flattait d'y trouver des partisans, et ne se trompait pas. A peine eut-il mis le pied dans l'Hôtel-de-Ville, qu'il fut libre. Il recouvra même assez d'autorité pour faire trembler encore la Convention et se mesurer avec elle. Dès que la Commune se fut déclarée pour lui, il écrivit à Saint-Just, à Couthon et autres qui n'avaient pas été arrêtés, de venir le joindre et l'aider à diriger les mouvements du peuple, qui, disait-il, était *levé tout entier* en sa faveur. Henriot de son côté, informé par ses espions de l'affaire de Robespierre et du décret lancé contre lui-même, parcourait les rues de Paris avec tout ce qu'il avait pu rassembler de gens armés, criant à toute voix que le moment était arrivé où tous les bons citoyens devaient se réunir pour détruire une Convention *coupable et avilie;* et d'après ses ordres on faisait avancer du canon vers les Tuileries. Alarmée de tous ces mouvements, la Convention avait député plusieurs de ses membres vers les chefs des sections, qui les conjuraient de se réunir à elle pour abattre le tyran et sauver la patrie.

Tout ceci se passait dans les ombres de la nuit, et la confusion était à son comble. Paris offrait l'image d'une ville prise d'assaut, et devint bientôt le théâtre sanglant où deux factions jalouses, déchirant leur commune proie, se disputaient le sceptre d'un empire abandonné. Deux partis très prononcés parcouraient les rues et s'emparaient de divers postes. Les grands mouvements étaient surtout dans le quartier du Louvre, le long de la rue de Saint-Honoré, et depuis le Pont-Royal jusqu'à la place de Grève. Les patrouilles se succédaient et se croisaient continuellement en criant, les unes : *Vive Robespierre, à bas les comités!* les autres : *A bas le tyran, vive la Convention!*

Neutre d'abord et spectateur indifférent, le peuple parisien examinait de sang-froid la tournure que prendrait l'affaire pour se décider. Son embarras était de distinguer dans les ténèbres le parti du plus fort, qui est toujours le sien. La troupe de Robespierre lutta pendant plusieurs heures, à forces égales à peu près, contre celles des Conventionnels. L'on vit même le moment où le commandant Henriot, après avoir sabré les avant-postes des Tuileries, allait pénétrer jusque dans la salle de la Convention. Déjà Collot-d'Herbois avait annoncé à ses collègues consternés que le moment était venu pour eux de mourir à leur poste. En effet, si le canon que l'aide-de-camp Sijas faisait conduire par le Carrousel fût arrivé à propos, c'en était fait de l'assemblée conventionnelle.

Cependant, à la première nouvelle que la Commune de Paris, sous prétexte d'exercer *le plus saint des devoirs*, s'était déclarée en faveur de Robespierre, la Convention, par un décret de désespoir, proscrivit toute la Commune *insurgée*; et aussitôt les commisaires députés se mirent à parcourir les rues en criant et en faisant crier que la Commune de Paris était *hors de la loi*. A l'ignorance il ne faut que des mots, et l'on sait que depuis 60 ans une douzaine de mots ont suffi pour remuer les masses et surtout le peuple de Paris. Cette proclamation, qui, faite au nom du comité du Salut public en faveur de Robespierre, eût pu également lui réussir, acheva de mettre la multitude dans les intérêts de la Convention. Les Parisiens, effrayés, et comme s'ils eussent craint d'être tous *mis hors de la loi*, se décident aussitôt. Ils abandonnent leurs réprésentants immédiats, et protestent qu'ils n'ont rien de commun avec leur Commune. Ils le prouvent même par le fait; car dès lors la foule armée et non armée se porte en confusion vers l'Hôtel-de-Ville. En vain les partisans de Robespierre demandent-ils à ce peuple pourquoi, se tournant contre lui-même dans son aveuglement, il vient assiéger sa propre maison et ceux qu'il y avait établis les dépositaires de ses intérêts et de sa confiance ? L'impulsion est donnée, rien ne peut l'arrêter : en moins d'un quart-d'heure, les avenues de la place de

Grève sont forcées. Les troupes d'Henriot, comprimées par la foule, se replient, se débandent, ou vont se fondre dans celles qui tiennent pour la Convention. Alors la victoire est décidée et Robespierre est vaincu.

CHAPITRE DIX-SEPTIÈME.

Mort de Robespierre et de ses complices.

Dans la joie d'avoir échappé si heureusement au plus grand danger qu'elle eût jamais couru, la Convention s'empresse de féliciter le peuple de Paris et de lui apprendre, dans une nouvelle proclamation rédigée par Barrère, *que le soleil n'a éclairé que des sections fidèles, et qu'une nouvelle révolution est opérée.* Les Parisiens, émerveillés, s'applaudissent d'avoir pu de si grandes choses, surtout sans le vouloir ; car un très grand nombre de vainqueurs du tyran avaient de très bonne foi engagé le combat en sa faveur.

Robespierre, tant qu'avait duré cette affaire, n'avait pas quitté l'hôtel-de-ville, d'où il fut spectateur de la défection et de la déroute des siens. Il était dans un appartement à côté de la grande salle, ayant auprès de lui son frère, Saint-Just, Couthon, Lebas et plusieurs membres de la Commune, lorsqu'un valet de ville vint l'avertir que des gens armés montaient pour se saisir de sa personne. Aussitôt il s'arma d'un pistolet, et dit aux autres : *Ils ne guillotineront que mon cadavre.* Deux gendarmes s'étant présentés à l'instant, il leur dit avec le sourire de la rage : *J'ai vécu libre, et je mourrai de même.* En achevant ces mots il se tire un coup de pistolet dans la bouche, qui lui fracasse la machoire supérieure, tandis que Lebas se poignarde, que Couthon et Saint.Just essaient de faire de même, et que Robespierre le jeune se jette par les fenêtres sur la place de Grève. Tous les membres de la Commune, au nombre de soixante-dix, furent arrêtés dans le même temps. Robespierre, baigné dans son sang, mais respirant encore, fut mis dans une voiture, et conduit sous bonne escorte à la Convention. Les députés décidè.rent qu'il n'entrerait pas dans la salle, et chargèrent les comités de l'exécution du décret qui l'avait mis hors de la loi. Les comités arrêtèrent qu'il serait conduit en prison, où l'on panserait sa blessure, et que le jour même, à sept heures du soir, il serait guillotiné.

La Convention employa toute la journée du 28 à savourer son triomphe, à recevoir des adresses de félicitation sur sa délivrance, et de nouvelles dépositions encore à la charge du tyran. Chacun en ce jour se fait un mérite de donner le coup de pied de l'âne au monstre terrassé. Collot-d'Herbois surtout, son favori Collot-d'Herbois, fait de lui un portrait affreux. Toute l'assemblée prononce unanimement qu'elle était dans l'oppression : « Robespierre avait attaché à chaque membre de la Convention son espion qui ne le perdait pas de vue; il sacrifiait les patriotes comme les conspirateurs; il a plongé dans le deuil *cent mille familles :* on sait d'un déserteur que les puissances ennemies ne voulaient traiter qu'avec lui. Il n'est sorte de reproches qu'on ne lui intente, et tous ces reproches sont accueillis comme des crimes avérés. Mais le plus stupide, c'est celui d'avoir aspiré à la régence du royaume et au rétablissement d'un roi. Si l'on a peine à concevoir pourquoi l'on mit tant d'importance à charger d'un crime invraisemblable celui qui s'était souillé de tant de crimes certains aux yeux de la France et de l'univers, c'est qu'on ne fait pas attention que, Robespierre n'ayant pour juges que des complices, il était naturel que ceux-ci allassent chercher des inculpations et des griefs à sa charge loin de la sphère de leurs crimes communs; car tous les faits reprochés à Robespierre étaient bien moins concluants contre lui que ne devait l'être celui d'une restauration monarchique.

Tandis que la Convention, pendant toute la journée qui suivit la nuit de sa victoire, invitait le public à venir révéler les forfaits encore inconnus du tyran incarcéré; tandis que, sans danger comme sans contradicteur, elle le chargeait lui seul des intentions et des crimes de tous, celui-ci endurait dans sa prison les tourments de la plus cruelle agonie. Aux douleurs aiguës que lui causait la blessure mortelle qu'il s'était faite, se joignait le désespoir de voir le songe de son ambition fini, sa dernière heure sonnée et son supplice inévitable. Qui sait même ce que peuvent dire en pareille circonstance à la conscience d'un grand coupable, mais jeune encore, les souvenirs récents d'une éducation religieuse? Ce n'est pas tout encore : confondu avec ceux qu'il avait fait charger de fer, il fut témoin de toute la joie que leur causait sa situation; il les entendit faire la satyre et de ses principes et des résultats bizarres de la révolution, par les cris re-

doublés, vive l'égalité! vive la liberté! et pendant
une journée entière il resta en butte à tous les
reproches que pouvait suggérer le ressentiment à
de malheureuses victimes de sa tyrannie.

Ce ne fut qu'entre six et sept heures du soir que
le bourreau vint inviter Robespierre à monter avec
ses complices dans le tombereau de l'ignominie,
pour le voyage qu'il avait fait faire à tant d'autres.
Le long de sa route, il ne recueillit que des imprécations; il n'entendit retentir à ses oreilles que
l'arrêt de la malédiction publique... *Allons, sire,* lui
criait-on, *voilà donc votre tour.* Pour que rien ne
manquât à son supplice, son frère et ses plus fidèles complices furent d'abord égorgés sous ses
yeux. Il fut exécuté le dernier. Les uns disent qu'il
était mourant, d'autres qu'il avait expiré, lorsque
son tour de monter à l'échafaud fut arrivé. Ce qu'il
y a de certain, c'est que cette bouche impure qui
avait condamné tant d'innocents, on la vit alors ré-
duite au silence et comme emmuselée en présence
de ce peuple dont elle avait entretenu si longtemps les illusions et provoqué les excès. Pour as-
sujettir l'appareil appliqué sur sa blessure, on lui
avait ceint la tête d'un bandeau qui formait une espèce de turban. C'était là le diadème que conser-
vaient à ce roi de théâtre ses sujets devenus ses
bourreaux. On voulut le lui ôter au moment où il
montait à l'échafaud. Alors une partie de sa mâchoire se détache, et au lieu d'un homme on ne
voit sous l'appareil qu'un monstre hideux. Sa
tête à l'instant est courbée sous le terrible niveau
de l'égalité française et séparée de son tronc.
Le bourreau s'en saisit, la montre avec complaisance au peuple; et ce même peuple en faveur

duquel le démagogue avait commis tant de crimes, ce même peuple que la veille encore il salariait pour applaudir au pied de la guillotine, on le vit applaudir gratuitement à sa mort et par des cris de joie redoublés.

Ainsi périt, le 28 juillet 1794, du supplice du talion, et d'une mort qui portait le caractère frappant de la divine vengeance, ce Robespierre le plus redoutable de tous les factieux qui, depuis la naissance de la révolution, s'étaient nourris du sang de la France. Son règne, qui, par la marche rapide de ses crimes, parut avoir duré des siècles, fut à peine de dix-huit mois. Après s'être montré tout ce temps l'assassin des gens de bien, le tyran de sa patrie, le bourreau de ses rivaux, le fléau de ses complices, coupable encore de régicide, coupable d'apostasie, monstre d'impiété, pour combler tant de forfaits, il ne lui restait plus qu'un suicide à commettre : le scélérat le tenta ; et, dans sa volonté, sa mort, digne de sa vie, fut le dernier de ses crimes.

M. de Lamartine prétend que Robespierre ne s'est pas donné la mort. Voici comment il arrange ce drame :

« Au retentissement des pas qui s'approchent, Lebas, armé de deux pistolets, en présente un à Robespierre, en le conjurant de se donner la mort. Robespierre, Saint-Just, Couthon, refusent de se frapper eux-mêmes, préférant mourir de la main de leurs ennemis. Assis impassibles autour de la salle de l'Égalité, ils écoutent le bruit qui monte, regardent la porte et attendent leur sort.

« Au premier coup de crosse de fusil sur les marches, Lebas se tire un coup de pistolet dans le cœur et tombe mort entre les bras du jeune Robespierre. Celui-ci, quoique certain de son innocence et de son acquittement, ne veut survivre ni à son frère ni à son ami. Il ouvre une fenêtre, se précipite dans la cour et se casse une jambe. Coffinhal, remplissant de ses pas et de ses imprécations les salles et les couloirs, rencontre Henriot, hébété de peur et de vin. Il lui reproche sa crapule et sa lâcheté, et le saisissant dans ses bras, il le porte vers une fenêtre ouverte, et le jette du deuxième étage sur un tas d'immondices. « Va, misérable ivrogne, » lui dit-il en le lançant dans le vide, tu n'es pas » digne de l'échafaud. »

» Cependant Dulac, rassuré sur l'intérieur de la maison commune, avait envoyé un de ses grenadiers avertir la colonne de Bourdon du libre accès de l'hôtel-de-ville. Léonard Bourdon range sa troupe en bataille devant le perron. Il monte lui-même accompagné de cinq gendarmes et d'un détachement. Il se précipite avec Dulac et ce peloton vers la salle de l'Égalité. La porte cède aux coups de crosse des fusils des grenadiers. « Mort au » tyran ! » — « Lequel est le tyran ? » crient les soldats. Léonard Bourdon n'ose affronter les regards de son ennemi désarmé. Un peu en arrière du peloton, couvert par le corps d'un gendarme nommé Méda, il saisit de la main droite le bras du gendarme armé d'un pistolet ; et indiquant de la main gauche celui qu'il fallait viser, il dirige le canon de l'arme sur Robespierre, et dit au gendarme : « C'est lui ! » Le coup part : Robespierre tombe la tête en avant sur la table, tâchant de son sang la proclamation qu'il n'a pas achevé de signer. La balle avait percé la lèvre inférieure et fracassé les dents. Couthon, en voulant se lever, tombe sur ses jambes mortes et roule sous la table. Saint-Just reste assis et immobile. Il regarde tantôt avec tristesse Robespierre, tantôt avec fierté ses ennemis.

» Au bruit des coups de feu et des cris de *vive la Convention!* les colonnes de Barras débouchent sur la place, escaladent l'hôtel-de-ville, en ferment les issues, s'emparent de Fleuriot, de Payan, de Duplay, des quatre-vingts membres de la Commune, les garrottent, les forment en colonnes de prisonniers dans la salle, et se préparent à les conduire en triomphe à la Convention. Coffinhal seul s'échappe à la faveur de la confusion générale....

» A cinq heures, la tête de la colonne entra aux Tuileries. La Convention attendait le dénouement sans le craindre. Un frémissement tumultueux annonce l'approche de Barras et de Fréron. Charlier préside : « Le lâche Robespierre est là » dit-il en montrant du geste la porte. « Voulez-vous » qu'il entre? — Non, non, » répondent les représentants, les uns par horreur, les autres par pitié....

» Robespierre , déposé dans une salle d'attente, était étendu sur une table. Une chaise renversée soutenait sa tête. Une foule immense entrait, sortait, se renouvelait, pour regarder du haut des banquettes le maître de la République abattu....... Les huissiers de la Convention le montraient du doigt aux spectateurs comme une bête féroce de la ménagerie... Il faut le fouiller , dit la foule. On trouva dans la poche de son habit deux pistolets dans leur fourreau... Ces pistolets, enfermés dans leur étui et chargés, attestent que Robespierre ne s'était pas tiré lui-même le coup de feu.... Le sang qui coulait de sa blessure se formait en caillots

dans sa bouche. Il se ranima, il étancha ce sang
avec le fourreau de peau d'un des pistolets. Son
regard éteint, mais observateur, se promenait sur la
foule comme pour y chercher de la compassion ou
de la justice. Il n'y découvrit que de l'aversion, et il
refermait les yeux. La chaleur de la salle était
étouffante. Une fièvre ardente colorait les joues de
Robespierre; la sueur inondait son front. Nul ne
l'assistait de la main. On avait placé à côté de lui,
sur la table, une coupe de vinaigre et une éponge.
De temps en temps il imbibait l'éponge et en hu-
mectait ses lèvres....

  » Après cette longue exposition à la porte de la
salle......, on le transporta au comité de sureté
générale. Billaud – Varennes, Collot-d'Herbois,
Vadier, les plus implacables de ses ennemis, l'y
attendaient. Ils l'interrogèrent pour la forme....
Transporté à l'Hôtel-Dieu, des chirurgiens son-
dèrent et pansèrent sa plaie. Robespierre trouva
dans la salle des blessés Couthon..., Henriot, les
membres mutilés par sa chute; son frère enfin,
dont on avait réduit la fracture. Après le pansement,
les blessés furent tous transférés et réunis dans
le même cachot à la Conciergerie. Saint-Just les y
attendait à côté du cadavre de Lebas. A trois
heures, on les conduisit ou on les porta au tribunal
révolutionnaire.... A cinq heures, les charrettes
attendaient les condamnés au pied du grand esca-
lier. Robespierre, son frère, Couthon, Henriot,
Lebas, étaient ou des débris humains ou des
cadavres. On les attacha par les jambes, par le
tronc et par les bras, au bois de la première charrette. Les cahots du pavé leur arrachaient des cris
de douleur et des gémissements. On les dirigea

par les rues les plus longues et les plus populeuses
de Paris. Les portes, les fenêtres, les balcons, les
toits étaient encombrés de spectateurs, et surtout
de femmes en habits de fête. Elles battaient des
mains au supplice, croyant expier la terreur en
exécrant l'homme qui lui avait donné son nom. « A
» la mort! à la guillotine! » criaient autour des
roues les fils, les parents, les amis des victimes. Le
peuple, rare et morne, regardait sans donner
aucun signe ni de regret ni de satisfaction; des
jeunes gens privés d'un père, des femmes privées
d'un époux fendirent de distance en distance la
haie des gendarmes, s'attachèrent aux essieux et
couvrirent d'imprécations Robespierre.... La tête
de Robespierre était entourée d'un linge taché de
sang qui soutenait son menton et se nouait à ses
cheveux. On n'apercevait qu'une de ses joues, le
front et les yeux. Les gendarmes de l'escorte le
montraient au peuple avec la pointe de leur sabre...
Son intelligence tout entière respirait dans ses yeux.
Son attitude indiquait la résignation, non la
crainte. Le mystère qui avait couvert sa vie cou-
vrait sa pensée. Il mourait sans dire son dernier
mot.

   » Devant la maison de l'artisan qu'il avait habi-
tée, et dont le père, la mère et les enfants étaient
déjà dans les fers, une bande de femmes arrêta le
cortége et dansa en rond autour de la charrette.

   » Un enfant tenant à la main un seau de boucher
rempli de sang de bœuf, et y trempant un balai, en
lança les gouttes contre les murs de la maison.
Robespierre ferma les yeux pendant cette halte,
pour ne pas voir le toit insulté de ses amis, où il
avait porté malheur : ce fut son seul geste de

sensibilité pendant ces trente-sept heures de supplice.....

» On se remit en marche vers l'échafaud. Couthon était rêveur, Robespierre le jeune attendri. Les secousses qui renouvelaient la fracture de sa jambe lui arrachaient des cris involontaires. Henriot avait le visage barbouillé de sang, comme un ivrogne ramassé dans le ruisseau. On lui avait arraché son uniforme. Il n'avait pour tout vêtement que sa chemise souillée de boue. Saint-Just, vêtu avec décence, les cheveux coupés, le visage pâle mais serein, n'affectait dans son attitude ni humiliation ni fierté....

» Arrivés au pied de la statue de la Liberté, les exécuteurs portèrent les blessés sur la plate-forme de la guillotine. Aucun d'eux n'adressa ni parole ni reproche au peuple. Ils lisaient leur jugement dans la contenance étonnée de la foule. Robespierre monta d'un pas ferme les degrés de l'échafaud. Avant de détacher le couteau, les exécuteurs lui arrachèrent le bandage qui enveloppait sa joue, pour que le linge n'ébréchât pas le tranchant de la hache. Il jeta un rugissement de douleur physique qui fut entendu jusqu'aux extrémités de la place de la Révolution. La place fit silence. Un coup sourd de la hache retentit : la tête de Robespierre tomba. Une longue respiration de la foule, suivie d'un applaudissement immense, succéda au coup de couteau. »

C'est ainsi que l'illustre poète raconte cette sanglante tragédie..... Écoutons maintenant l'historien M. Thiers.

« Coffinhal, homme énergique, et qui avait été mal secondé, s'indigne contre Henriot, et lui dit :

« Scélérat, c'est ta lâcheté qui nous a perdus. » Il se précipite sur lui, et le saisissant au milieu du corps, le jette par une fenêtre. Le misérable Henriot tombe sur un tas d'ordures, qui amortissent la chute et empêchent qu'elle ne soit mortelle. Lebas se tire un coup de pistolet. Robespierre jeune se jette par une fenêtre. Saint-Just reste calme et immobile, une arme à la main, et sans vouloir se frapper. Robespierre se décide enfin à terminer sa carrière, et trouve dans cette extrémité le courage de se donner la mort [1]. Il se tire un coup de pistolet qui, portant au-dessous de la lèvre, lui perce seulement la joue, et ne lui fait qu'une blessure peu dangereuse.

» Dans ce moment, quelques hommes hardis, le nommé Dulac, le gendarme Méda, et plusieurs autres, laissant Bourdon avec ses bataillons sur la place de la Commune, montent armés de sabres et de pistolets, et entrent dans la salle du conseil, à l'instant même où le bruit des deux coups de feu venait de se faire entendre. Les officiers municipaux allaient ôter leur écharpe, mais Dulac menace de sabrer le premier qui songera à s'en dépouiller. Tout le monde reste immobile ; on s'empare de tous les officiers municipaux, des Payan, des Henriot, des Dumas, des Coffinhal, etc.; on emporte les blessés sur des brancards, et on se rend triomphalement à la Convention.... Il était trois heures du matin, les cris de victoire retentissent autour de la salle et pénètrent jusque sous ses voûtes. Alors les cris de vive la liberté! vive la Convention! à

[1] Les anciens poëtes assignaient, dans les enfers, une place pour les suicides.

9.

bas les tyrans! s'élèvent de toutes parts. Le président dit ces paroles : « Représentants, Robespierre et ses complices sont à la porte de votre salle ;
voulez-vous qu'on les transporte devant vous ?
Non, non, s'écrie-t-on de tous côtés ; au supplice
les conspirateurs. »

» Robespierre est transporté avec les siens dans la
salle du comité de Salut public. On l'étend sur une
table, et on lui met quelques cartons sous la tête.
Il conservait sa présence d'esprit et paraissait impassible. Il avait un habit bleu, le même qu'il portait à la fête de l'Être suprême, des culottes de
nankin, et des bas blancs, qu'au milieu de ce tumulte il avait laissé retomber sur ses souliers. Le
sang jaillissait de sa blessure, il l'essuyait avec un
fourreau de pistolet. On lui présentait de temps en
temps des morceaux de papier, qu'il prenait pour
s'essuyer le visage. Il demeura ainsi plusieurs
heures exposé à la curiosité et aux outrages d'une
foule de gens. Quand le chirurgien arriva pour le
panser, il se leva lui-même, descendit de dessus la
table, et alla se placer sur un fauteuil. Il subit un
pansement douloureux, sans faire entendre aucune
plainte. Il avait l'insensibilité et la sécheresse de
l'orgueil humilié. Il ne répondait à aucune parole.
On le transporta ensuite avec Saint-Just, Couthon
et les autres, à la Conciergerie. Son frère et Henriot
avaient été recueillis à moitié morts dans les rues
qui avoisinent l'hôtel-de-ville.

» La mise hors de la loi dispensait d'un jugement ; il suffisait de constater l'identité. Le lendemain matin, 10 thermidor (28 juillet), les coupables
comparaissent au nombre de vingt-un devant le
tribunal où ils avaient envoyé tant de victimes.

Fouquier-Tinville fait constater l'identité, et à quatre heures de l'après-midi il les fait conduire au supplice. La foule, qui depuis longtemps avait déserté le spectacle des exécutions, était accourue ce jour-là avec un empressement extrême. L'écha- faud avait été élevé à la place de la Révolution. Un peuple immense encombrait la rue de Saint-Honoré, les Tuileries et la grande place. De nombreux parents des victimes suivaient les charrettes en vomissant des imprécations; beaucoup s'appro- chaient en demandant à voir Robespierre. Les gendarmes le leur désignaient avec la pointe de leur sabre. Quand les coupables furent arrivés à l'échafaud, les bourreaux montrèrent Robespierre à tout le peuple; ils détachèrent la bande qui en- tourait sa joue, et lui arrachèrent le premier cri qu'il eût poussé jusque-là. Il expira avec l'impassi- bilité qu'il montrait depuis vingt-quatre heures. Saint-Just mourut avec le courage dont il avait tou- jours fait preuve. Couthon était abattu. Henriot et Robespierre le jeune étaient presque morts de leurs blessures. Des applaudissements accompagnaient chaque coup de la hache fatale, et la foule faisait éclater une joie extraordinaire. L'allégresse était générale dans Paris. Dans les prisons, on entendait retentir des cantiques; on s'embrassait avec une espèce d'ivresse, et on payait jusqu'à 30 fr. les feuilles qui rapportaient les derniers évènements. Quoique la Convention n'eût pas déclaré qu'elle abolissait le système de la Terreur, quoique les vain- queurs eux-mêmes fussent ou les auteurs ou les apôtres de ce système, on le croyait fini avec Robespierre, tant il en avait assumé sur lui toute l'horreur. »

Un témoin oculaire de cette scène épouvantable la dépeint de la manière suivante :

« J'arrivai sur le quai vers les deux heures du matin, non sans difficulté, montrant à chaque pas ma médaille de député. Je parvins enfin à la tête de la colonne de cavalerie, où je trouvai mon brave collègue Merlin, qui donnait tranquillement à des gendarmes l'ordre de mettre pied à terre et d'accompagner l'huissier de la Convention Rose, qui fut signifier aux révoltés, au milieu de leurs délibérations tyrannicides, le décret de mise hors la loi. Payan le reçut avec un calme rare : c'était un scélérat déterminé ; il le lut à haute voix, prononça lentement les noms de ceux qu'atteignait le décret, sans s'oublier lui-même ; mais il eut l'adresse infernale d'y ajouter ces mots : *Ainsi que le peuple qui assiste dans les tribunes à leurs délibérations tyrannicides.* Cette addition ne produisit pas l'effet qu'il en avait espéré, et chacun des auditeurs que la curiosité eût pu retenir encore, s'éloigna pour ne pas être atteint par cet ordre prétendu.

» Au courage féroce qui avait animé les conspirateurs succéda une consternation générale. Henriot vient leur apprendre que ses canonniers l'ont abandonné ; la discorde se met entre eux. « *Scélérat !* s'écrie Coffinhal, en s'adressant au général trahi, *c'est ta lâcheté qui nous a perdus.* » Il se précipite sur lui, furieux, et, robuste comme un taureau, il le saisit au milieu du corps et le jette par une fenêtre. Tous les autres se dispersent et se cachent. Couthon se blottit dans son fauteuil ; Lebas est furieux ; Robespierre est anéanti ; Saint-Just reste immobile.....

» Ce fut alors qu'arriva Léonard Bourdon, avec le marquis de Brantès. Merlin les fit précéder d'un détachement de gendarmes, et ils montèrent à la ville. Je les suivis. A notre approche Robespierre le jeune s'élança par une fenêtre et faillit écraser un citoyen nommé Dalbarède, qui avait marché bien à contre-cœur avec les soutiens de la faction. Maximilien voulait parler; mais un des gendarmes lui tira à bout portant un coup de pistolet dans la figure. La balle lui fracassa la mâchoire inférieure. Lebas s'était emparé d'un pistolet. *Tue-moi*, dit Saint-Just à ce dernier. — *J'ai bien autre chose à faire*, répond Lebas. Puis se tournant un peu, il se fait sauter la cervelle. Les gendarmes bandèrent la plaie de Maximilien avec un mouchoir, s'emparèrent de tous les révoltés, les lièrent et les emmenèrent attachés à la queue des chevaux; Robespierre, Couthon, Robespierre jeune et le cadavre de Lebas furent placés sur des civières.

» La colonne, formée avec une arrière-garde et des flanqueurs sur les côtés pour empêcher le peuple de se jeter sur les prisonniers, prit la route de l'administration de police. Lorsque nous y arrivâmes, la garde de vétérans de ce comité se mit en défense; mais sur l'ordre impératif de Merlin de Thionville, elle plaça ses armes en faisceaux. Des gendarmes mirent pied à terre, et suivirent Merlin, qui fit prendre les onze administrateurs présents occupés à rédiger la mise hors la loi d'un grand nombre de députés parmi lesquels nous étions, Merlin et moi. Ils furent garrottés et mis à la queue des chevaux comme leur idole. Le cortége reprit sa marche, Merlin parcourant les flancs de la colonne avec ses ordonnances, et écartant la foule qui menaçait Robespierre.

» Nous traversâmes le quai des Tuileries au milieu des acclamations et des cris de joie du peuple. Il était trois heures du matin. Comme nous passions sous les guichets du Louvre, un groupe nombreux voulut s'emparer de Robespierre et l'égorger. *Retirez-vous, citoyens; ne vous déshonorez pas,* s'écria Merlin; *laissez faire au bourreau son métier.* Ces mots énergiques suffirent, et nous arrivâmes à la Convention, où les députés accueillirent mon brave collègue aux cris de *Vive la liberté! Vive Merlin!*

» Après cette crise violente, la Convention se croyait sauvée, et recevait en ce moment les députations et les félicitations des sections de Paris. *Le lâche Robespierre* est-là, dit le président, *on l'apporte sur un brancard; vous ne voulez pas sans doute qu'il entre. — Non, non,* s'écrie-t-on de toutes parts, *le cadavre d'un tyran souillerait l'assemblée, c'est à la place de la Révolution qu'il faut le porter.* Il fut conduit dans la salle du comité de Salut public. Des médecins furent envoyés pour examiner et panser sa blessure. Le pistolet dont on l'avait frappé ne contenait que du mauvais plomb : il devait souffrir horriblement; cependant, à cela près de quelques mouvements convulsifs, il conservait un calme impassible. Plusieurs députés quittèrent la séance pour se rendre auprès de lui et faire le tour de la table sur laquelle il était étendu. Je voulus aussi le voir. Rien de si misérable et de si triste que l'aspect de notre Cromwell, les habits en désordre et tout couverts de sang. Il avait pour oreiller une boîte contenant quelques échantillons de pain de munition envoyés de l'armée du Nord. Il était sans chapeau et sans cravate; son habit bleu de ciel, sa culotte de nankin, étaient

souillés de sang et de poussière ; ses bas de coton
blanc étaient rabattus sur ses talons. Il s'appuyait
sur le côté gauche, et de sa main droite il débarras-
sait sa bouche, à l'aide d'un morceau de peau, du
sang caillé qui s'y amoncelait. On s'en aperçut, et
l'un des employés du comité, peut-être un des
gens faibles qui avaient obtenu de lui un poste
secondaire, lui donna, au défaut de linge blanc, du
papier qu'il employait au même usage après l'avoir
plié en double.

» Quelques-uns des assistants n'épargnaient pas à
Maximilien les injures. Lorsque j'entrai, un canonnier né à Arras comme lui, lui reprochait énergi-
quement ses forfaits. Je le fis taire. Cette circonstance m'attira l'attention du patient, qui l'écoutait
avec contrainte. Il me reconnut, et je crus lire dans
ses yeux, au lieu de reconnaissance, le regret que
je pusse le contempler sur un aussi triste lit de
mort. On annonça un chirurgien appelé pour le
panser. Je ne voulus point être témoin de cette
scène hideuse, et je me retirai. Un moment après
j'entendis rire de l'espèce de frayeur qu'avait
causée Robespierre à ceux qui l'entouraient, lorsqu'au moment où l'on s'y attendait le moins il
s'était levé sur son séant, et, se laissant glisser de la
table, où il se trouvait trop durement sans doute,
il avait été s'asseoir dans un fauteuil.

» Bourdon continuait à la ville la recherche
d'Henriot et de quelques autres. On parvint enfin à
découvrir le *général* caché dans la boîte de l'horloge ;
on s'en empara et il fut avec ses complices traduit
au tribunal révolutionnaire.

» On venait de prendre la même mesure à l'égard
des conspirateurs Robespierre, Couthon, Dumas,

président du tribunal, et Saint-Just. Celui-ci, en traversant la salle d'audience du comité de Salut public, attacha ses yeux sur le grand tableau des droits de l'homme, qui y était placé par son ordre pour la règle des magistrats. *C'est pourtant moi qui ai fait cela*, dit-il, et il se laissa emmener avec les scélérats qui avaient corrompu son âme et qui le conduisaient, âgé de 26 ans, à l'échafaud.

» Après la mise hors la loi, il n'était plus besoin de jugement, il suffisait de constater l'identité, et Fouquier-Tinville l'eut bientôt fait. Ce ne fut cependant qu'à l'heure ordinaire, qu'à quatre heures d'après midi, qu'ils furent conduits au supplice. L'échafaud avait été élevé sur la place de la Révolution. Pendant tout le chemin, le peuple, accouru en foule, les accabla d'insultes, les abreuva de toutes sortes d'outrages. Les bourreaux montrèrent Robespierre au peuple et lui arrachèrent le bandeau qui entourait sa blessure. Il poussa alors un faible cri. Son frère et Henriot étaient déjà presque morts; Couthon ressemblait à un cadavre; Saint-Just avait perdu tout courage. Leurs têtes tombèrent au bruit des applaudissements, aux cris de vive la liberté! vive la Convention! vive la République!

» Un de ceux qui avaient assisté au dénouement de cette catastrophe me raconta avoir reconnu dans la foule la fille aînée de Duplay, qui avait voulu voir encore une fois celui que toute sa famille avait regardé comme un dieu. On a répandu que cette fille avait été la maîtresse de Robespierre. Je crois pouvoir affirmer qu'elle était sa femme, d'après le témoignage d'un de mes collègues, que Saint-Just avait instruit de ce mariage secret, auquel il avait assisté. La mère se pendit de désespoir; tous les autres membres de cette famille furent arrêtés à la suite de ce jour, mais ils furent plus tard relâchés. »

Écoutons enfin M. de Cony ajouter encore quelques traits à cet horrible tableau :

« Tout est ignominie dans les derniers instants
» du dictateur et de ses complices.

» Robespierre est au fond d'un obscur réduit
» de la Commune. Transi d'effroi, il voudrait vivre
» encore; il se cache derrière une muraille. Un gen-
» darme pénètre auprès du monstre et lui tire un
» coup de pistolet; il tombe baigné dans son sang,
» sa machoire est fracassée; mais il n'est pas privé
» de la vie. . . . .

» Robespierre présenta le plus hideux spec-
» tacle : le sang et la fange couvraient ses vête-
» ments; un de ses yeux, sorti de son orbite,
» pendait sur sa joue; mille malédictions qu'il
» pouvait encore entendre retentissaient autour
» de lui. Un homme s'approche, le contemple
» quelques instants en silence, et, sans lui adres-
» ser aucune injure, s'écrie : *Oui, il y a un Dieu.*
» Enfin le dictateur et vingt-un de ses complices
» sont amenés devant le tribunal où la veille
» encore ils ont envoyé leurs victimes. A quatre
» heures ils sont traînés au supplice, aux cris d'un
» peuple ivre de joie. Une foule immense rem-
» plissait les rues; des milliers de familles
» pleurant des victimes, à cette grande nouvelle
» sortaient de leurs retraites, j'ai presque dit de
» leurs tombeaux.

» L'agonie de Robespierre fut épouvantable.
» Au milieu des imprécations exhalées de toutes

» les bouches, on remarqua le trait suivant : une
» jeune femme traverse la foule, et saisissant un
» des barreaux de la charrette, lui dit avec l'ex-
» pression d'une colère qui contrastait avec la
» douceur de ses traits : *Monstre ! ton supplice*
» *m'enivre de joie. Que ne peux-tu mourir mille fois*
» *pour une ! descends dans la tombe avec toutes les*
» *malédictions des épouses et des mères !* puis elle
» se retira en poussant des cris déchirants.

» Robespierre, son frère, Couthon, Saint-Just,
» Henriot, étaient placés sur la même charrette.

» Henriot, couvert de sang, le corps presque nu,
» et ayant un œil qui ne tenait à son orbite que par
» quelques filaments, forçait tous les regards à
» se détourner. Le peuple l'apostrophait et faisait
» entendre mille imprécations : *Le voilà*, disait-il,
» *ce monstre tel qu'il sortit de Saint-Firmin après*
» *avoir égorgé les prêtres.* Le corps de Lebas, qui
» s'était tué d'un coup de pistolet, était étendu
» sur la charrette; Robespierre, les yeux baissés
» et abattus, penchait sur sa poitrine sa tête hi-
» deuse ; il portait l'habit dont il était revêtu le
» jour où sa bouche sacrilége osa proclamer l'exis-
» tence de l'Être suprême. Ce rapprochement
» rappela à des pensées religieuses cette foule
» qui surgissait de toutes parts : la puissance de
» Dieu se manifestait dans cet instant avec un
» éclat qui confondait l'incrédulité humaine.

» Les derniers moments de Robespierre furent
» terribles. Après avoir jeté son habit, qui était
» croisé sur ses épaules, le bourreau l'étendit sur la
» planche fatale et lui arracha brusquement l'ap-
» pareil mis sur sa bouche mutilée ; le sang
» jaillit alors, la mâchoire inférieure se détacha

» de la mâchoire supérieure, et sa tête présenta
» le plus hideux de tous les aspects. Le général
» Lavalette, le président des Jacobins Vihier,
» le maire de Paris Fleuriot, l'affreux Simon et
» plusieurs autres furent suppliciés le même jour.
» La frayeur et la bassesse siégeaient sur ces fronts
» pâles et livides, un mouvement convulsif agitait
» leurs membres ; tous entendirent les malédic-
» tions de la génération entière et moururent de
» mille morts, en horreur à eux - mêmes et
» chargés de l'exécration des siècles. »

Ainsi périt avec ses complices celui qui avait
régné sur la France par la terreur, et qui, lorsque
le sang fut utile à l'exécution de ses projets, le fit
répandre à grands flots. On lui fit l'épitaphe suivante :

> Passant, ne pleure pas son sort ;
> Car, s'il vivait, tu serais mort.

PORTRAIT DE ROBESPIERRE,

par M. Eugène Pelletan.

Je cherche vainement, je l'avoue, une parcelle d'héroïsme à ce petit homme aigre, bilieux, prudent, toujours propre, bien brossé, tiré à quatre épingles [1], la boutonnière fleurie, la lèvre amorcée d'un arrêt de mort.

Là, jamais d'élan, jamais d'imprudence. Sitôt qu'une action s'engage, n'importe sur quel terrain, il passe adroitement à la queue de l'armée; sitôt que la victoire est gagnée, il reprend la tête de la révolution.

Il ne se compromet pas. Il traversera les ruis-

---

[1] C'est le seul point peut-être sur lequel Robespierre n'ait jamais cédé aux idées du jour. Lorsque le sans-culottisme triomphant mit à la mode le cynisme du costume et de la malpropreté, il poussa jusqu'à l'affectation le soin qu'il avait toujours porté à sa mise; et cette circonstance fut cause d'une méprise qui aurait pu être fatale à celui qui la commit. Voici le fait : au plus fort du régime de la Terreur, Mossi, imprimeur libraire de Marseille, se trouvant à Paris, assistait un soir à une séance du club des Jacobins. Les propositions les plus furibondes s'y succédaient, et Mossi les écoutait au milieu d'une foule en carmagnoles et en bonnets rouges. Mais tout à coup il se coudoie avec un individu au teint pâle, portant lunettes vertes, habit de soie, cheveux poudrés, frisés avec soin. Mossi baissa sur lui un regard d'étonnement et de surprise, et laissa tomber le nom de *muscadin*. Mais le muscadin fit un pas en arrière, releva ses lunettes sur son front, et fixa entre les deux yeux le Marseillais, qui sans trop savoir pourquoi se sentit saisi de frayeur, se glissa doucement dans la foule, et avant de sortir demanda quel était cet homme-là. C'est Robespierre lui répondit-on. Il n'eut rien de plus pressé que de repartir pour Marseille. Plus d'un mois après son aventure, il ne croyait pas que sa tête fût solidement établie sur ses épaules.

seaux en bas blancs et en escarpins, sans se crotter. Le tocsin sonne, le sang coule, d'autres marchent au danger, la poitrine au vent; Robespierre reste caché. Il est caché au 20 juin, caché au 10 août, caché au 2 septembre, caché dans toutes les crises décisives de la révolution.

Tel homme devant les événements, tel homme devant les idées. Quand on demande le maintien de la peine de mort, il en demande l'abolition; quand on réclame l'abolition de la royauté, il en demande le maintien.

Et on a fait de cet homme le représentant de la logique! Singulière logique, en effet, qui arrive à formuler ainsi son vote dans le procès de Louis XVI :

« Le sentiment qui m'a porté, mais en vain, à
» demander à l'Assemblée constituante l'abolition
» de la peine de mort, est le même qui me force
» aujourd'hui à demander qu'elle soit appliquée
» au tyran de ma patrie. »

Robespierre avait surtout un talent : il savait tâter son chemin. Il évitait avant toute chose de s'engager. Il poussa aussi loin que possible la science du négatif. Il fut nommé à la Commune, il donna aussitôt sa démission; il fut nommé au tribunal révolutionnaire, il refusa; il fut nommé au comité de Salut public, il garda le silence, bailla, dormit, prit son chapeau et finit par ne plus revenir aux séances.

Toujours renfermé dans son moi, comme dans un donjon avec deux issues ouvertes dans deux directions opposées; blâmant et protégeant Marat, blâmant et protégeant Camille Desmoulins, défiant les hommes de la Montagne en prairial, et quelques semaines après en thermidor, apostrophant ainsi les hommes de la plaine : C'est *à vous, hommes purs, que je viens demander asile.*

..... Malgré toutes les fadaises de sa jeunesse, cet homme ne connut jamais l'affection. Il n'eut que des disciples, il n'eut pas d'amis. Il ne voulut que des inférieurs, il ne voulut pas d'égaux. Il ébrancha la renommée au dessus de sa tête, pour que de déshérence en déshérence, la royauté de la parole tombât jusqu'à son niveau.

L'âme du juste se répand comme une huile sur son visage. Le fiel de Robespierre s'était extravasé sur ses traits. Le sourire y était glacé. Rien n'était plus terrible que la gaieté de ce sombre vendangeur qui cueillit les têtes et les foula comme des grappes dans son panier.

En envoyant Camille Desmoulins à la mort, devant les Jacobins, voici comment il raillait son jeune ami : « Camille, en lisant Phélippeaux, croît
» lire encore les Philippiques de Cicéron et de Dé-
» mosthènes ; mais qu'il ne s'abuse pas, les an-
» ciens ont fait des *Philippiques* et Phélippeaux n'a
» composé que des *Phélippotiques.* »

La plaisanterie chez Robespierre faisait signe au bourreau. Qu'on ne vienne plus me dire : ce fut un homme pieux qui voulut ramener la République, cette bacchante barbouillée de sang, à je ne sais quelle religion. Que m'importe son Être suprême, *ci-devant Dieu*, comme on écrivait dans les actes publics ! que m'importe ce culte raboté en un tour de main au fond de la boutique d'un menuisier ! Il n'y a là ni une religion, ni une philosophie, ni une vérité pour les esprits, ni une morale pour les actions.

Le catholicisme avait mis le prêtre entre Dieu et

l'homme, Luther retira le prêtre et mit la Bible ; Rousseau retira la Bible et le prêtre, et ne mit à la place qu'une promenade sur la montagne. Le Dieu de Rousseau n'était évidemment que le Dieu de l'individu, et de l'individu au dix-huitième siècle qui, ne voulant être ni catholique ni protestant, réclamait la liberté de conscience et le droit de s'appliquer en quelque sorte le *minimum* de Divinité.

Est-ce là le Dieu qui convenait à un peuple qui a traversé l'histoire......?

Que vient donc nous apporter cet avocat d'Arras, ignorant et dogmatique, plagiaire de Rousseau.....?

Mais cette proclamation de la Divinité était une réaction heureuse après les orgies de la déesse Raison. J'en conviendrais volontiers, si ce retour à Dieu eût ramené Robespierre à d'autres sentiments ; si, en face de cette grande pensée de la Divinité, touché d'un seul rayon de l'Évangile, il eût déposé son couteau sur l'autel.

Il n'en fut rien, et au moment même où il revenait de cette fête, tout vibrant encore de l'émotion religieuse, tout gourmé de l'orgueil de son pontificat d'un jour, et tout empanaché de plumes tricolores, il alla sournoisement poser son bouquet sur la table, pour écrire au milieu du parfum des roses son décret du 22 prairial, le plus sanglant outrage qui fut jamais fait à l'humanité.

Robespierre s'y faisait donner le privilége de tuer pour un mot, pour un soupir. Il y retirait à tout accusé le droit de défense. « La loi, dit l'article » 12 du décret, donne pour défenseurs aux patriotes » colomniés des jurés patriotes ; elle n'en accorde » point aux *conspirateurs.* » L'audition même des

témoins à décharge est interdite. C'est à la suite de
ce décret qu'un montagnard s'écria : « Si ce décret
» passe, je n'ai plus qu'à me brûler la cervelle. »

Ce décret demandait une moisson de têtes dans
la Convention et hors de la Convention. On voit
que la dévotion de Robespierre pour l'Être suprême n'allait pas jusqu'à lui inspirer le moindre
sentiment d'infidélité à la guillotine.

Il fut sans pitié. Il eut le premier l'idée de massacrer tous les prisonniers anglais, et fit rendre ce
décret en un seul article.

Il ne sera plus fait de prisonniers anglais.

C'était là une phrase tout empreinte du génie de
Robespierre : jamais il ne nommait les choses par
leur vrai nom; jamais il n'abordait de front ses ennemis. Il les enlaçait péniblement et laborieuse-
ment dans un filet d'insinuations, et il attendait
une interruption avec un coup de théâtre dans sa
poche.

C'est ainsi qu'un jour il désigna longuement, en
phrases perfides et meurtrières, Bourdon de l'Oise
à la colère de la Convention. Bourdon, lassé de cette
accusation indirecte, indéfiniment promenée sur sa
tête, se leva et s'écria : « Je demande qu'on prouve
» ce qu'on a avancé : on vient de dire assez claire-
» ment que j'étais un scélérat. » — Je n'ai pas
» nommé Bourdon, répond Robespierre. Malheur
» à qui se nomme ! Mais s'il veut se reconnaître au
» portrait général que le devoir m'a forcé de tra-
» cer, il n'est pas en mon pouvoir de l'en empê-
» cher [1]. »

---

[1] Bourdon de l'Oise fut tellement frappé de cette apostrophe, ses

Il y a toujours, chez ce sombre spadassin de la parole, le coup étudié d'avance. Le 9 thermidor, il arriva à la Convention avec deux discours aiguisés en secret et soigneusement cachés sur sa poitrine. Le premier contenait des insinuations vagues, l'autre des accusations vagues contre ses ennemis.

Homme ambigu, dont la parole avait toujours deux tranchants, qui demandait huit jours pour préparer une défense; esprit si insaisissable à travers les escaliers dérobés de sa phraséologie, que Vergniaud était obligé de lui jeter cette dure apostrophe : *Mais concluez donc !*

Robespierre ne concluait pas, sa vie se passait à s'envelopper d'une fausse humilité, et à toujours se glorifier de ses services.

Flatteur du peuple contre soi-même, flatteur de soi-même à l'aide de ses flatteries au peuple, il tournait habilement sa modestie en orgueil. Il saisit toutes les occasions de popularité ; il laissa guillotiner une pauvre petite, une idiote armée d'un peloton de fil et d'un couteau de poche, parce qu'elle demandait à voir le tyran. Et il le fit uniquement pour se donner les honneurs du martyre, et coiffer, sans avoir la peine de mourir, l'auréole de Marat.

A ce portrait de Robespierre nous en ajouterons

organes, son physique, sa santé, en ont été si grandement altérés, que pendant un mois qu'il a gardé le lit ou la chambre, les médecins ont craint pour ses jours, et ont eu beaucoup de peine à le rappeler à la *raison* et à *la vie*, tant était grande la terreur qu'inspirait Robespierre au sein même de la Convention.

un autre qui le fera mieux connaître encore. Il est extrait d'un ouvrage de M. Granier de Cassagnac, qui vient de paraître, sous le titre de *Robespierre et Saint-Just.*

De toutes les considérations qui pourront étonner le lecteur dans ce chapitre, aucune ne nous paraît aussi étrange que la nécessité de le consacrer à peu près tout entier à Robespierre. Non seulement l'histoire n'accorde souvent qu'un mot à des hommes dont il n'eût pas atteint la hauteur dans le cours d'une société calme et régulière, mais elle passera rapidement sur des personnages dont, même pendant la révolution française, Robespierre fut loin d'égaler la valeur morale et l'éclat. Dédaigné de tous ceux qui se l'associèrent dans l'accomplissement de leurs œuvres, il les soumit tous, l'un après l'autre, à une domination dont on cherche vainement le principe. Inférieur à Vergniaud pour l'éloquence, à Brissot pour le savoir, à Danton pour l'énergie, à Camille Desmoulins pour le style, il les attira néanmoins sans effort visible et fatalement dans l'abîme, comme le serpent roulé dans la fange fascine et fait tomber les oiseaux. Il y avait donc dans la nature de cet homme une puissance de domination qui, pour n'avoir aucune formule extérieure, pour n'éclater ni dans l'intelligence, ni dans la hardiesse, ni dans l'enthousiasme, ne s'imposait pas moins d'une manière mystérieuse, mais irrésistible ; et c'est pour cela que l'histoire ne saurait lui refuser parmi les morts autant de place qu'il s'en fit faire parmi les vivants.

Quand on suit pas à pas la marche et les travaux de Robespierre, quand on lit ses discours, quand on assiste à ses clubs, quand on regarde ses actes ;

et qu'après avoir tout lu, tout écouté, tout pesé,
on en veut porter un jugement, non en vue des
passions du présent, mais en vue des faits du passé
et de la justice de l'avenir, on arrive à reconnaître
et l'on est forcé de convenir qu'il n'y a vraiment en
lui ni la plus légère trace de génie, — ni talent, —
ni courage, — ni principes.

Ce n'est, répétons-le bien, ni la fantaisie, ni la
prévention, ni la haine, qui dictent ce jugement sévère ; c'est l'étude calme et sincère de tout ce qu'il
a écrit, de tout ce qu'il a dit et de tout ce qu'il a
fait. Ce jugement diffère sans doute des diverses
épopées que les partis révolutionnaires ont com-
posées depuis trente ans sur Robespierre, autant
que l'histoire diffère de la poésie. Aussi cette raison
même nous a-t-elle imposé des obligations qui
pour d'autres étaient superflues. Aux poètes, l'in-
vention avait suffi, mais à l'histoire il faut la
preuve.

Il n'y eut, du vivant de Robespierre, parmi ceux
qui le connurent et même parmi ceux qui l'aimè-
rent, qu'une opinion très unanime sur la nullité de
son talent. Soit qu'il parlât, soit qu'il écrivît, on le
trouvait déclamatoire, ennuyeux et vide. « Son
éloquence, dit Meillan, n'était qu'un tissu de déclamations sans ordre, sans méthode et surtout sans
conclusions. Nous étions obligés, chaque fois qu'il
parlait, de lui demander à quoi il voulait en venir.
Il se plaignait, il se lamentait, il gémissait sans
cesse des malheurs de la patrie, et jamais il n'avait
un remède à proposer. » Mme Roland, qui l'aimait
et qui le recevait souvent chez elle, n'en avait pas
une idée plus favorable. « Je lui pardonnais, dit-elle,
en faveur des principes, son mauvais langage et

son ennuyeux débit. Il écoutait tous les avis, donnait rarement le sien; et j'ai ouï dire que, le lendemain, le premier à la tribune, il faisait valoir les raisons qu'il avait entendu exposer la veille par ses amis. Son talent comme orateur était au dessous du médiocre. Sa voix triviale, ses mauvaises expressions, sa manière vicieuse de prononcer, rendaient son débit fort ennuyeux. »

Nous avons réservé l'opinion de Louvet pour la troisième, parce qu'ayant été en lutte constante et violente avec Robespierre, son sentiment avait besoin d'être amené et justifié par des témoignages plus désintéressés sinon plus sincères. « Le très médiocre Robespierre, dit-il, a triomphé de Danton. Je dis très médiocre, parce que les pompeux rapports qu'il publie depuis que, réunissant, comme principal membre du comité de Salut public, tous les pouvoirs, il dispose aussi des assignats, ne peuvent en imposer à quiconque le connaît aussi bien que moi. Détestable auteur et très mince écrivain, il n'a aujourd'hui d'autre talent que celui qu'il est en état d'acheter. »

Voilà ce que pensaient du talent de Robespierre les hommes politiques et les écrivains notables au milieu desquels il vivait. Nous avions besoin de faire connaître cette impression générale qu'il avait laissée à ses contemporains, et à laquelle on ne citerait guère que deux exceptions, pour que le lecteur nous suivît sans défiance dans l'examen de ses travaux.

Les deux personnes qui eurent, ou du moins qui exprimèrent une opinion différente sur le talent de Robespierre, furent Saint-Just et La Harpe. « Vous, lui écrivait Saint-Just, qui soutenez la pa-

trie chancelante contre le torrent du despotisme
et de l'intrigue, je ne vous connais que comme
Dieu, par des merveilles... Je ne vous connais pas,
mais vous êtes un grand homme. » Quant à La
Harpe, il adressa à Robespierre une lettre de félicitations et d'éloges sur les deux discours qu'il
avait prononcés, le 8 juin 1794, à la fête de l'Être
suprême. C'était le 19 août 1790 que Saint-Just
trouvait Robespierre un grand homme. Il n'avait
néanmoins encore rien fait ni rien dit à cette
époque qui pût légitimement passionner le disciple
le plus enthousiaste ; et La Harpe fit connaître en
l'an V ce qu'il fallait penser de ses éloges en
l'an III.

« On se rappelle , dit-il, ce qu'étaient autrefois les *écrivains des Charniers*, qui fournissaient
à tous venants des lettres de bonne année, des lettres d'amour ou des lettres d'injures. Il y avait le
style à dix sols, le style à vingt, le style à trente.
Voilà précisément toute la hiérarchie du bel esprit
révolutionnaire. Il a produit cinq ou six écrivains
et autant d'orateurs de la Montagne qui se sont élevés jusqu'au style à trente sols. » La Harpe n'avait
pas peur d'être guillotiné quand il s'exprimait ainsi, et il donnait, en toute liberté d'esprit, sa véritable valeur au style de Robespierre.

C'est comme orateur et comme penseur qu'il faut
apprécier Robespierre, pour avoir de son talent
une idée claire et précise. Le malheur est qu'il est
fort difficile de discerner et de mettre à part son
œuvre oratoire et son œuvre philosophique. Cependant nous allons étudier la première dans la série
des opinions qu'il prononça sur diverses matières,
au sein des assemblées délibérantes, et la seconde

dans les morceaux plus étendus, plus réfléchis, plus solennels, sous forme de discours ou de rapports, où il eut occasion d'aborder les grandes questions de la religion, de la morale et de la philosophie.

Robespierre, mince avocat au conseil provincial d'Artois, n'avait rien qui pût le signaler à l'attention de l'Assemblée constituante. Il avait trente ans; il savait son droit coutumier comme on pouvait le savoir à son âge, et il n'avait ni souffert comme Mirabeau, ni étudié comme Duport, ni brillé comme Mounier et Barnave. Il n'apportait même pas à l'Assemblée des opinions hardies et étranges qui pussent l'y faire distinguer. C'est sans raison, et au mépris des faits les plus positifs, qu'on a supposé qu'il avait alors des opinions républicaines. Nous montrerons plus loin, avec ses propres écrits comme avec les témoignages les plus irrécusables, qu'il ne les avait même pas trois ans plus tard, et qu'il fut l'un des derniers à comprendre et à vouloir la république. Robespierre n'était alors qu'un constitutionnel comme Mirabeau ou comme Lameth, avec lesquels il parlait et il votait; et personne dans ce parti ne montra un plus grand attachement et un plus grand respect pour l'autorité royale.

C'est le 20 juillet 1789 que Robespierre parla pour la première fois à l'Assemblée constituante, pour dire deux mots en faveur d'une émeute de Saint-Germain, et le 27 pour demander la violation du secret des lettres. Le peuple de Paris, qui était alors dans la plus grande anarchie, avait saisi, dans la nuit du 22 au 23 juillet, sur M. de Castelnau, ministre du roi à Genève, diverses lettres que le

district des Petits-Augustins avait d'abord ouvertes
et puis envoyées au duc de Liancourt, président de
l'Assemblée. C'était de ces lettres que Robespierre
demandait communication, ce à quoi l'Assemblée
ne voulut pas consentir.

Ce début de Robespierre contient et caractérise
le principe de sa conduite à l'Assemblée constituante.

Il s'y montre inquiet, soupçonneux, froide-
ment inquisiteur, constamment préoccupé de
trames qu'il promet de dévoiler et qu'il oublie, et
donnant toujours l'intérêt du peuple pour cause
et pour but à sa sollicitude. Sur à peu près cent
opinions ou discours qu'il prononça dans cette assemblée, on n'en trouverait pas six où le nom du
peuple ne soit mis en avant. Il est vrai qu'il ne perd
pas une occasion d'encenser son idole, et il ne parle
guère que lorsque l'intérêt du peuple tel qu'il
l'entend lui en donne la facilité. Tantôt, comme
le 31 juillet, lorsque la commune de Paris avait rendu la liberté au baron de Besenval sur la demande
de Necker, il veut, *pour calmer le peuple*, lui donner
la certitude que ses *ennemis* n'échapperont pas à la
vengeance des lois ; tantôt, comme le 11 septembre,
sur la question de savoir quelle sera la durée des
législatures, il veut que cette durée ne soit que
d'un an, parce que le *peuple*, dans une monarchie,
ne pouvant exercer sa toute-puissance qu'en nommant des représentants, il est juste qu'il les change
souvent ; tantôt, comme le 7 avril 1790, il veut l'é-
tablissement des jurés en matière civile, parce que
des hommes *qui veulent être libres* sont capables de
surmonter *toutes les difficultés*, et que le moment
étant propice à cette institution, on n'a pas le droit

de hasarder, par un ajournement, *le bonheur du peuple*.

.   .   .   .

Lorsque, plus tard, Robespierre se fit journaliste, lorsqu'il se mêla aux luttes passionnées du club des Jacobins, et surtout lorsqu'il eut conquis une position presque dictatoriale à la Convention, il cherchait à donner à ses discours une forme plus oratoire et plus littéraire. Ces discours étaient toujours écrits. Lorsqu'il les composait, dit Garat, il avait la *Nouvelle Héloïse* ouverte à côté de lui, et il s'étudiait à en reproduire les tournures. Cette observation de Garat paraît parfaitement fondée, au moins en ce qui touche les grands discours d'apparat ou les rapports que Robespierre fit à la Convention. On y retrouve, non le style chaud, coloré et véhément de Rousseau, mais sa fausse solennité et son enflure ; non cette passion à la fois tendre et impérieuse qui pénètre le cœur et qui domine l'âme, mais ces prosopopées théâtrales, ces apostrophes déclamatoires, en un mot toutes ces formules vaines que les rhéteurs enseignent, faute de pouvoir enseigner le savoir, l'esprit et l'émotion.

À l'Assemblée constituante, les discours de Robespierre passaient moins inaperçus que dédaignés. Quand ils étaient trop gauches, son ami Buzot lui en faisait crument la fraternelle observation ; quand ils étaient visiblement outrés, Mirabeau grommelait entre ses dents que l'exaltation des principes n'en était pas la sublimité ; et lorsque, par aventure, ils avaient paru gagner la faveur de l'Assemblée ou des tribunes, Charles Lameth venait sournoisement en confisquer le résultat au profit de son ambition et de sa cause.

A la Convention, Robespierre n'était pas plus éloquent, mais il était plus écouté. Ses discours d'alors avaient, comme ceux de Phocion, une hache : c'était celle du bourreau. Lorsque sa voix glapissante s'exhalait en phrases sentencieuses et ampoulées, l'Assemblée, lâche et tremblante, battait des mains comme le cirque romain aux strophes criardes de Néron. Au moins, en retour de l'ennui impérial qu'il imposait à la foule, Néron ne lui demandait que des applaudissements ; mais des applaudissements n'auraient pas suffi à l'avocat d'Arras : il lui fallait encore des têtes.

Ce serait donc prostituer le nom d'orateur que de le donner à ce phraseur incolore et nauséabond, aussi peu famillier avec la grammaire qu'avec l'éloquence, et dont les œuvres s'appellent des discours, faute d'un mot pour désigner le verbiage sans idée, sans chaleur et sans style.

Nous allons suivre Robespierre par-delà les ruines du 10 août, les cadavres de septembre et l'échafaud de Louis XVI, jusqu'au plus grand épanouissement de son autorité et de sa gloire, au moment où, la Convention ayant décrété, sur un rapport de Saint-Just, le 10 octobre 1793, que la constitution était suspendue jusqu'à la paix, Robespierre vint exposer au nom du comité de Salut public les principes du gouvernement révolutionnaire. Rien alors ne le gênait ; son action était libre, sa volonté souveraine ; le tranchant de la guillotine émondait devant lui toutes les branches de sa route, et il pouvait, sans trouver d'obstacles, tailler la France sur le patron de sa fantaisie, aussi librement que Dieu avait rêvé la forme du monde dans le néant.

Voici donc le gouvernement idéal de Robespierre, son système, son utopie, sa religion :

« Le gouvernement révolutionnaire a pour but de fonder la République.

» Aux bons citoyens il doit toute la protection nationale.

» Aux ennemis du peuple il ne doit que la mort.

» Le gouvernement révolutionnaire est juste et légitime, car il a pour loi le salut du peuple, et pour titre la nécessité.

» Que faut-il donc faire ?

» Poursuivre les inventeurs coupables de systèmes perfides.

» Protéger le patriotisme, même dans ses erreurs. »

Otez les déclamations, les menaces, les redites, les apostrophes, les prosopopées, — tout le rapport de Robespierre sur les principes du gouvernement révolutionnaire se réduit à ces phrases textuelles. Et ce n'est pas seulement pour les temps de troubles et de lutte qu'il le propose, mais encore pour les temps de calme et de paix, car toute la différence qu'il indique entre le *gouvernement révolutionnaire* et le *gouvernement ordinaire*, c'est que le premier doit être seulement *plus actif dans sa marche et plus libre dans ses mouvements*. Le but reste donc le même, ainsi que le principe ; il n'y a quelque changement que dans l'emploi des moyens.

Ainsi, Robespierre fait deux parts dans sa société :

D'un côté il met ce qu'il nomme le peuple, de l'autre il met ce qu'il nomme les ennemis du peuple. A son peuple il donne tout appui, aux

ennemis de son peuple il ne donne que l'échafaud.
— Voilà le principe et le but de son gouvernement.

Son peuple, il le protége et lui pardonne tout,
même ses erreurs, c'est-à-dire ses crimes. Les ennemis de son peuple, il les poursuit et les exter-
mine. — Voilà la règle de son administration.

En théorie, on ne saurait certes rien imaginer
de plus simple. C'est le feu qui embrase les mois-
sons, ne voulant et ne laissant de place que pour
ses cendres. C'est Attila, envahissant les villes,
foulant aux pieds de ses chevaux le droit, la propriété, l'intelligence, la vie, et faisant une boue sanglante de tout ce dont Dieu avait fait la jeunesse, la
force, la grâce, la beauté. Lui non plus ne devait
que la mort à l'Europe épouvantée, car il faut être
autre chose qu'une bête fauve pour savoir que, lors
même qu'on doit la mort à une créature humaine,
on lui doit encore la justice et la pitié.

Mais, qu'est-ce donc que Robespierre appelait le
peuple, et qu'est-ce qu'il appelait les ennemis du
peuple? A qui devait-on toute la protection nationale? à qui ne devait-on que la mort? C'est dans
les écrits mêmes de Robespierre, c'est dans les pages secrètes auxquelles il confiait son intime pensée qu'il faut aller chercher sa doctrine sociale.
C'étaient les tables de sa loi, écrites pour lui seul,
aux heures les plus secrètes de sa vie sombre et atrabilaire; et le bourreau seul put en ouvrir les feuillets.

« D'où viennent les dangers? — Des BOURGEOIS.

» Quels sont nos ennemis? — Les RICHES.

» Quand l'intérêt des RICHES sera-t-il confondu
avec celui du PEUPLE? — JAMAIS.

» Qui retarde l'instruction du PEUPLE? — Les

ÉCRIVAINS, qu'on doit PROSCRIRE comme les plus dangereux ENNEMIS de la patrie.

» Que faut-il?

» Il faut que L'INSURRECTION continue.

» Il faut que le PEUPLE s'allie à la Convention, et que la Convention SE SERVE DU PEUPLE.

» Il faut que les SANS-CULOTTES SOIENT PAYÉS, et RESTENT DANS LES VILLES.

» Il faut leur procurer des ARMES, les COLÉRER, les éclairer.

» Il faut EXALTER l'enthousiasme républicain par TOUS LES MOYENS POSSIBLES. »

Voilà donc expliquées toutes les réticences de Robespierre. Le *peuple*, à qui la société devait toute la protection nationale, c'étaient les *sans-culottes*; les *ennemis* du peuple, à qui la société ne devait que la mort, c'étaient les *bourgeois*, les *riches* et les *lettrés*. Expliqué en deux mots, son gouvernement était le pillage pour but, et l'assassinat pour moyen. Saint-Just n'avait que vingt-cinq ans en 1793. Il fut, avec tous les autres révolutionnaires, une exception à cette loi de la nature qui veut que la jeunesse soit vive, audacieuse, turbulente, mais brave, loyale et miséricordieuse. Robespierre, Camille Desmoulins, Saint-Just, reçurent beaucoup d'affronts ou beaucoup d'injures ; ils ne se battirent ni ne pardonnèrent jamais. Ils renvoyaient leurs cartels à Sanson, et faisaient de la place de la Révolution leur champ-clos. Peu de ces tribuns imberbes égalèrent la froide cruauté de Saint-Just. « Il est taciturne et observateur, disait de lui Robespierre ; mais j'ai remarqué qu'il a beaucoup de ressemblance avec Charles IX. » C'était assurément une calomnie, car Saint-Just n'aurait pas laissé vivre Henri IV.

Fanatique réfléchi, sophiste compassé, orateur sentencieux et dogmatique, Saint-Just avait une tête de feu et un cœur de glace. Ses haines n'étaient pas des sentiments, c'étaient des opinions. Elles étaient raisonnées et implacables. Acharné à la destruction de toutes les anciennes et puissantes familles, pour enrichir les sans-culottes, il voulut très sérieusement, en octobre 1793, faire travailler tous les nobles qui étaient alors en réclusion à creuser les canaux et à percer les routes. Arrêté par l'indignation du comité de Salut public, il s'en alla aux armées du Nord faire *rouler à toute force la guillotine*, suivant l'expression de Joseph Lebon. Ce n'est pas que ses doctrines républicaines fussent très sincères ni très anciennes. Simple électeur du Nivernais, il écrivait à Robespierre, en 1790, pour conserver les priviléges de son village, et il faisait partie, en 1792, de cette faction criarde et avide qui avait pris le faible et malheureux duc d'Orléans pour drapeau. Il avait donc été secrètement royaliste avec Pétion, Chabot, Camille Desmoulins et Danton, et il devint républicain comme eux quand il y eut avantage à l'être. Il ne paraît pas précisément qu'il ait montré cet instinct de la rapine qui s'allia, dans le cœur de tant d'autres, avec l'instinct du sang; cependant, et ce sont là des autorités graves et considérables, Barrère, en présence du comité de Salut public et du comité de Sûreté générale réunis, lui reprocha de n'avoir pas toujours défendu la patrie sans intérêt personnel, et Buzot le présente comme ayant commis des crimes pour en avoir le profit.

Un peu plus lettré, un peu plus inventif que Robespierre, Saint-Just lui cherchait et lui élaborait des plans de gouvernement. Il fut comme le Siéyès de la Terreur. Il ne lui suffisait pas d'avoir préparé avec Hérault de Séchelles et Barrère la constitution de 1793, constitution si *parfaite*, dit naïvement l'un de ses auteurs, qu'on ne put jamais l'appliquer ; il eut la pensée d'organiser la France d'après un grand système, divisé en deux parties, dont l'une créait le gouvernement, et dont l'autre créait les mœurs. Il donna généreusement la première à Robespierre, qui s'en para dans son rapport du 23 décembre, et il se réserva la seconde, que la révolution du 9 thermidor l'empêcha de réaliser.

C'étaient en effet les idées de Saint-Just que Robespierre développait dans son rapport sur les principes du gouvernement révolutionnaire. Déjà, dans son discours du 10 octobre, Saint-Just avait très nettement proposé la grande théorie de l'assassinat et du pillage.

« Les maximes de paix et de *justice naturelle*, disait-il, *sont bonnes entre les amis de la liberté* ; mais entre le *peuple et ses ennemis, il n'y a rien de commun que le glaive.* » — Voilà pour l'assassinat.

« Il faut *appauvrir les ennemis du peuple*, disait-il encore, pour qu'ils n'entrent pas en concurrence avec lui. — Voilà pour le pillage.

Du reste, le peuple et ses ennemis étaient, aux yeux de Saint-Just, la même chose qu'aux yeux de Robespierre. Le peuple, c'étaient les *patriotes* ; les ennemis du peuple, c'étaient les *riches*. Robespierre n'avait ni précisé ni conclu, et par conséquent le système ne marchait pas. C'est pour cela que Saint-Just vint, un mois après Robespierre, le 26 janvier 1794, reprendre l'organisation du gouvernement révolutionnaire. Il fut, lui, très explicite et très net.

« La révolution nous conduit à reconnaître ce *principe* : que celui qui s'est montré *l'ennemi* de son pays *ne peut y être propriétaire.*

» Les *propriétés des patriotes sont sacrées,* mais les *biens des conspirateurs sont là* pour tous les malheureux. »

Rien, comme on voit, d'aussi simple que le *principe révolutionnaire* de Saint-Just, si ce n'est celui de Robespierre. Il consistait à exterminer les bourgeois et les riches, et à donner leur patrimoine aux assassins. Quant aux moyens d'extermination, on y avait largement pourvu avec les tribunaux révolutionnaires. Il n'y en avait qu'un à Paris, Robespierre en proposa quatre.

Saint-Just ajoutait : « Les révolutions marchent de faiblesse en audace et de *crime en vertu...* Ce n'est guère que *par le glaive* que la liberté d'un peuple est fondée... Osez! Ce mot renferme toute la politique de notre révolution. »

Robespierre, Marat et Danton, les trois hommes les plus féroces de la révolution, en furent aussi et naturellement les plus lâches. Le courage est toujours clément et miséricordieux. Il n'y avait entre ces trois poltronneries que cette nuance : Danton se sauvait, Marat se cachait et Robespierre chantait sa mort future comme le cygne. Cependant il ne négligeait pas non plus les caves, de même que Marat et Danton, surtout quand elles étaient profondes.

La première terreur de Robespierre éclata le 22 juin 1791, après la fuite du roi. Son imagination le lui représentait revenant à la tête d'une armée et châtiant les patriotes. « Je sais, s'écriait-il au club des Jacobins, qu'en accusant la presque universalité de mes confrères d'être contrerévolutionnaires, j'aiguise mille poignards et je me dévoue à toutes les haines; je sais le sort qu'on me réserve, mais je recevrai presque comme un bienfait une mort qui m'empêchera d'être témoin des maux que je crois inévitables. » Et Camille Desmoulins, qui n'était pas plus rassuré que lui, ajoutait, en rapportant ces paroles : *C'était en effet comme son testament de mort qu'il venait de déposer dans les archives des Jacobins.*

Le second accès de terreur qui saisit Robespierre éclata le 18 juillet, le lendemain du seul quart d'heure de fermeté que La Fayette et Bailly montrèrent de leur vie, et qui amena l'affaire dite du Champ-de-Mars. Robespierre, plus ou moins compromis dans la pétition des Jacobins, se crut perdu, et il disparut avec une énergie que la peur seule est en état de communiquer à un homme.

« Je ne connais pas, dit à cette occasion Mme Roland, d'effroi comparable à celui de Robespierre dans ces circonstances. On parlait effectivement de lui faire son procès, probablement pour l'intimider. On disait qu'il s'ourdissait une trame aux Feuillants contre lui et les commissaires à la rédaction de la pétition des Jacobins. Nous nous inquiétâmes véritablement sur son compte, Roland et moi. Nous nous fîmes conduire chez lui, au fond du Marais, à onze heures du soir, pour lui offrir un asile ; mais il avait déjà quitté son domicile. Nous fûmes trouver Buzot pour lui dire qu'il ferait peut-être bien d'entrer aux Feuillants, pour défendre ceux qu'on voulait persécuter. Buzot hésita quelque temps ; je ferai tout, dit-il, pour sauver ce malheureux jeune homme, quoique je sois loin de partager l'opinion de certaines personnes sur son compte. Il songe trop à lui pour tant aimer la liberté.

Enfin, le 10 août, pendant que les aveugles Girondins excitaient l'émeute et renversaient la monarchie au profit de la Montagne, les trois chefs futurs des sans-culottes, Danton, Robespierre et Marat, attendaient, tapis dans leur cave respective, que les partis imbéciles leur livrassent la France atterrée ; et cette ignominieuse lâcheté des trois maîtres de la patrie de Duguesclin, de Bayard et d'Henry IV, était un fait si public et si notoire, que Robespierre n'osa pas le nier quand Vergniaud le lui jeta à la face, le 10 avril 1793, en pleine Convention.

Ce n'était donc ni le talent ni le courage qui étaient les titres de Robespierre à la domination suprême : voyons enfin si c'étaient les principes.

De tous les hommes que l'égoïsme, la soif du pouvoir et les hasards de la révolution rendirent républicains et terroristes, Robespierre fut celui qui resta royaliste le plus longtemps et avec le plus d'opiniâtreté. La réunion des États-Généraux le trouva dévoué aux principes monarchiques ; il le demeura quatre ans, du commencement de 1789 à la fin de 1792, et il fut peut-être celui auquel les idées républicaines causèrent le plus de répugnance et le plus d'étonnement.

Robespierre était-il neveu de Damien, comme les *Actes des Apôtres* [1] lui reprochent de s'en vanter, et comme d'autres contemporains l'affirment

---

1. Journal sans-culotte dévoué à Robespierre.

également ? C'est ce qu'il ne nous a pas été possible de vérifier; mais une telle parenté n'avait rien ôté à son sang de sa sève royaliste, et c'est dès l'année 1770, lorsqu'il n'était encore qu'écolier de rhétorique au collége de Louis-le-Grand, que Maximilien de Robespierre inaugurait sa carrière politique en complimentant, au nom de l'Université, Louis XVI et Marie-Antoinette à l'occasion de leur entrée solennelle à Paris, après le sacre. Sans doute de telles harangues sont beaucoup plus la fleur de l'esprit que le fruit de l'opinion; mais l'âme de la jeunesse est franche et loyale, les calculs de l'ambition ne l'ont pas encore altérée, et Maximilien n'eût pas appelé, à seize ans, les bénédictions du Ciel sur deux couronnes encore humides de l'huile sainte, s'il avait senti poindre au fond de sa pensée le vague pressentiment qu'il ferait couper, à trente-quatre ans, les deux têtes qui les portaient [1].

[1] Treize ans plus tard, les opinions monarchiques et royalistes de Robespierre n'avaient fait que s'accroître et prendre un caractère plus chaleureux. *L'Impartial de Boulogne*, cité par *la Gazette de Flandre et d'Artois*, dans son numéro du 30 juin 1856, nous fournit sur ce point un document précieux :

« En 1783, Robespierre, qui était alors M. de Robespierre, plaidait
» devant le conseil d'Artois pour y faire réformer un jugement de l'é-
» chevinage de Saint-Omer, par lequel M. de Vissery avait été con-
» damné à supprimer un paratonnerre élevé par lui dans cette ville sur
» sa propre maison. Tout Saint-Omer s'était ému de l'érection de ce
» paratonnerre. Chacun se voyait menacé de tous les dangers qu'il de-
» vait tout au contraire éloigner ; et, dans l'aveuglement où tous les
» habitants se trouvaient sur l'application de la découverte de l'illustre
» Franklin, ce n'avait pas été trop de toutes les grosses têtes de Saint-
» Omer pour faire descendre de son toit l'agent provocateur des foudres
» d'en haut.

» M. de Vissery, condamné dans son pays, où l'on n'est jamais pro-
» phète, comme l'on sait, en appela au conseil de la province. M. de

Lorsque l'Assemblée constituante sapa les bases de la monarchie en croyant lui donner, dans des maximes idéales, un fondement inébranlable, Robespierre fut de ceux qui s'imaginèrent pouvoir allier la doctrine de la royauté héréditaire avec la doctrine de la souveraineté inaliénable et imprescriptible des individus ; mais cette doctrine était celle des plus purs royalistes, et de Monnier lui-même. D'ailleurs il était plein de respect pour le trône. Le 8 octobre 1789, il proposait pour la formule de la promulgation des lois : Louis, *par la*

» Robespierre le défendit, et prononça à ce sujet deux plaidoyers où il
» s'égaya beaucoup aux dépens des Audomarois. Il y avait un peu de quoi
» rire de leurs frayeurs ; et M. de Robespierre leur opposa la sérénité
» dans laquelle vivaient tant d'autres localités qui dormaient fort tranquil-
» lement sous leurs paratonnerres, et l'exemple de tant de savants,
» de princes et d'*illustres souverains*, qui en avaient facilité l'intro-
» duction ou l'emploi au faîte de leur palais, et, qui plus est, sur des
» magasins à poudre. Le futur agresseur de la monarchie et de toutes
» les têtes couronnées cita avec admiration tout ce qui occupait un
» trône en Europe ; et voici comment il s'exprima sur le monarque qui
» régnait alors en France :
    « *On sait qu'une barre électrique est placée sur le cabinet de*
» *physique du château de la Muette, maison royale que le monarque*
» *qui nous gouverne honore assez souvent de sa présence auguste.*
» *S'il restait encore quelques doutes sur les effets de ces machines,*
» *on n'en aurait point fait l'essai sur une tête* SI CHÈRE *et* SI SACRÉE.
» *Cette preuve est sans réplique : j'en atteste les sentiments de*
» *toute la France pour un prince qui fait ses délices et sa gloire.* »
    Dix ans plus tard, cette tête *si chère* et *si sacrée* tombait sous le
couteau de la guillotine, sur la place de la Révolution. Un homme
avait demandé à la Convention qu'elle *déclarât Louis XVI traître*
envers les Français, criminel envers l'humanité, et qu'elle con-
damnât sur-le-champ à mort, en vertu de l'insurrection. Cet
homme c'était Robespierre *.

    * Les deux plaidoyers de Robespierre, aujourd'hui une rareté biblio-
graphique, se trouvent dans la bibliothèque publique de Boulogne.

grâce de Dieu et par la volonté de la nation, roi des
Français; et si le 25 mai 1790 il lui échappa de nommer le roi *commis et délégué de la nation*, il se hâta
de dire aux interrupteurs qu'on le *soupçonnait à
tort de manquer de respect à la majesté royale, puisqu'elle n'était autre chose que la majesté nationale*, et
que, dans son intention, ses termes avaient eu
pour but d'en donner *la plus magnifique idée.*

Le 7 juin 1790, Robespierre, signalé par Camille
Desmoulins comme ayant tenu publiquement un
propos qui manquait *de réserve* à l'égard du dauphin, se hâta d'écrire pour protester, et il signa DE
ROBESPIERRE, juste douze jours avant le décret du
19 juin qui abolissait les titres et les qualifications
nobiliaires. Mais au mois de juillet 1791, et quelques
jours après les évènements du Champ-de-Mars,
c'est-à-dire lorsque des pétitions avaient publiquement demandé la république, Robespierre,
dans une *Adresse aux Français*, faisait encore plus
nettement en ces termes sa profession de foi monarchique : « Quant au monarque, *je n'ai point
partagé l'effroi que le titre de roi a inspiré à presque tous les peuples libres.* Pourvu que la nation
fût mise à sa place, et qu'on laissât un libre essor
au patriotisme que la nature de notre révolution
avait fait naître, *je ne craignais pas la royauté, et
même l'hérédité des fonctions royales dans une famille.* » Robespierre était donc à la fin de 1791
un royaliste constitutionnel de très bonne foi, et
il le demeura jusqu'au 10 août 1792.

Toutefois, le 10 août 1792, Robespierre, quoique
toujours royaliste, ne l'était pas de la même manière. La douzième livraison de son *Défenseur de la
Constitution* contenait un avis annonçant que le

journal allait désormais changer de titre, et il le continua en effet jusqu'au 15 mars 1793, sous le titre de *Lettres de Maximilien Robespierre à ses commettants*.

Les évènements du 10 août rendirent Robespierre orléaniste. Il fut en effet à cette époque l'allié apparent et public de Marat et de Danton, et il enleva peu à peu la Commune aux influences de Pétion, tandis que Danton enlevait le ministère aux influences de Roland. M. de Bouillé expose avec précision à quel point Robespierre contribua par ses conseils et par ses promesses à égarer le duc d'Orléans; et ce qui ne peut laisser aucun doute sur l'étroite union qui exista, du 10 août à la fin de l'année 1793, entre les orléanistes et Robespierre, c'est que le 16 décembre, lorsque les Girondins firent prononcer l'expulsion des Bourbons, tandis que Marat avait défendu le duc d'Orléans à la Convention, Robespierre le défendit le soir même aux Jacobins, et le décret du 16 était rapporté le 19 en ce qui touche le prince.

Voilà donc déjà deux évolutions politiques opérées par Robespierre. Jusqu'au 10 août 1792 il est royaliste constitutionnel; après le 10 août, et jusqu'en 1793, il s'allie à la faction d'Orléans. Maintenant il va devenir républicain. Pourquoi? L'histoire n'en sait rien, et assurément Robespierre n'en savait pas davantage.

Robespierre et ses amis songeaient à la dictature, même avant la chute de Louis XVI; et ils sondaient déjà les évènements et les hommes qui pouvaient les aider à l'établir. Barbaroux, invité pendant le mois de juillet 1792 à une conférence chez Robespierre, en reçut la confidence formelle. « Robes-

pierre, dit-il en parlant de la Révolution, se vanta
beaucoup de l'avoir accélérée ; mais il soutint
qu'elle s'arrêterait si quelque homme extrêmement
populaire ne s'en déclarait le chef et ne lui imprimait un nouveau mouvement. *Je ne veux pas plus d'un
dictateur que d'un roi*, lui répondit brusquement
Rebecqui, et la conversation fut rompue. En sortant, Panis nous serra la main : « Vous avez mal saisi la chose, nous dit-il, il ne s'agissait que d'une autorité momentanée, et Robespierre est bien l'homme
qui conviendrait pour être à la tête du peuple. »
Beaucoup plus tard, au mois de mars 1793, Barbaroux rappela ces faits à Robespierre dans une conférence de membres de la Convention, en présence
de Meïllan, qui les rapporte ; et l'une des causes
principales de la mort d'Hébert, au mois de mars
1794, fut précisément la confidence d'un projet de
dictature que Robespierre lui avait faite, et à laquelle Hébert ne crut pas devoir s'associer.

La dictature fut en effet, depuis la chute de la
monarchie, la pensée constante et suprême de Robespierre ; c'est pour l'établir qu'il avait préparé
avec Saint-Just et avec Couthon le coup d'État du
9 thermidor, que les évènements firent tourner
contre lui. C'est là un fait désormais acquis à l'histoire, et que la publication des importants *Mémoires* de Barrère a mis dans tout son jour.

« Dans les premiers jours de thermidor, dit Barrère, Saint-Just et Robespierre demandèrent une assemblée extraordinaire pour des propositions essentielles qui exigeaient la réunion des deux comités de
Salut public et de Sûreté générale. La séance s'ouvrit à deux heures du matin. Robespierre propose
d'abord l'établissement de quatre tribunaux révo-

lutionnaires. Cette proposition indigne tout le monde, mais on écoute l'orateur. On ne fait ressortir que les principales raisons qui s'opposent à de si terribles mesures. Cependant, pour connaître toute sa pensée et ses projets ultérieurs, on demande si c'est à ce plan d'établissement pénal que doivent se borner les délibérations.

» Pressés dans leurs retranchements, Lebas et Saint-Just prennent successivement la parole pour exposer la nécessité de réprimer avec force les ennemis du peuple qui sont au moment de triompher et de renverser l'œuvre de la liberté. C'est Saint-Just qui parle en second lieu, mais ses termes sont moins vagues.

— Le mal est à son comble, dit-il; vous êtes dans la plus complète anarchie des pouvoirs et des volontés. La Convention inonde la France de lois inexécutées et souvent même inexécutables. Les représentants près des armées disposent à leur gré de la fortune publique et de nos destinées militaires. Les représentants en mission usurpent tous les pouvoirs, font des lois et ramassent de l'or auquel ils substituent des assignats. Comment régulariser un tel désordre politique et législatif? Pour moi, je le déclare sur mon honneur et ma conscience, je ne vois qu'un moyen de salut: ce moyen, c'est la concentration du pouvoir, c'est l'énergie attachée aux institutions politiques dont les anciens firent un si utile usage. »

» L'impatience gagnait déjà tous les membres des deux comités. *Expliquez-vous ; où voulez-vous en venir ?* s'écrie-t-on de toutes parts. Saint-Just reprend avec ce flegme qui est le caractère du machiavélisme et de l'ambition concentrés:

— Eh bien, je m'explique. Il faut une puissance dictatoriale autre que celle des deux comités ; il faut un homme qui ait assez de génie, de force, de patriotisme et de générosité, pour accepter cet emploi de la puissance publique ; il faut surtout un homme doué d'une telle habitude de la révolution, de ses principes, de ses phases, de son action et de ses divers agents, qu'il puisse répondre de la sûreté publique et du maintien de la liberté ; il faut enfin un homme qui ait en sa faveur l'opinion générale, la confiance du peuple, et qui soit en effet un citoyen vertueux et inflexible autant qu'incorruptible. Cet homme, je déclare que c'est *Robespierre*. Lui seul peut sauver l'État.

» Je demande qu'il soit investi de la dictature, et que les deux comités réunis en fassent dès demain la proposition à la Convention. »

» Nous trouvâmes, ajoute Barrère, les dictateurs un peu précoces. Après une discussion vive et courte, les dictateurs, honteux et dépités, se virent éconduits à l'unanimité, déboutés de leur proposition de dictature par un ordre du jour qui fut comme une déclaration de guerre.

» En effet, trois jours après, le 8 thermidor, les dictatoriaux dressèrent leurs batteries à la Convention par un discours très mielleux de Robespierre. »

On sait comment les hommes ouvertement menacés de la mort par Robespierre se révoltèrent, et comment, au lieu de prendre le gouvernement de la France, Robespierre, Saint-Just, Couthon, avec leur faction tout entière, montèrent le 9 thermidor et les jours suivants sur l'échafaud.

On s'est demandé pendant cinquante ans quelle avait été la pensée secrète de Robespierre. La voilà très simplement et très nettement expliquée : Il voulait le pouvoir pour lui-même, et par tous les moyens qui le donnent, depuis la monarchie de Louis XVI jusqu'à sa propre dictature, en passant par deux combinaisons intermédiaires, qui furent la royauté du duc d'Orléans et la République. Ce fut donc un factieux vulgaire, moins courageux et moins capable que les autres, et par cela même plus dissimulé, plus prudent et plus heureux.

Si le coup d'État du 9 thermidor avait eu un résultat contraire, la république française aurait fini à Robespierre au lieu de finir à Napoléon ; car, une fois maître du pouvoir, il l'aurait exercé dans les conditions de modération, de fermeté et d'ordre qui rendent seules le pouvoir possible. Seulement, Robespierre était un avocat médiocre, tandis que Napoléon était un homme d'État de génie, et il est permis de croire que la France aurait subi la dictature sans la compensation de la gloire et des institutions que l'empereur lui a données.

Enfin, si, après avoir pris connaissance des portraits si bien coloriés de Robespierre, que nous venons de reproduire, il existait encore des personnes pour lesquelles ce héros de la Montagne fût un homme incompris, c'est qu'elles ont, il faut l'avouer, l'intelligence passablement obtuse. Car Robespierre en a fait assez ce semble pour expliquer aux moins clairvoyants tout ce qu'il voulait. Le moyen, en effet, de conserver quelque doute sur ce grand citoyen, lorsqu'on se rappelle

qu'il proposa de diviser le tribunal révolutionnaire
en quatre sections, afin d'aller plus vite; qu'il fit
voter la loi du 22 prairial, qui supprimait l'instruction du procès et la défense des accusés, et que
par suite des soins fraternels qu'il se donna en
faveur de l'humanité, le tribunal révolutionnaire
de Paris expédia la besogne suivante.

En novembre 1793, il y eut 250 guillotinés;
en décembre, 255; en janvier 1794, il y en eut 131;
en février, 102; en mars, 99; en avril, 173;
en juin, 497; de juillet jusqu'au 27 ou 9 thermidor, 515 : total, depuis l'établissement du tribunal
jusqu'à la chute de Robespierre, 2022 personnes,
dont près de 1200 femmes.

Il nous paraît difficile de croire qu'un person-
nage qui avait une politique si nette soit encore
incompris.

FIN.

LISTE

DES MEMBRES DE LA CONVENTION NATIONALE,

avec le vote de chacun d'eux dans le procès de Louis XVI.

Noms des Députés.	POUR	VOTES.	Observations
		Haute-Garonne [1].	
Jean Mailhe,	la mort.	il demande, si cette opinion passe, que l'assemblée discute le point de savoir s'il conviendra à l'intérêt public que l'exécution ait lieu sur-le-champ, ou qu'elle soit différée. Cette proposition est indépendante de son vote.	Exilé en 1816.
Delmas,	la mort.		
Projean,	la mort.		Exilé en 1816.
* Pérez [2],		la réclusion et l'expulsion à la paix, comme mesure de sûreté générale.	Messager d'État.
Julien,	la mort.		Préfet en 1816
Calès,	la mort.		
Desazy,	la mort.	il demande, etc. (C'est l'amendement de Mailhe, Haute-Garonne.)	Guillotiné le 5 avril 1794.
Rouzet,	la mort.	la réclusion à temps comme mesure de sûreté générale.	
Rulh ,		la réclusion jusqu'à ce que les puissances de l'Europe aient reconnu l'indépendance de la République française; le bannissement alors , sous peine de mort	
Mazade,		La réclusion perpétuelle.	

[1] Par suite d'un roulement qui s'opérait entre les départements pour procéder aux appels nominaux, c'est le département de la Haute-Garonne qui fut le premier appelé. Nous conservons cet ordre pour l'intelligence des amendements successivement reproduits : celui de Mailhe, par exemple, fut adopté par beaucoup de membres; il suffira d'y renvoyer.

[2] Les noms précédés d'un * ont été députés aux États-Généraux.

Noms des Députés.	POUR	VOTES.	*Observations*
		Gers.	
Laplaigne,	la mort.		Exilé en 1816.
Maribon-Moutaut,	la mort.		
Descamps,	la mort.		Exilé en 1816.
Cappin,		La réclusion jusqu'à l'affermissement de la liberté, et le bannissement ensuite.	
Barbeau-Dubarron,	la mort.		Exilé en 1816.
Laguire,	la mort.		
Ichon,	la mort.		Inspecteur de la loterie en 1814.
Bousquet,	la mort.		
Moysset,		la réclusion ; l'expulsion à la paix.	
—	—	—	—
		Gironde.	
Vergniaud,	la mort.	il demande , etc. (Voyez Mailhe, Haute-Garonne.)	Guill. le 31 octobre 1793.
Guadet,	la mort.	il demande, etc. (Voyez Mailhe, Haute-Garonne.)	Guill. le 25 juin 1794.
Gensonné,	la mort.	il demande qu'afin de prouver à l'Europe que la condamnation de Louis n'est pas l'ouvrage d'une faction, la Convention délibère, immédiatement après son jugement, sur les mesures de sûreté à prendre en faveur des enfants du condamné et contre sa famille ; et qu'afin de prouver aussi qu'elle n'admet point de privilége entre les scélérats, elle enjoigne au ministre de la justice de poursuivre par devant les tribunaux les assassins des 2 et 3 septembre.	Guill. le 31 octobre 1793.

Noms des Députés.	POUR	VOTES.	Observations
Grangeneuve,		la réclusion.	Guill. le 20 décembre 1795.
Jay de Sainte-Foy,	la mort.		
Ducos,	la mort.		Guill. le 30 octobre 1793.
Garaud,	la mort.		Guill. le 31 octobre 1793.
Boyer – Fonfrède,	la mort.		
Duplantier,	la mort.	il demande , etc. (Voyez Mailhe, Haute-Garonne.)	
Deleyre,	la mort.		
Lacaze,		la réclusion jusqu'à la paix, ou jusqu'à ce que l'indépendance de la République soit reconnue ; le bannissement ensuite.	Guill. le 30 octobre 1793.
Bourgoin,		la réclusion.	

Hérault.

Noms des Députés.	POUR	VOTES.	Observations
Cambon,	la mort.		
Bonnier.	la mort.		
Curée,		la réclusion et la déportation à la paix.	Sénateur.
Viennet,		la réclusion jusqu'à la paix ou jusqu'à ce que les puissances de l'Europe aient reconnu l'indépendance de la République ; le bannissement alors sous peine de mort.	
Rouyer,	la mort.		
Cambacérès,		les peines prononcées par le code pénal, avec sursis jusqu'à la paix : alors faculté de commuer ces peines ; mais leur exécution rigoureuse dans les vingt-quatre heures de l'invasion qui pourrait être faite du territoire français par l'ennemi.	

Noms des Députés	POUR	VOTES.	Observations
Bunel,		la réclusion comme mesure de sûreté générale, sauf la déportation, suivant les circonstances.	S'est tué.
Fabre,	la mort.		Tué le 12 janvier 1794.
Castilhon,		la réclusion; le bannissement à la paix, sous peine de mort.	
—	—	—	—
		Ile-et-Vilaine.	
'Lanjuinais,		la réclusion, le bannissement à la paix, sous peine de mort.	Pair de France
'Defermont,		la réclusion.	
Duval,	la mort.		
Sevestre,	la mort.		Messager d'État 1814.
Chaumont,	la mort.		
'Lebreton,		la réclusion à perpétuité.	
Dubignon,		la détention jusqu'aux prochaines assemblées primaires, qui pourront confirmer la peine ou la commuer.	
Obelin,		la détention; la déportation à la paix.	
Beaujard,	la mort.		Représentant de la chambre 1815.
Maurel,		la détention jusqu'à la paix et à l'affermissement de la République; le bannissement ensuite.	
—	—	—	—
		Indre.	
Porcher,		la détention, le bannissement à la paix.	Pair de France
Thabaud,	la mort.	il demande, etc. (Voyez Mailhe, Haute-Garonne.)	Administrateur de la loterie en 1815.
Pepin,		la détention; la déportation à la paix.	

Noms des Députés.	POUR	VOTES.	Observations.
Boudin,		la détention ; la déportation à la paix.	
Lejeune,	la mort.		
Derazey,		la réclusion, sauf la déportation, suivant les circonstances.	

Indre-et-Loire.

Noms des Députés.	POUR	VOTES.	Observations.
' Nioche,	la mort.		
Dupont,	la mort.		
Pottier,	la mort.		Exilé en 1816.
Gardin,		la réclusion ; la déportation à la paix.	Guill. le 31 octobre 1793.
Ruelle,	la mort.	la mort, conformément au code pénal ; il demande que l'assemblée examine si, sous les rapports politiques, il ne serait pas de l'intérêt public de commuer la peine ou d'en suspendre l'exécution.	Exilé en 1816.
Champigny,	la mort.		
Ysabeau,	la mort.		
Bodin,		la réclusion ; le bannissement, sous peine de mort, un an après la paix.	Président de la cour royale de Poitiers.

Isère.

Noms des Députés.	POUR	VOTES.	Observations.
Baudran,	la mort.		Membre de la cour de cassation en 1815.
Genevois,	la mort.		
Servonat,		la réclusion ; le bannissement à la paix, sous peine de mort.	
Amar,	la mort.		Guillotiné.
Prunelle-Lierre		le bannissement sans délai, avec toute sa famille, sous peine de mort.	Président de la cour de Grenoble.
Réal,		la détention provisoire, par mesure de sûreté générale, sauf à commuer cette peine dans des temps plus calmes.	

Noms des Députés.	POUR	VOTES.	Observations.
Boissieux,		la détention ; le bannissement à la paix.	
Génissieux,	la mort.	il demande, etc. (Voyez, Mailhe, Haute-Garonne.)	
Charrel,	la mort.		

Jura.

* Vernier,		la détention ; le bannissement à la paix.	Mort sénateur.
Laurençot,		la réclusion ; le bannissement à la paix.	
* Grénet,	la mort.		
Prost,	la mort.		
Aymon,	la mort.		
* Babey,		la détention ; le bannissement à la paix, sous peine de mort.	
Ferroux,	la mort.		
Bonguyode,		la détention perpétuelle, sauf à la commuer en déportation, suivant les circonstances.	

Landes.

Dartigoyte,	la mort.	sans délai.	
Lefranc,		la réclusion ; le bannissement à la paix.	
Codroy,		la détention	
Ducos ainé,	la mort.		
Dizès,	la mort.		
* Saurine,		la détention de Louis et de sa famille dans un lieu sûr, jusqu'à la paix, sauf à prendre alors les mesures les plus utiles.	Mort évêque constitutionnel

Loire-et-Cher.

* Grégoire,		absent par commission.	Evêque const. Guillotiné le 5 avril 1794.
Chabot,	la mort.		
Brisson,	la mort.		
Fressine,	la mort.		

Noms des Députés.	POUR	VOTES.	Observations.
Leclerc,		la détention perpétuelle.	Juge au tribunal civil de Vendôme.
Venaille,	la mort.		
Foussedoire,	la mort.		

Haute-Loire.

Noms des Députés.	POUR	VOTES.	Observations.
Reynaud,	la mort.		Mort en novembre 1796.
Faure,	la mort.	avec exécution dans le jour.	
Deléker,	la mort.		
Flageas,	la mort.		
˙Bonnet fils,	la mort.		Représentant de la chambre en 1815.
Camus,		absent par commission.	
Barthélemy,	la mort.		Pair de France, arrêté par Dumourier et prisonnier de l'empereur d'Allemagne.

Loire-Inférieure.

Noms des Députés.	POUR	VOTES.	Observations.
Meaulle,	la mort.		
Lefèvre,		la réclusion; la déportation à la paix.	Président du tribunal de la Seine, 1811.
˙Chaillou,		la réclusion; la déportation à la paix.	Mort 1796.
Mellinet,		la réclusion; la déportation à la paix.	Mort 1793.
Villers,	la mort.		
Fouché,	la mort.		Ministre, duc.
˙Jarry,		la réclusion; le bannissement à la paix.	
Coustard,		la réclusion; le bannissement à la paix.	Guillotiné le 7 novembre 1793.

Loiret.

Noms des Députés.	POUR	VOTES.	Observations.
Gentil,		la détention; la déportation à la paix.	
Gassan-Coulon		la réclusion comme mesure de sûreté générale.	

Noms des Députés.	POUR	VOTES.	Observations.
Lepage,		la détention; le bannissement à la paix.	
Pellé,		la détention; la déportation à la paix.	
Lombard-Lachaux,	la mort.		
Guérin,		la détention; l'expulsion à la paix.	
? ?			
Delagueulle,	la mort.		
Louvet-Coupvray,	la mort.	la mort, sous la condition expresse de surseoir jusqu'après l'établissement de la Constitution.	
Léonard Bourdon,	la mort.	l'exécution dans les vingt-quatre heures.	

Lot.

Laboissière,	la mort.	il demande, etc. (Voyez Mailhe, Haute-Garonne.)	
Clédel,	la mort.		
Sallèles,		la réclusion; le bannissement à la paix.	
Jean Bon-Saint-André,	la mort.		
Monmayou,	la mort.		Exilé en 1816
Cavaignac,	la mort.		Préfet en 1815
Bouygues,		la réclusion.	
Cayla,		absent par maladie.	
Delbrel,		la mort, sous la condition expresse de surseoir jusqu'à ce que la Convention ait prononcé sur le sort des Bourbons.	Représentant de la chambre 1815.
Albouys,		la réclusion; le bannissement à la paix.	

Lot-et-Garonne.

Vidalot,	la mort.		
Laurent,		la réclusion.	
Paganel,	la mort.	il demande, etc. (Voyez Mailhe, Haute-Garonne)	
Claverie,		la réclusion; le bannissement à la paix.	
Laroche,		la réclusion; le bannissement à la paix.	Juge à Agen,

Noms des Députés.	POUR	VOTES.	Observations
*Boussion, Guyet-Laprade	la mort.	la détention; le bannisse- ment à la paix.	Mort en 1816
Fournel, Noguer,	la mort.	la réclusion jusqu'à la paix, et le bannissement dans un moment opportun.	
—	—		—
Barrot,		**Lozère.** la déportation de Louis, de sa femme et de ses enfants, à titre de mesure de sûreté générale, dans une de nos îles les plus inaccessibles, à l'époque qui sera déterminée par la Convention. Ils y seront gardés par un corps de Parisiens et de fédérés, jusqu'à ce que cette me- sure soit jugée inutile.	Membre du corps législatif en 1815.
Châteauneuf- Randon,	la mort.		
Servière,	la mort.	la mort, dans le cas seu- lement où l'ennemi en- vahirait le territoire français; jusque-là la réclusion dans un lieu de sûreté.	
Monestier,	la mort.	la mort avec sursis jusqu'à la paix.	
Pelet,		absent par commission.	
—	—		—
		Maine-et-Loire.	
Choudieu,	la mort.		Lieut. de police exilé en 1816. Exécuté en l'an II.
Delaunay (d'Angers),	la mort.		
Déshoulières,		la réclusion de Louis; sa déportation à la paix, ainsi que celle de sa famille	
*Larevellière- Lépeaux,	la mort.		Directeur.

Noms des Députés.	POUR	VOTES.	Observations
Pilastre,		la réclusion ; le bannissement à la paix.	Député.
Leclerc,	la mort.		Membre du corps législatif
Dandenac aîné		la réclusion ; le bannissement à la paix.	
Delaunay jeune		la réclusion ; le bannissement à la paix.	
Pérard,	la mort.		
Dandenac jeune		la déportation de tous les prisonniers du Temple.	
Lemaignan,		la détention ; le bannissement à la paix.	Sous-préfet.
—	—	—	—
		Manche.	
Gervais-Sauvé		la réclusion ; la déportation à la paix.	
Poisson,		la réclusion ; la déportation à la paix.	
Lemoine,	la mort.		
Letourneur,	la mort.		Direct., préfet.
Ribet,	la mort.	la mort, avec la réserve qu'il y sera sursis jusqu'à ce que toute la race des Bourbons ait quitté le territoire de la République.	
Pinel,		la détention ; la déportation à la paix.	
Lecarpentier de Valognes,	la mort.		Avocat.
Havin,	la mort.		Conseiller à la cour de Caen, exilé en 1816.
Bonnesœur,	la mort.	la mort avec sursis jusqu'à ce que l'acte d'accusation soit porté contre Marie-Antoinette, et que la famille des Capet ait quitté la France.	
Engerran,		la détention perpétuelle.	Membre du corps législatif
Bretel.		la détention ; le bannissement à la paix.	

Noms des Députés.	POUR	VOTES.	Observations
Laurence-Ville-Dieu,	la mort.	la mort; sursis à l'exécution tant que l'Espagne ne fera pas la guerre à la France, et jusqu'à ce que l'Allemagne nous ait donné une paix honorable.	Exilé en 1816.
Hubert,	la mort.		Exilé en 1816.

Marne.

' Prieur,	la mort.		
Thuriot,	la mort.		
Charles Charlier,	la mort.		S'est suicidé en 1797.
Lacroix-Constant,	la mort.		
Deville,	la mort.		Insp. des forêts exilé en 1816.
' Poulain,		la réclusion; le bannissement à la paix.	
Drouet,	la mort.		Prisonnier des Autrichiens. Mort à l'hôpital
Armonville,	la mort.		Maire de Vitry en 1814.
Blanc,		la réclusion; le bannissement à la paix.	
Batellier,	la mort.		Procur. impér. à Vitry.

Haute-Marne.

Guyardin,	la mort.	l'exécution dans les vingt-quatre heures.	Conseiller à la cour de Dijon, exilé en 1816.
' Monnel,	la mort.		
Roux,	la mort.		Employé dans les droits-réunis, exilé 1816
Valdruche,	la mort.		
Chaudron,	la mort.		
'Lal oi,	la mort.		
Waudelincourt		le bannissement.	

Noms des Députés.	POUR	VOTES.	Observations
		Mayenne.	
Bissy jeune,	la mort.	sursis jusqu'au moment où les puissances étrangères envahiraient le territoire français; et dans le cas où elles ne feraient pas cette invasion, et où la paix serait assurée, il demande que la Convention ou l'assemblée qui lui succédera délibère s'il y a lieu alors de commuer la peine.	Conseiller à la cour d'Angers en 1816.
Joachim Esnue	la mort.		Exilé en 1816.
Durocher	la mort.		
Enjubault,	la mort.	sursis jusqu'au moment, etc. (Voyez Bissy jeune, Mayenne.)	Membre du corps législatif
Serveau,	la mort.	sursis jusqu'au moment, etc. (Voyez Bissy jeune, Mayenne.)	
Plaichard Chottière,		la détention de Louis, son bannissement, ainsi que celui de sa famille, à la paix.	
Villars,		la détention; le bannissement à la paix.	
Réné François, le jeune,		la détention perpétuelle.	
		Meurthe.	
Sallès,		la détention; le bannissement à la paix.	Guillotiné à Bordeaux le 19 juin 1794.
Mallarmé,	la mort.		Receveur des droits-réunis.
Levasseur,	la mort.		Membre du corps législatif exilé en 1816.
Mollevault,		la détention; le bannissement à la paix.	
Bonneval,	la mort.		
Lalande,		le bannissement le plus prompt.	

Noms des Députés.	POUR	VOTES.	Observations
Michel,		la détention ; le bannisse-ment à la paix.	
Zangiacomi fils		la détention ; le bannisse-ment quand la sûreté publique le permettra.	
—	—		—
		Meuse.	
Moreau,		la détention ; le bannisse-ment à la paix.	
Marquis,		la détention comme ôtage responsable sur sa tête des nouvelles invasions que les puissances étran-gères pourraient faire sur le territoire de la Répu-blique ; le bannisse-ment au moment où les représentants du peuple croiront pouvoir sans danger exécuter cette mesure.	Préfet, mort en 1823.
Tocquot		la détention ; le bannisse-ment à la paix, et jus-qu'à ce que les puissances de l'Europe aient re-connu l'indépendance de la République.	
Pons de Verdun	la mort.		
Roussel,		la détention ; le bannisse-ment à la paix.	
Bazoche,		la détention comme ôtage etc. (Voyez Marquis, même département.)	Membre de la chambre des représentants en 1815.
Humbert,		la détention, le bannisse-ment à la paix, sous peine de mort.	Commissaire de la trésorerie
Harmand,		le bannissement immédiat.	
—	—		—
		Morbihan.	
Lemailland,		la détention ; le bannisse-ment à la paix, sous peine de mort.	Membre du corps législatif

Noms des Députés.	POUR	VOTES.	Observations
Lehardy,		la détention de Louis, son bannissement et celui de tous les Bourbons, après l'acceptation de la Constitution par le peuple.	Guillotiné le 31 octobre 1795.
Corbel,		la détention comme ôtage, sauf les mesures ultérieures:	
Lequinio,	la mort.		
Audrein,	la mort.	avec la condition d'examiner s'il est expédient ou non de différer.	Juge à Vannes.
Gillet,		la détention de Louis, son bannissement et celui de sa famille, à la paix.	Tué par le Cat.
Michel,		la réclusion ; la déportation dès que la sûreté publique le permettra.	
Rouault,		la réclusion ; l'expulsion à la paix.	
		Moselle.	
Merlin de Thionville,		absent par commission.	Il a écrit qu'il votait pour la mort.
* Anthoine,	la mort.	absent par commission.	
Couturier,			
Hentz,	la mort.		Exilé en 1814.
Blaux,		la détention ; le bannissement à la paix.	
Thirion,	la mort.		
Becker,		la détention perpétuelle.	
Bar,	la mort.		
		Nièvre.	
Sautereau,	la mort.		
Dameron,	la mort.		
Lefiot,	la mort.		
Guilleraut,	la mort.		Conseiller à la cour de Bourges.
Legendre,	la mort.		Exilé en 1816.
Goyre-Laplanche,	la mort.	dans le plus bref délai.	

Noms des Députés.	POUR	VOTES.	Observations
' Jourdan,		la détention ; le bannissement au moment où la Convention ou la législature suivante croira pouvoir, sans danger, procéder à l'exécution de ce décret.	

Nord.

Noms des Députés.	POUR	VOTES.	Observations
' Merlin de Douai	la mort.		
Duhem,	la mort.		
Gossuin,		absent par commission.	
Cochet,	la mort.		Juge au tribunal criminel.
Fockedey,		la détention de Louis et de sa famille ; leur bannissement quand le danger de la patrie n'existera plus.	Juge au tribunal de Bruxelles
Lesage-Senault	la mort.	l'exécution dans les vingt-quatre heures.	
' Aoust,	la mort.		Maire de Quincy.
Boyaval,	la mort.		
Briez,	la mort.		
Carpentier,	la mort.		
Sallengros,	la mort.		
Poulletier,	la mort.	dans vingt-quatre heures.	

Oise.

Noms des Députés.	POUR	VOTES.	Observations
Coupé,	la mort.		
Calon,	la mort.		
' Massieu,	la mort.		
Charles Villette		la réclusion ; le bannissement à la paix.	
Mathieu,	la mort.		
Anacharsis Clootz,	la mort.		Guillotiné le 24 mars 1794.
Portiez,	la mort.	il demande, etc. (Voyez Mailhe, Haute-Garonne).	Directeur de l'école de droit
Godefroy,		absent par commission.	Mort pendant la session.
Bezard,	la mort.		Conseiller à la cour impériale d'Amiens.

Noms des Députés.	POUR	VOTES.	Observations
Isoré, Delamarre,	la mort.	la réclusion, le bannissement six mois après la paix, en énonçant toutefois que Louis, par ses crimes, avait mérité la mort.	Exilé en 1816. Prisonnier de l'empereur d'Allemagne.
Bourdon,	la mort.		
—	—	**Orne.**	—
Dufriche-Valazé,	la mort.	sursis jusqu'à ce que l'assemblée ait prononcé sur le sort de la famille de Louis.	Guillotiné le 31 octobre 1793.
Lahosdinière, Plat-Beaupré,	la mort. la mort.	sursis jusqu'à ce que l'assemblée ait pris des mesures pour que la famille des Bourbons ne puisse nuire à la République.	
Duboé,	la mort.	la réclusion pendant la guerre ; le bannissement après la paix, l'affermissement du gouvernement républicain, et sa reconnaissance par les puissances de l'Europe. Et si, au mépris de pareilles mesures, quelques-unes de ces mêmes puissances envahissaient le territoire français, il condamne dès à présent Louis à perdre la tête, aussitôt que la première prise d'une de nos villes frontières aura été officiellement connue des représentants de la nation.	
Dugue-Dassé,		la détention ; le bannissement à la paix.	
Desgrouas, Thomas,	la mort. la mort.	avec sursis jusqu'au cas où l'ennemi envahirait le territoire français.	

Noms des Députés.	POUR	VOTES.	Observations
Fourney,		la détention ; la déportation à la paix, sous peine de mort, à la condition de la ratification immédiate du peuple, à laquelle seront également envoyés les décrets d'abolition de la royauté, de l'unité et indivisibilité de la République, et de la peine de mort contre ceux qui tenteraient le rétablissement de la royauté.	
Julien Dubois,	la mort.		
Colombel,	la mort.		
		Paris.	
Robespierre,	la mort.		Guillotiné le 28 juillet 1794.
Danton,	la mort.		Guillotiné le 5 avril 1794.
Collot-d'Herbois,	la mort.		Déporté à la Guyanne.
Manuel,		la détention dans un fort ailleurs qu'à Paris, jusqu'à ce que l'intérêt public permette la déportation.	Guillotiné le 14 novembre 1793.
Billaud-Varennes,	la mort.	dans les vingt-quatre heures.	Déporté à la Guyanne.
Camille Desmoulins,	la mort.		Guillotiné le 5 avril 1794.
Marat,	la mort.	dans vingt-quatre heures.	Tué par Charlotte Corday le 14 juil. 1793.
Laviconterie,	la mort.		
Legendre,	la mort.		
Raffron.	la mort.	dans vingt-quatre heures.	
Panis,	la mort.		
Sergent,	la mort.		Graveur à Milan en 1815.
Robert,	la mort.		
Dusaulx,	-	le bannissement à la paix.	
Fréron,	la mort.	l'exécution dans vingt-quatre heures.	

Noms des Députés.	POUR	VOTES.	Observations
Beauvais,	la mort.		
Fabre-d'Eglan-tine,	la mort.		Guillotiné le 5 avril 1794.
Osselin,	la mort.		Guillotiné le 27 juin 1794.
Robespierre jeune,	la mort.		Guillotiné le 28 juillet 1794.
David,	la mort.		Mort à Bruxelles.
Boucher,	la mort.		
Laignelot,	la mort.		
Thomas,		la détention jusqu'à la paix, et la mort dans le cas d'envahissement du territoire français de la part des puissances étrangères.	
P.-P.duc d'Orléans-Egalité,	la mort.		Guillotiné le 7 novembre 1793
	—	—	—
		Pas-de-Calais.	
Carnot,	la mort.		Exilé, mort en 1825.
Duquesnoy,	la mort.		S'est poignardé
Lebas,	la mort.		S'est tué.
Thomas Payne,		la détention; le bannissement à la paix.	
Personne,		la détention; le bannissement à la paix.	
Guffroy,	la mort.	sans le délai de la loi.	
Enlard,		la déportation dans une de nos îles pour y être détenu, et le bannissement de toutes les terres de la République à la paix.	Membre des représentants en 1815.
Bollet,	la mort.		
Magniez,		la détention; le bannissement à la paix.	
Daunou,		la détention; la déportation à la paix.	Député en 1829.
Varlet,		la détention; le bannissement à la paix, sous peine de mort.	

Noms des Députés.	POUR	VOTES.	*Observations*
		Puy-de-Dôme.	
Couthon,	la mort.		Guill. le 28
Gibergues,	la mort.		juillet 1794.
Maignet,	la mort.		
Romme,	la mort.		s'est poignardé.
Soubrany,	la mort.		Guill. en 1795
Bancal,		la détention comme ôtage sous la condition de répondre sur sa tête de l'invasion du territoire français par l'ennemi ; le bannissement à la paix.	Prisonnier de l'Empereur d'Allemagne.
Girod-Couzol,		la détention ; le bannissement à la paix.	menbre du corps législ.
Rudel,	la mort.		
Blancval,	la mort.		
Monestier,	la mort.		
Dulaure,	la mort.		homme de let.
Laloue,	la mort.		exilé en 1816.
		Pyrénées-Hautes.	
Barrère,	la mort.		Résidant à Bruxelles.
Dupont,	la mort.	avec sursis jusqu'à l'expulsion de la famille des Bourbons.	
Gertoux,		la détention ; le bannissement à la paix.	
Picqué,	la mort.	avec sursis jusqu'à la fin des hostilités.	
Féraud,	la mort.		assassiné dans la Convention le 20 mars 1793.
Lacrampe,	la mort.		Membre du corps législatif.
		Pyrénées-Basses.	
Sanadon,		la détention jusqu'à ce que la République soit reconnue par les puissances de l'Europe ; le bannissement alors sous peine de mort.	

Noms des Députés.	POUR	VOTES.	Observations
Comte,		le bannissement à la paix, sous peine de mort.	
*Pémartin,		la détention; le bannissement à la paix.	
Maillan,		la détention; le bannissement après l'affermissement de la République.	
Casenave.		la détention; le bannissement à la paix.	
Neveux,		la détention; sauf à prendre à la paix des mesures ultérieures.	
		Pyrénées. Orientales.	
Gu e,		la détention; le bannissement à la paix.	
Fabre,		absent par maladie.	
Biroteau,	la mort.	sursis jusqu'à la paix et après l'expulsion des Bourbons.	Guillotiné à Bordeaux le 14 oct. 1793.
Montégut,	la mort.		
Cassanyes,	la mort.		
		Haut-Rhin.	
*Rewbel,		absent par commission.	
Ritter,	la mort.		
Laporte,	la mort.		
Johannot,	la mort.	il demande, etc. (Voyez Mailhe, Haute-Garonne.)	
*Pflieger aîné,	la mort.		
Albert aîné,		la détention; le bannissement à la paix.	Procureur du roi 1814. Avoué à Colmar.
Dubois,		la détention; le bannissement quand la sûreté publique le permettra.	
		Bas-Rhin.	
Ruhl,		absent par commission,	S'est tué le 29 mai 1796.
Laurent,	la mort.		
Bentabolle,	la mort.		
Deutzel,		absent par commission.	
Ehrmann,		absent par maladie.	Conseiller à la cour de Colmar

Noms des Députés.	POUR	VOTES.	Observations
Louis, Arbogast,	la mort.	la détention ; le bannissement à la paix.	
Christiani,		la détention ; le bannissement à la paix.	
Simond,		absent par commission.	Guillotiné le 17 avril 1794.

Rhône-et-Loire.

Chasset,		la détention ; le bannissement à la paix.	
Dupuis fils,	la mort.		Juge à Montbrison, exilé en 1816.
Vitet,		la détention et le bannissement de la race des Bourbons.	
Dubouchet, Béraud,	la mort.	la détention ; le bannissement à la paix.	
Privassen, Patrin,	la mort.	la détention ; le bannissement à la paix.	
Moulin,	la mort.	sursis jusqu'après le bannissement des Bourbons.	
Michet, Forest,		la détention perpétuelle. la détention ; le bannissement à la paix.	
Noel Pointe, Cusset,	la mort. la mort.		Fusillé le 10 oct. 1796.
Javogue fils,	la mort.		Fusillé le 9 oct. 1796.
Lanthenas,	la mort.	sursis jusqu'à ce que nos ennemis nous laissent en paix, et que la constitution soit parfaitement assise ; la proclamation de ce décret avec appareil, dans la République et dans toute l'Europe ; l'abolition de la peine de mort le lendemain du jour qui suivra la décision de la Convention, en	

Noms des Députés.	POUR	VOTES.	Observations
		exceptant Louis, si ses parens et ses prétendus amis envahissent notre territoire.	
Fournier,		la détention; le bannissement à la paix.	
		Haute-Saône.	
Gourdan,	la mort.		Juge à Vesoul, exilé en 1816
Vigneron,		la détention; le bannissement à la paix.	
Siblot,	la mort.	il demande, etc. (Voyez, Mailhe, Haute-Garonne.)	
Chauvier,		la détention, le bannissement à la paix	
Balivet,		la détention; le bannissement à la paix.	
Dornier,	la mort.		
Bolot,	la mort.		Exilé en 1816
		Saône-et-Loire.	
Gelin,	la mort.		
Mazuyer,		la détention; le bannissement à la paix, avec toute sa famille.	
Carra.	la mort.		
Guillermin,	la mort.		
Reverchon,	la mort.		
Guillemardet,	la mort.		
Beaudot,	la mort.		
Bertucat,		la détention perpétuelle.	
Mailly,	la mort.		
Moreau,	la mort.		
Mont-Gilbert,	la mort.	sursis jusqu'à l'affermissement de la paix et de la constitution; le peuple sera consulté pour confirmer ou commuer; exécution néanmoins, en cas d'invasion.	
		Sarthe.	
Richard,	la mort.		

Noms des Députés.	POUR	VOTES.	Observations
Primaudière,	la mort.		
Salmon,		la réclusion ; l'expulsion à la paix, et après l'affermissement de la constitution.	
Phelippaux,	la mort.	exécution prompte.	Guillotiné le 5 avril 1794.
Boutrone,	la mort.		Juge à Gourdon
Levasseur,	la mort.		
Chevalier,		la détention ; le bannissement à la paix.	
Froger,	la mort.		
* Sieyès,	la mort.		
Le Tourneur,	la mort.		
—	—	—	—
		Seine-et-Oise.	
Le Cointre,	la mort.		
Hausmann,		absent par commission.	
Bassal,	la mort.		
* Alquier,	la mort.	sursis jusqu'à la signature de la paix, époque à laquelle, soit la Convention nationale, soit le corps législatif qui la remplacera, pourront faire exécuter le jugement ou commuer la peine ; et néanmoins en cas d'invasion du territoire français par les puissances étrangères, ou par les ci-devant français émigrés, l'exécution du jugement vingt-quatre heures après qu'on aura été informé des premières hostilités.	
Gorsas,		la détention ; le bannissement à la paix, sous peine de mort.	Guillotiné le 5 avril 1793.
Andouin,	la mort.		
Treillard,	la mort.	sursis à l'exécution, pour le plus grand intérêt de la République.	
Roys,	la mort.	sursis jusqu'à la ratification de la constitution par le peuple.	

Noms des Députés.	POUR	VOTES.	*Observations*
Tallien,	la mort.		Guillotiné le 5
Hérault-de-Sé-		absent par commission.	avril 1794.
chelles,			
Mercier,		la détention perpétuelle.	
Kersaint,		l'ajournement de la peine à prononcer jusqu'après la guerre, la détention jusque-là.	
Marie-Joseph Chénier,	la mort.		
Dupuis,		la détention, confiée à une garde départementale, jusqu'à l'affermissement de la constitution, moment. auquel le peuple prononcera sur le sort de Louis comme il le jugera convenable.	

Seine-Inférieure.

Albitte,	la mort.		Mort dans la campagne de Russie.
Pocholle,	la mort.		
Hardy,		la détention ; le bannissement à la paix.	Directeur des droits-réunis.
Yger,		la détention ; le bannissement à la paix.	
Hecquet,		la détention ; le bannissement à la paix, sous peine de mort.	
Duval,		la détention ; le bannissement à la paix.	Préfet, mort en 1819.
Vincent,		la détention ; son bannissement et celui de sa famille lorsque la nation le trouvera convenable.	
Faure,		la détention pendant la guerre.	Annobli en 1814.
Lefèvre,		la détention ; le bannissement à la paix.	Président au tribunal de Paris.
Blutel,		la détention ; le bannissement à la paix.	
Bailleul,		la détention.	

Noms des Députés.	POUR	VOTES.	Observations.
Mariette,	la mort.	la détention ; le bannissement à la paix ; néanmoins, mis à mort dans le cas où les puissances étrangères feraient quelques efforts en sa faveur.	
Doublet,		la détention ; le bannissement après l'affermissement de la République.	
Ruhault,		la détention ; le bannissement après l'affermissement de la République.	
Bourgeois,		la détention, le bannissement à la paix.	
Delahaye,		la détention ; le bannissement à la paix.	

Seine-et-Marne.

Noms des Députés.	POUR	VOTES.	Observations.
Mauduit,	la mort.		
Bailly-Juilly,		la détention ; le bannissement deux ans après la paix.	Préfet en 1813
Tellier,	la mort.		S'est tué le 17 septemb. 1795
Cordier,	la mort.		
Viquy,		la détention ; le bannissement à la paix.	
Geoffroy jeune,		la détention ; la déportation à la paix.	
Bernard-des-Sablons,	la mort.	avec sursis jusqu'à l'acceptation de la constitution.	
Humbert,		la détention, et le bannissement à la paix.	Commissaire à la trésorerie
Opoix,		la détention ; la déportation à la paix.	
Defrance,		la détention, et le bannissement à la paix.	Directeur de la poste de Nantes
Bernier,		la détention jusqu'à l'acceptation de la constitution, moment auquel le peuple en disposera suivant son intérêt.	

Noms des Députés.	POUR	VOTES.	Observations
		Deux-Sèvres.	
Lecointe-Puyraveau,	la mort.		Commissaire général de police à Marseille
Jard-Pauvil-liers,		la détention ; le bannisse-ment à la paix.	
Auguis,		la détention ; le bannisse-ment à la paix, sous peine de mort.	
Duchastel,		le bannissement.	Guill. le 30 octobre 1793.
Dubreuil-Chambardel,	la mort.		
L'Official,		la détention ; la déportation à la paix	
Cochon,	la mort.		Exilé en 1816.
		Somme.	
Saladin,	la mort.		
Rivery,		la détention.	
Gantois,		la détention ; le bannisse-ment à la paix.	Membre du corps législatif
Devérité,		la détention ; le bannisse-ment à la paix.	
Asselin,		la détention ; la déportation à la paix.	
Delecloy,	la mort.	avec sursis jusqu'à la paix ; exécution néanmoins si l'ennemi paraît sur la frontière : propositions indivisibles.	
Florent Louvet		la détention, et le bannisse-ment à la paix.	
Dufestel,		la détention, et le bannisse-ment à la paix.	
Sillery,		la détention, ainsi que celle de sa famille ; leur ban-nissement après l'affer-missement de la Répu-blique.	Guillotiné le 31 octobre 1793.
François,	la mort.		
Hourier,	la mort.		
Martin-Saint-Prix,		la détention, et le bannis-sement à la paix.	

Noms des Députés.	POUR	VOTES.	Observations.
André Dumont,	la mort.		Préfet en 1815 exilé en 1816.
		Tarn.	
Lasource,	la mort.		Guillotiné le 31 octobre 1793.
Lacombe Saint-Michel,	la mort.		
Soloniac,		la détention, et le bannissement à la paix.	
Campmas,	la mort.		Président de la c. de Toulouse
Marvejouls,		la détention, et la déportation à la paix.	
Dauberneuil,		absent par maladie.	
Gouzy,	la mort.	avec sursis jusqu'à ce que la Convention ait prononcé sur le sort de la famille des Bourbons.	Exilé en 1816.
Rochegude,		la détention, et le bannissement à la paix.	
Meyer,	la mort.		
		Var.	
Escudier,	la mort.		
Charbonnier,	la mort.		
Ricord,	la mort.		
Isnard,	la mort		Juge.
Despinassy,	la mort.		Exilé en 1816
Roubaud,	la mort.		
Antiboul,		la détention comme mesure de sûreté générale.	Guillotiné le 31 oct. 1793.
Barras,	la mort.		
		Vendée.	
Goubilleau-Fontenay,	la mort.	exécution prompte.	
Goubilleau-Montaigu,	la mort.		
Gaudin,		la détention dans un lieu sûr, également éloigné de la Convention et des frontières; et le bannissement à la paix.	

Noms des Députés.	POUR	VOTES.	Observations
Maignen,	la mort.		
Fayau.	la mort.		
Morisson,		ne vote pas par des raisons déjà données dans les deux précédents appels.	Il ne croit pas Louis justiciable.
Musset,	la mort.		
Girard,		la détention; le bannissement à la paix, sous peine de mort, comme mesure de sûreté générale.	
Garos,	la mort.		Jugé à Fontenay exilé en 1816.

Vienne.

Piorry,	la mort.		
Ingrand,	la mort.		
Dutrou-Bornier,		la détention, et le bannissement à la paix.	
Martineau,	la mort.		
Bion,		la détention, et le bannissement à la paix.	
Creuze-Latouche,		la détention, et le bannissement à la paix.	
Thibaudeau,	la mort.		
Creuzé-Paschal		la détention, et le bannissement à la paix.	

Haute-Vienne.

Lacroix,		la détention, et le bannissement à la paix.	
Lesterpt-Beauvais,	la mort.	avec sursis jusqu'au cas où l'ennemi envahirait les frontières, et, en cas de paix, jusqu'à ce que la Convention le juge nécessaire.	Guillotiné le 30 août 1793.
Bordas,		la détention.	Chef de division à la justice exilé en 1816.
Gay-Vernon,	la mort.		Consul à Tripoli exilé en 1816.
Faye,		la détention, et le bannissement à la paix.	

Noms des Députés.	POUR	VOTES.	Observations
Rivaud,		la détention , et le bannissement à la paix.	
Soulignac,		la détention ; le bannissement à la paix, sous peine de mort.	

Vosges.

Noms des Députés.	POUR	VOTES.	Observations
Poulain-Grandpré,	la mort.	avec sursis jusqu'à l'acceptation de la constitution, l'expulsion des Bourbons; exécution en cas d'invasion de la part des ennemis.	
Hugo,		absent pour maladie.	
Perrin,	la mort.		
Noël,		se récuse par les motifs donnés aux deux précédents appels.	Guillotiné le 9 octobre 1793.
Julien Souhait,	la mort.	il demande, comme législateur, que la Convention examine s'il ne serait pas utile de surseoir jusqu'à l'acceptation de la constitution. Cette proposition est indépendante de son vote comme juge.	
Bresson,		la détention, et le bannissement quand la tranquillité publique le permettra.	Exilé en 1816.
Couhey,		la détention ; l'exil après trois années de paix ; là mort néanmoins si le peuple le demande.	
Balland,		la détention , et le bannissement à la paix ; la mort néanmoins si le peuple le demande.	

Yonne.

Noms des Députés.	POUR	VOTES.	Observations
Maure aîné,	la mort.		S'est tué le 4 juin,
Lepelletier-Saint-Fargeau,	la mort.		Tué le 20 janv. au Palais-Royal par Pâris.

Noms des Députés.	POUR	VOTES.	*Observations*
Turreau,	la mort.		
Boileau,	la mort.		Guillotiné le 31 oct. 1795.
Précy,	la mort.	avec sursis jusqu'à l'acceptation de la constitution.	
Bourbotte,	la mort.		Guillotiné le 15 juin 1795.
Hérard,	la mort.		
Finot,	la mort.		Exilé en 1816.
Chastelain,		la détention, et le bannissement à la paix.	
—	—	**Ain.**	—
Deydier,	la mort.		
* Gauthier,	la mort.		Conseiller à la cour impériale en 1815, exilé en 1816.
* Royer,		la détention, et le bannissement à la paix.	
Jagot,		absent par commission.	
* Mollet,		la détention, et le bannissement quand la sûreté publique le permettra.	
Merlinot,	la mort.		
—	—	**Aisne.**	—
Quinette,	la mort.		Prisonnier de l'empereur.
Jean Debry,	la mort.		Exilé en 1816.
Beffroy,	la mort.		Exilé en 1816.
Bouchereau,	la mort.	avec un sursis qui sera déterminé par la Convention : propositions indivisibles.	
* Saint-Just,	la mort.		Guillotiné le 28 juillet 1794.
Belin,	la mort.	la détention, et la mort si les puissances veulent le remettre sur le trône.	
Petit,	la mort.		
Dupin jeune,		la peine la plus forte qui ne soit pas celle de la mort.	
Fiquet,		la réclusion, et la déportation à la paix.	

Noms des Députés.	POUR	VOTES.	Observations
Condorcet,		la peine la plus grave qui ne soit pas celle de la mort.	Emprisonné à Melun, il s'est brisé la tête contre les murs de sa prison.
Lecarlier,	la mort.		
Loysel,	la mort.	avec sursis jusqu'à l'acceptation par le peuple de la nouvelle constitution.	Administrateur de l'enregistrement.

Allier.

Chevalier,		a déclaré son vœu inadmissible, parce qu'il n'a pu indiquer la peine sans la sanction du peuple, rejetée par un décret.	
Martel,	la mort.	dans les vingt-quatre heures.	
Petit-Jean,	la mort.		
Forestier,	la mort.		
Beauchamp,		absent par commission.	Membre du corps législatif
Giraud,	la mort.	avec demande d'un sursis jusqu'à ce que la Convention ait pris des mesures de sûreté générale : propositions tellement indivisibles, que, si on les séparait, son vote serait sans effet.	
Viladin,	la mort.		

Hautes-Alpes.

Barely,		la détention ; l'exil à la paix	
Borel,		la détention ; le bannissement à la paix.	
Izoard,		la détention ; sauf à prendre suivant les circonstances des mesures ultérieures.	
Serres,		la détention ; le bannissement à la paix.	
Cazeneuve,		la détention ; le bannissement à la paix.	

Noms des Députés.	POUR	VOTES.	Observations
		Basses-Alpes.	
Verdollin,		la détention ; le bannisse-ment à la paix.	
Reguis,		la détention ; le bannisse-ment à la paix sous peine de mort.	
Derbez-Latour,	la mort.		
Maisse,	la mort.		
Peyre,	la mort.	il demande, etc. (Voyez Mailhe, Haute-Garonne.)	
Savornin,	la mort.	il demande, etc. (Voyez Mailhe, Haute-Garonne.)	
		Ardèche.	
*Boissy-d'An-glas,		la détention ; le bannisse-ment quand la sûreté publique le permettra.	Pair de France
Soubeyran-Saint-Prix,	la mort.	avec sursis jusqu'à la paix et après l'expulsion des Bourbons.	
Gamot,	la mort.	avec sursis jusqu'au cas où les ennemis reparaî-traient sur le territoire de la République.	
Saint-Martin,		la réclusion ; le bannisse-ment à la paix comme mesure de sûreté géné-rale.	Exilé en 1816.
Garilhe,		la détention ; le bannisse-ment à la paix.	
Gleizal,	la mort.	avec sursis jusqu'après l'ex-pulsion des Bourbons, et les mesures de tran-quillité publique.	
Coren-Fustier,		la détention ; le bannisse-ment à la paix.	Exilé en 1816.
		Ardennes.	
Blondel,	la mort.	la détention ; la mort en cas d'invasion.	
Ferry,	la mort.		
Ménesson,	la mort.	avec sursis.	
*Dubois-Crancé	la mort.		
Vermans,	la mort.	la réclusion, et la mort en cas d'invasion.	

Noms des Députés.	POUR	VOTES.	Observations
Robert,	la mort.		
Baudin,		la réclusion ; la déportation à la paix.	
Thierrier,		La réclusion perpétuelle.	
—	—	—	—
		Ariége.	
˙ Vadier,	la mort.		
Clouzel,	la mort.		
Champmartin,	la mort.		
Espert,	la mort.		Censeur du lycée Bonaparte
Lakanal,	la mort.		
Gaston,	la mort.		
—	—		—
		Aube.	
Courtois,	la mort.		
Robin,	la mort.		
Perrin,		la détention ; le bannissement à la paix.	
Duval,		la détention ; le bannissement à la paix.	
Bonnemain,		la détention ; le bannissement à la paix.	
Pierret,		la détention ; le bannissement à la paix.	
Douge,		la détention ; le bannissement à la paix.	
Garnier,	la mort.		
˙Rabaud Saint-Etienne,		la détention ; le bannissement à la paix.	Guillotiné le 15 déc. 1793.
—	—	—	—
		Aude.	
Azéma,	la mort.		Juge à Pamiers en 1806.
˙ Bonnet,	la mort.		
˙ Ramel,	la mort.		
Tournier,		la détention ; le bannissement à la paix, comme mesure de sûreté générale.	
Marragnon,	la mort.		
Periès jeune,		la détention ; le bannissement à la paix.	
Girard,	la mort.		

Noms des Députés.	POUR	VOTES.	Observations.
˙ Morin,	la mort.	la détention; le bannisse-ment à la paix, sauf à prendre des mesures ul-térieures, et à prononcer même la peine de mort en cas d'invasion du ter-ritoire français par l'en-nemi.	
	—	**Aveyron.**	—
Bô,	la mort.		
Saint-Martin-Valogne,		la détention; le bannisse-ment à la paix.	
Lobinhes,		la détention; le bannisse-ment à la paix.	
BernardSaint-Afrique,		la détention dans un lieu sûr, jusqu'à ce que l'As-semblée juge le bannis-sement convenable.	
Camboulas,	la mort.		
Seconds,	la mort.		
Jos.Lacombe,	la mort.	il demande, etc. (Voyez Mailhe, Haute-Garonne.)	
Louchet,	la mort.	dans le plus bref délai.	Receveur gén. de la Somme.
Izarau-Valady,		la détention au château de Saumur jusqu'à ce que l'Autriche ait reconnu la République, et que l'Espagne ait renouvelé ses traités avec nous.	
	—	**Bouches-du-Rhône.**	—
Jean Duprat,	la mort.		Guill. le 31 octobre 1793.
Rebecquy,	la mort.		S'est noyé à Marseille 1793
Barbaroux,	la mort.		Député en 1815
Granet,	la mort.	dans les vingt-quatre heures.	exilé en 1816.
˙ Durand-Maillane,		la détention; le bannisse-ment à la paix, sous peine de mort.	
Gasparin,	la mort.		
Moïse Bayle,	la mort.	dans les vingt-quatre heures.	

Noms des Députés.	POUR	VOTES.	Observations.
Baille Pierre,	la mort.		Mort à Toulon
Rovère,	la mort.		Mort à Cayenne en 1798.
Deperret,		la réclusion ; le bannissement à la paix.	Guill. le 31 octobre 1793.
Pélissier,	la mort.		
Laurent,	la mort.		
		Calvados.	
Fauchet,		la détention ; le bannissement à la paix.	Guillotiné le 31 octobre 1793.
Dubois-Dubais,	la mort.	la mort avec sursis, jusqu'au cas où une armée des puissances étrangères avec lesquelles nous sommes en guerre ferait une invasion sur le territoire français, ou dès qu'une puissance se réunirait à nos ennemis pour nous faire la guerre.	
Lomont,		la détention ; la déportation à la paix.	
Henri Larivière		la détention ; l'exil à la paix	Conseiller à la cour de cassation.
Bonnet,	la mort.	il demande, etc. (Voyez Mailhe, Haute-Garonne.)	
Vardon,		la détention ; le bannissement à la paix.	
Doulcet-Pontécoulant,		la détention ; le bannissement à la paix.	Pair de France.
Taveau,	la mort.	avec sursis jusqu'au cas où les puissances étrangères mettraient le pied sur le territoire français, ou jusqu'à l'acceptation de la constitution.	
Jouenne,	la mort.	il demande, etc. (Voyez, Mailhe, Haute-Garonne).	
Dumont,		la détention ; le bannissement à la paix.	
Cussy,		la détention ; le bannissement à la paix.	Guillotiné le 15 nov. 1793.

Noms des Députés	POUR	VOTES.	Observations
Legot,		la détention ; le bannisse- ment à la paix.	
Delleville,		la détention ; le bannisse- ment à la paix.	
—	—		—
		Cantal.	
' Thibault,		la détention de Louis, son bannissement, celui de sa famille, à la paix, et de tous les Bourbons.	
Milhaud,	la mort.	dans les vingt-quatre heures.	
Mejansac,		la détention ; le bannisse- ment à la paix.	
Lacoste,	la mort.	dans les vingt-quatre heures	Préfet, exilé en 1816.
Carrier,	la mort.		Guill. le 26 nov. 1794.
Joseph Mailhe,		absent par maladie.	
Chabanon,		la détention ; le bannisse- ment à la paix.	Secrétaire gén, de la marine.
Peuvergue,		la détention; le bannissement à la paix.	
—	—		—
		Charente.	
Bellegrade,	la mort.		
Guimberteau,	la mort.		
Chazaud,	la mort.		
Chedaneau,	la mort.	avec sursis jusqu'à ce que l'assemblée ait discuté s'il convient de différer ou non l'exécution.	
Brun,	la mort.		
Ribereau,	la mort.		
Devars,		la détention dans un lieu central de la République ; le bannissement à la paix	Juge à An- goulême.
Crevelier,	la mort.	dans les vingt-quatre heures	
Maulde,		la détention perpétuelle, sauf à prendre d'autres mesures à l'acceptation de la constitution, ou à la fin de la guerre.	
—	—		—
		Charente-Inférieure	
Bernard,	la mort.		

Noms des Députés.	POUR	VOTES.	Observations
Bréard,	la mort.		Juge à Épinal en 1806.
Eschasseriaux,	la mort.		
Niou,	la mort.		
Ruamps,	la mort.		
Garnier,	la mort.		Exilé en 1816.
Dechezeaux,		la détention; le bannissement quand la sûreté publique le permettra.	Guill. le 1 juin 1794.
Lozeau,	la mort.		
Giraud,		la détention; le bannissement à la paix.	
Vinet,	la mort.		
Dautriche,		la détention jusqu'à la paix, sauf alors à la Convention ou à la législature qui lui succédera à prendre des mesures ultérieures.	Conseiller à la cour de Poitiers

Cher.

Noms des Députés.	POUR	VOTES.	Observations
Allasseur,		la détention; le bannissement à la paix.	
Foucher,	la mort.		Exilé en 1816.
Baucheton,		la détention; le bannissement à la paix.	Député en 1815
Fauvre-la-Brunerie,	la mort.		Exilé en 1816.
Dugenne,		la détention; le bannissement à la paix.	
Pelletier,	la mort.		

Corrèze.

Noms des Députés.	POUR	VOTES.	Observations
Brival,	la mort.	dans le plus bref délai.	
Borie,	la mort.		
Chambon,	la mort	il demande que l'Assemblée délibère promptement sur le sort des Bourbons.	Massacré par le peuple en 1792
Lidon,	la mort.	il demande, etc. (Voyez, Mailhe, Haute-Garonne.)	S'est tué.
Penière,	la mort.	il demande pour l'avenir l'abolition de la peine de mort.	
Lafon,		se récuse par les motifs déduits aux deux précédents appels.	

Noms des Députés.	POUR	VOTES.	Observations
Lanot,	la mort.	dans les délais de la loi.	—
		Corse.	
* Salicetti,	la mort.		Sous-préfet.
Chiappe,		la détention; la déportation à la paix.	
Casa-Bianca,		la détention, sauf aux représentants du peuple à prendre des mesures suivant les circonstances.	
Andrei,		la réclusion, pendant tout le temps nécessaire au salut public.	
Bosio,		la détention ; le bannissement à la paix.	
Moltedo,		la détention pendant la guerre.	Membre du corps législatif en 1803.
	—	—	
		Côte-d'Or.	
Bazire,	la mort.		Guillotiné le 5 avril 1794.
Guyton-Morveau,	la mort.		
Prieur,	la mort.		
* Florent-Guyot	la mort.		
Lambert,		la détention ; le bannissement à la paix, à moins que le peuple n'investisse la législature suivante de pouvoirs pour prononcer définitivement sur son sort.	
Marey jeune,		la détention comme mesure de sûreté générale pendant la guerre, et l'expulsion après que les despotes coalisés contre la France auront posé les armes et reconnu la République française.	
Berlier.	la mort.		Comte, conseiller d'Etat exilé en 1816.

Noms des Députés.	POUR	VOTES.	Observations
Oudot,	la mort.		
Trullard,	la mort.		
Rameau,		le bannissement perpétuel, sans préjudice des mesures à prendre contre sa famille.	
		Côtes-du-Nord.	
Couppé,		la détention; le bannissement à la paix.	Député sous la Restauration.
Champeaux,		la détention pendant la guerre, comme ôtage, par mesure de sûreté; l'expulsion, à la paix, du territoire de la République, et peine de mort s'il y rentre.	
Gautier jeune,		la détention perpétuelle.	
Guyomard,		la détention; le bannissement à la paix comme mesure de sûreté.	
Fleury,		la détention; le bannissement à la paix.	
Girault,		la détention; le bannissement à la paix.	
Loncle,	la mort.		
Goudelin,		la détention; le bannissement à la paix, sauf, en cas d'invasion du territoire français par l'ennemi, à faire tomber sa tête si le peuple le demande.	Juge à Dinan.
		Creuse.	
Deborges,		s'abstient de voter; il ne croit pas avoir reçu le pouvoir d'être juge.	
Coutisson-Dumas,		la réclusion comme mesure de sûreté; sauf au souverain, lorsqu'il acceptera la constitution, à statuer en définitive sur le sort du tyran ainsi qu'il avisera.	

Noms des Députés.	POUR	VOTES.	Observations
Huguet,	la mort.	il demande, etc. (Voyez Mailhe, Haute-Garonne..)	Guillotiné le 6 octobre 1796
Guyès,	la mort.		
Jaurand,		la détention ; le bannisse-ment un an après la paix	
Baraillon,		la détention comme mesure de sûreté, sauf à prendre par la suite telle autre mesure que le bien pu-blic exigera ; il demande en outre que dans la même séance l'ostra-cisme soit prononcé con-tre toute la famille des Bourbons ou Capets, et contre tout ce qui a porté le nom de prince en France.	Procur.impér.
Texier,	la mort.		

Dordogne.

* Lamarque,	la mort.		Exilé en 1816.
Pinet aîné,	la mort.		
Elie Lacoste,	la mort.		
Roux-Fazillac,	la mort.		
Taillefer,	la mort.		
Peyssard,	la mort.		
Cambert,	la mort.		
Allafort,	la mort.		
Meynard,		la détention, etc. (Voyez Dautriche, Charente-Infé-rieure.)	
Bouquir,	la mort.		

Doubs.

Guirot,		la réclusion ; le bannisse-ment à la paix.	
Michaud,	la mort.		Membre du corps législatif
Seguin,		la détention ; le bannisse-ment à la paix.	
Monnot,	la mort.		
Vernerey,	la mort.		
Bresson,	la mort.		

Noms des Députés.	POUR	VOTES.	*Observations*
		Drôme.	
Julien,	la mort.		
Sautayra,	la mort.		
Gerente,		la détention; la déportation à la paix.	
Marbois,		la détention.	
Boisset,	la mort.		
Colaud-Lasal-cette,	la mort.	la détention; le bannissement à la paix; néanmoins la mort en cas d'invasion du territoire par l'ennemi.	
Jacomin,	la mort.		
Fayolle,		la détention; le bannissement à la paix.	Conseiller à la cour de Grenoble.
Martinet,		la détention, le bannissement à la paix	
		Eure.	
Buzot,	la mort.	il demande, etc. (Voyez, Mailhe, Haute-Garonne.)	
Duroy,	la mort.	exécution sur-le-champ.	Guill. le 16 juin 1795. Exilé en 1816.
Thomas Lindet	la mort.		
Richoux,		la détention; le bannissement à la paix.	
Lemaréchal,		la détention; le bannissement à la paix.	
Vallé,	la mort.	la détention, jusqu'à ce que la souveraineté du peuple français, son gouvernement républicain, soient reconnus par tous les gouvernements de l'Europe; alors, l'expulsion de Louis et de tous les prisonniers du Temple hors le territoire de la République. Il vote néanmoins pour le dernier supplice, dans le cas où les armées ennemies pénétreraient sur le territoire français.	

Noms des Députés.	POUR	VOTES.	Observations
Topsent,		absent par maladie.	
Bouillerot,	la mort.		Exilé en 1816.
Savary,		la détention, jusqu'à la paix et l'acceptation de la constitution par le peuple.	
Dubusc,		la détention ; le bannissement quand la sûreté publique l'exigera.	
Robert-Lindet,	la mort.		

Eure-et-Loir.

Noms des Députés.	POUR	VOTES.	Observations
Lacroix,	la mort.		Guillotiné le 5 avril 1794.
Brissot,	la mort.	avec sursis jusqu'à la ratification de la constitution par le peuple.	Guillotiné le 31 octobre 1793.
* Pétion,	la mort.	il demande , etc. (Voyez Mailhe, Haute-Garonne.)	
Giroust,		la réclusion	
Lesage,	la mort.	il demande, etc. (Voyez Mailhe, Haute-Garonne.)	
Loiseau,	la mort.		
Bourgeois,		absent par maladie.	
Chasles,	la mort.		
Frémenger,	la mort.		

Finistère.

Noms des Députés.	POUR	VOTES.	Observations
Bohan,	la mort.		
Blad,	la mort.	avec sursis jusqu'au moment de l'expulsion des Bourbons.	
Gueznot,	la mort.		Membre du corps législatif
Marec,		la détention ; le bannissement à la paix.	Inspecteur de la marine.
Queinec,		la détention ; le bannissement à la paix	
* Kervelegau,		la détention ; le bannissement à la paix.	Membre du corps législatif.
Guermeur,	la mort.		
Gommaire,		la détention ; le bannissement à la paix.	

Noms des Députés.	POUR	VOTES.	*Observations*
		Gard.	
Leyris,	la mort.		Exilé en 1816.
Bertezène,	la mort.	avec sursis jusqu'après la tenue prochaine des assemblées primaires qui auront lieu pour la ratification de la constitution.	
Vouland,	la mort.		
Aubry,	la mort.	avec sursis jusqu'après la ratification de la constitution par le peuple.	
Jac,	la mort.	avec sursis jusqu'après la ratification de la constitution par le peuple.	
Balla,		la détention; et le bannissement quand la sûreté publique le permettra.	
Rabaut-Pommier,	la mort.	avec sursis jusqu'après la ratification de la constitution par le peuple.	Guillotiné le 16 décembre 1793
Chazal fils,	la mort.	il demande , etc. (Voyez Mailhe, Haute-Garonne.)	

13

APPENDICE.

Nous avions résolu de donner une notice particulière sur Robespierre le jeune (Augustin-Benoit-Joseph, né à Arras en 1760); mais nous ne pourrons ajouter que peu de chose à ce que nous avons déjà dit d'un homme que dans son dur laconisme son frère définissait *une bête*.

L'admiration de Robespierre le jeune pour son aîné allait jusqu'au délire. Il étudiait stupidement dans ses yeux ce qu'il avait à faire. C'est assez dire qu'il prit part à tous ses crimes. Comme lui il jugea qu'il fallait éloigner sa sœur de Paris, parce que celle-ci avait réclamé auprès de Maximilien en faveur des malheureux habitants d'Arras et de la contrée, que le cruel Lebon faisait incarcérer, guillotiner, sous les plus futiles prétextes. Voici la lettre qu'il écrivit à son frère à ce sujet :

« *Ma sœur n'a pas une seule goutte de sang qui ressemble au nôtre.* J'ai appris et j'ai vu tant de choses d'elle, que je la regarde comme notre plus grande ennemie. Elle abuse de notre réputation sans tache, pour nous faire la loi, et pour nous menacer de faire une démarche scandaleuse, afin de nous compromettre. Il faut prendre un parti décidé contre elle. Il faut la faire partir pour Arras, et éloigner de nous une femme qui fait notre désespoir commun. Elle voudrait nous donner la réputation de mauvais frères; ses calomnies répandues contre nous viennent à ce but. Je voudrais que tu visses la citoyenne *Lasaudrie*; elle te donnerait des renseignements certains sur tous les masques qu'il est intéressant de connaître en ces circonstances. Un certain *Saint-Félix* paraît être de la clique. »

A son retour dans la capitale, après son expédition du Midi, il se brouilla avec son frère, par les intrigues de Fouché ; mais il se réconcilia avec lui peu de jours avant leur chute mutuelle. Lorsque, le 27 juillet 1794, Maximilien fut décrété d'accusation, Augustin demanda à partager son sort, comme il avait partagé *ses vertus*. A propos des vertus de Robespierre, voici un fait dénoncé par André Dumont qui prouve quelle était la justice du moderne Cromwel et de son digne frère.

Lafond de Toulouse, juge-de-paix à l'armée d'Italie, vint à Paris pour dévoiler les dilapidations énormes de Robespierre le jeune, qui entassait des trésors aux dépens de la République. Il s'adressa à un membre du comité de Sûreté générale, qui, par crainte, ou peut-être même étant encore dupe de la profonde hypocrisie de l'usurpateur, le renvoya à ce monstre. Celui-ci le fit jeter dans un cachot où il languit pendant six mois. La Convention prononça la mise en liberté du citoyen Lafond [1].

Pour mieux prouver la mésintelligence qui éclata entre les deux Robespierre et leur sœur à l'occasion des événements qui se pas-

---

[1] Extrait du rapport fait par Courtois. *Histoire secrète de la Révolution française*, par Fr. Pagès, tome II.

saient à Arras, nous croyons devoir mettre sous les yeux du lecteur, 1° Une lettre qu'un nommé Brune écrivit à ce sujet à la citoyenne Robespierre; 2° Une réponse de celle-ci à son frère Maximilien, qui l'avait congédiée, où elle peint si bien l'excès de sa douleur.

Lettre de Brune relative aux affaires d'Arras, à la citoyenne Robespierre.

Paris, 6 floréal an IIᵉ de la République.

Nous sommes passés à Arras sans nous arrêter. Pendant que l'on relayait, je me suis acquitté de ta commission : *Ce que l'on a dit de ton pays est vrai; depuis six semaines on y a guillotiné cent cinquante personnes et incarcéré environ trois mille.* Des citoyens ont été trouver un ami de ton frère; on lui a dit : Vous seul pouvez faire entendre la vérité; Robespierre a confiance en vous. Il leur a répondu : *Comment pourrais-je écrire, puisque tous les soirs on assiste au départ des lettres? Le rapport de Saint-Just, et le décret qui porte que les accusés de conspiration seront traduits au tribunal révolutionnaire à Paris, avaient fait naître quelques espérances; mais hier on a publié que, dans toute la République, la seule ville d'Arras ne jouirait pas de la sagesse de cette loi.* Depuis longtemps l'on convient qu'un homme revêtu de grands pouvoirs fait plus de mal que de bien, lorsqu'il est envoyé dans son pays. Depuis longtemps l'on est d'accord sur les vertus morales des prêtres. Que nous sert donc d'être si bons théoriciens! Je ne doute pas qu'il n'existât à Arras des contre-révolutionnaires et des fanatiques, mais la terreur doit seule peser sur eux, et le patriote doit pouvoir se reposer sur l'impassibilité des juges et la liberté des débats et des opinions. Je t'épargne d'autres détails qui sont trop atroces pour être crus, lorsqu'on n'en a pas été témoin oculaire. Si j'avais eu plus de temps, j'aurais pu te donner des faits plus détaillés; je ne puis te rapporter que ce que j'ai entendu de différentes personnes, sans avoir eu le loisir de le vérifier. Nous entrons demain en campagne. J'oubliais de te dire que l'accusateur du tribunal révolutionnaire est arrêté, et le comité révolutionnaire cassé. Adieu.

Salut et fraternité.   Signé BRUNE.

Employé près le citoyen Richard.

Lettre de la citoyenne Robespierre à son frère.

18 messidor l'an IIᵉ de la République française.

Votre aversion pour moi, mon frère, loin de diminuer, comme je m'en étais flattée, est devenue la haine la plus implacable, au point que ma vue seule vous inspire de l'horreur. Ainsi je ne dois pas espérer que vous soyez jamais assez calme pour m'entendre, c'est pourquoi je vais essayer de vous écrire.

Abîmée sous le poids de ma douleur, incapable de lier mes idées, je n'entreprendrai pas mon apologie; il me serait cependant si facile de démontrer que je n'ai jamais mérité, en aucune façon, d'exciter cette fureur qui vous aveugle : mais j'abandonne le soin de ma justification au temps, qui dévoile toutes les perfidies, toutes les noirceurs. Alors, quand le bandeau qui couvre vos yeux sera déchiré, si vous pouvez, dans le désordre de vos passions, distinguer la voix du remords; si le cri de la nature peut se faire entendre; revenu d'une erreur qui m'est si funeste, ne craignez pas que jamais je vous reproche de l'avoir gardée si longtemps; je ne m'occuperai que du bonheur d'avoir retrouvé votre cœur. Ah! si vous pouviez lire au fond du mien, que vous rougiriez de l'outrager d'une manière si cruelle! Vous y verriez, avec la preuve de mon innocence, que rien ne peut en effacer l'attachement tendre qui me lie à vous, et que c'est le seul sentiment auquel je rapporte toutes mes affections. Sans cela, me plaindrais-je de votre haine? Que m'importe, à moi, d'être haïe par ceux qui me sont indifférents et que je méprise! Jamais leur souvenir ne viendra me troubler : mais être haïe de mes frères, moi pour qui c'est un besoin de les chérir, c'est la seule chose qui puisse me rendre aussi malheureuse que je le suis.

Que *cette passion de la haine* doit être affreuse, puisqu'elle vous aveugle au point de vous porter à me calomnier auprès de mes amis! Cependant, n'espérez pas dans votre délire pouvoir me faire perdre l'estime de quelques personnes vertueuses, unique bien qui me reste. Avec une conscience pure, pleine d'une juste confiance dans ma vertu, je peux vous défier d'y porter atteinte, et j'ose vous dire qu'auprès des gens de bien qui me connaissent, vous perdrez votre réputation plutôt que de nuire à la mienne.

Il importe donc à votre tranquillité que je sois éloignée de vous; il importe même, à ce qu'on dit, à la chose publique, que je ne vive plus à Paris!... J'ignore encore ce que je dois faire; mais ce qui me semble le plus urgent, c'est de vous débarrasser de la vue d'un objet odieux. Aussi dès demain, vous pouvez rentrer dans votre appartement, sans craindre de m'y rencontrer; je le quitterai dès aujourd'hui, à moins que vous ne vous y opposiez formellement.

Que mon séjour à Paris ne vous inquiète pas; je n'ai garde d'associer mes amis à ma disgrâce. Le malheur qui me poursuit doit être contagieux, *et votre haine pour moi est trop aveugle, pour ne pas se porter sur tout ce qui me portera quelque intérêt.* Aussi je n'ai besoin que de quelques jours pour calmer le désordre de mes idées, me décider sur le lieu de mon exil; car, dans l'anéantissement de toutes mes facultés, je suis hors d'état de prendre un parti.

Je vous quitte donc, puisque vous l'exigez; mais, malgré vos injustices, mon amitié pour vous est tellement indestructible, que je ne conserverai aucun ressentiment du traitement cruel que je me faites essuyer. Lorsque, désabusé tôt ou tard, vous viendrez à prendre pour moi les sentiments que je mérite, qu'une mauvaise honte ne vous empêche pas de m'instruire que j'ai recouvré votre amitié; et en quelque lieu que je sois, fussé-je même par delà les mers, si je puis vous être utile à quelque chose, sachez m'en instruire, et bientôt je serai auprès de vous. Signé ROBESPIERRE.

P. S. Vous devez penser qu'en quittant votre logement, je prendrai toutes les précautions nécessaires pour ne pas compromettre mes frères. Le quartier qu'habite la citoyenne Laporte, chez laquelle je me propose de me retirer provisoirement, est l'endroit, de toute la République, où je puis être le plus ignorée.

FIN.

TABLE DES MATIÈRES.

Pages.

Préface.   I

CHAPITRE PREMIER.

Naissance de Robespierre. — Sa famille. — Son père
quitte le pays. — Mort de sa mère. — Son caractère.
— Ses succès dans les classes. — Boursier de Saint-
Vaast au collége de Louis-le-Grand à Paris. — Il recommence sa rhétorique. — Son éloignement pour ses
condisciples qui pratiquaient la vertu, et pour tous les
exercices religieux. — M. l'abbé Asseline, son confesseur.   1

CHAPITRE DEUXIÈME.

Robespierre lit de mauvais livres. — Son horreur de
la surveillance. — Son aversion pour ses maîtres. — Il
écrit à l'abbé Proyart. — Son ingratitude. — Son orgueil. — Ses maîtres le flattent sans réserve. — Il complimente Louis XVI. — Il fait son cours de philosophie.   14

CHAPITRE TROISIÈME.

Robespierre se livre à l'étude du droit. — Il revient avec
le titre d'avocat. — Son début au barreau. — Il se charge
de toutes les mauvaises causes. — Ses mémoires. — Sa
vanité, réprimée par l'un de ses confrères. — Il entre à
l'académie d'Arras. — Sa dureté envers ses proches. —
Son isolement. — Sa basse jalousie.   24

CHAPITRE QUATRIÈME.

Portrait de Robespierre. — Il communique ses mémoires à quelques philosophes parisiens. — Ses intrigues
pour se faire députer aux États généraux. — Il ne garde
plus de mesure. — Son propos à Lantillette. — Mme
Marchand lui prête une malle et de l'argent pour faire le
voyage de Paris.   34

CHAPITRE CINQUIÈME.

Pages.

Notice sur les hommes qui ont le plus contribué à la célébrité de Robespierre. — Dumouchel. — Dupont-du-Tertre. — Noël. — Lebrun. — Fréron. — Camille Desmoulins. — Robespierre le jeune. — Fouquier de Tinville. — Hébert. 44

CHAPITRE SIXIÈME.

Robespierre, l'un des premiers directeurs du comité des Jacobins, part pour Arras afin de se réhabiliter. — Il est obligé de rétrograder. — Sa motion en faveur des prêtres. — Il se justifie de *ses sentiments religieux*. — L'abbé Royou le stigmatise dans son journal. — Son opiniâtreté et son impudence à l'Assemblée. — Il exclut les Lameth de la société des Jacobins. — Les Feuillants. — Son ascendant parmi les siens. — Son ovation. 60

CHAPITRE SEPTIÈME.

Robespierre accepte une place de juge ; il la quitte bientôt ensuite pour se faire le journaliste des Jacobins. — Il travaille l'opinion en Flandre et en Artois. — Il pousse à la vente des biens d'église et provoque la démolition de l'église de Saint-Aubert, sa paroisse. — Il vient à Arras avec Pétion. — Lebon va à sa rencontre. — Il se rend à Lille. — Il provoque à Paris des émeutes. — Il est élu député à la Convention, ainsi que son frère. 70

CHAPITRE HUITIÈME.

La politique de Robespierre. — Juste idée des Jacobins. — Son influence. — Il fait rejeter l'appel de Louis XVI au peuple. — Le comité de Salut public. — Sa composition. 80

CHAPITRE NEUVIÈME.

Robespierre maître absolu de la France. — Moyens qu'il emploie pour conserver son autorité. — Il flatte la populace. — Cécile Regnault. — Lamiral. 90

Pages.

CHAPITRE DIXIÈME.

Robespierre fait donner une solde aux sans-culottes. — Il procure au peuple des spectacles. — Il fait guillotiner quelques comédiens qui l'avaient signalé sur le théâtre. — Ses déprédations effrayantes. — Il entretient partout le feu de la guerre. — Son projet de faire la conquête de Rome. 99

CHAPITRE ONZIÈME.

La réquisition. — L'idolâtrie pour Robespierre. — Un dîner chez Mme de Chalabre. — Sa simplicité. — Son indulgence envers les dilapidateurs. — Sommes énormes que coûte à la France l'alimentation de Paris. — Robespierre appelle tous les regards sur la médiocrité de sa fortune. — Il veut passer pour un homme religieux. — Fête de la déesse de la Liberté. — Il fait guillotiner Gobel, évêque constitutionnel. — Vains efforts pour la répression des désordres. 107

CHAPITRE DOUZIÈME.

Robespierre fait décréter l'Être suprême et l'immortalité de l'âme. — Il donne des commandements, établit des fêtes, crée de nouveaux saints. — Fête de l'Être suprême. — Sa tête se dérange. 122

CHAPITRE TREIZIÈME.

Cruauté de Robespierre et de ses complices. — Les égorgeurs payés à quarante sous pour chaque tête coupée. — Trois cents personnes égorgées à cause de Catherine-Dieu. — Tribunal révolutionnaire. — Nombre des victimes. — Les principaux agents de la cruauté de Robespierre. — Dumont. — Maignet. — Collot-d'Herbois. — Schneider. — Carrier. — Lebon. 134

CHAPITRE QUATORZIÈME.

Triste état de la France en 1794. — Nombre incalculable des victimes de Robespierre. — Marie-Antoinette et madame Elisabeth condamnées à mort. 155

Pages.

CHAPITRE QUINZIÈME.

Robespierre n'épargne pas même ses adulateurs ni ses amis. — Il fait périr Camille Desmoulins. — Il chasse sa propre sœur et la recommande au zèle de Lebon. — Espions de Robespierre. — Quiproquo affreux. — Construction d'un canal pour l'écoulement du sang humain. — Les satellites de Robespierre boivent du sang, mangent le cœur de la princesse de Lamballe et la chair rôtie des prêtres. — Décret contre *les conspirateurs*. — Bourdon de l'Oise et Tallien se réunissent contre Robespierre. — Celui-ci commence à décliner. 166

CHAPITRE SEIZIÈME.

Inquiétude de Robespierre. — Menaces qui lui sont faites. — Ses efforts pour rétablir ses affaires à la Convention. — Bourdon de l'Oise. — Barrère. — Vadier. — Cambon. — Dernier triomphe de Robespierre. — Son irrésolution. — Saint-Just à la tribune. — Tallien. — Robespierre tyran. — Il est mis hors de la loi. — Son arrestation. — Il recouvre la liberté à l'Hôtel-de-Ville. — Alarmes de la Convention. — Le peuple se déclare pour l'Assemblée. — Robespierre est vaincu 191

CHAPITRE DIX-SEPTIÈME.

Mort de Robespierre et de ses complices. 191

Portrait de Robespierre. 212
Liste des Conventionnels 243
Appendice. 286

FIN DE LA TABLE.

Arras : typ. E. LEFRANC et Cᵉ, de la Société de St-Victor.

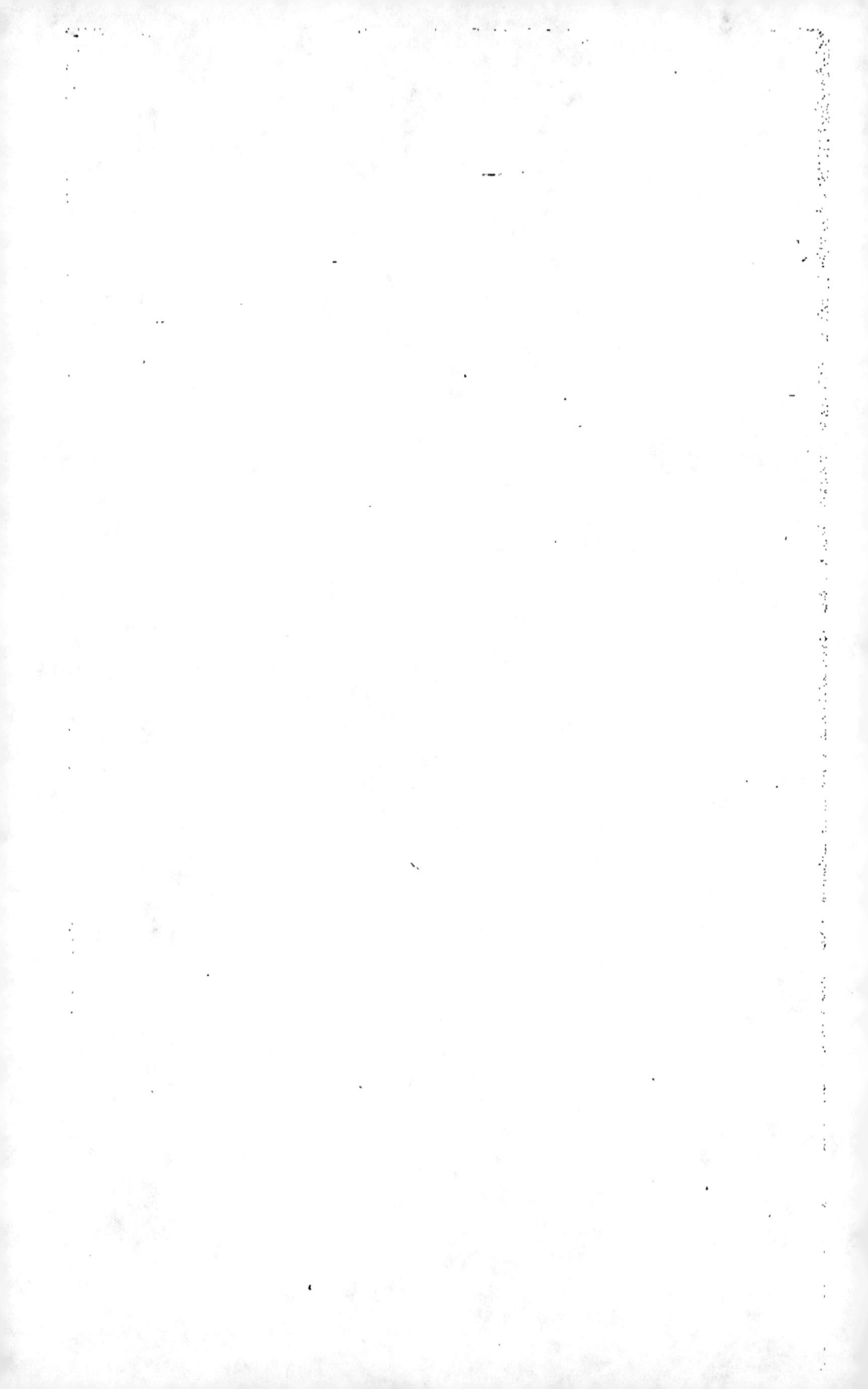

www.ingramcontent.com/pod-product-compliance
Lightning Source LLC
Chambersburg PA
HW070736270326
R7CB00010B/2013